ASÍ SOMOS

TEMAS DE HOY Y DE SIEMPRE

EDUARDO ZAYAS-BAZÁN
East Tennessee State University

GASTÓN J. FERNÁNDEZ
Clemson University

D. C. HEATH AND COMPANY
Lexington, Massachusetts   Toronto

Acquisitions Editor: Denise St. Jean
Developmental Editor: José Blanco
Production Editor: Renée Mary
Designer: Sally Steele

Production Coordinator: Lisa Arcese
Photo Researcher: Billie Ingram
Text Permissions Editor: Margaret Roll

Cover: *Painting by Carlos Alfonzo. "Petty Joy," 1984 (detail). Acrylic on canvas tarp, 72 x 96. Collection of Juan Lezcano, Miami.* Design by Joanna Steinkeller.

TEXT CREDITS

p. 64. "Lo malo de la televisión" from *Selecciones del Reader's Digest*, taken from a June 1985 speech by Robert MacNeil. Used by permission of Robert MacNeil, Executive-Editor and Co-Anchor of the "MacNeil-Lehrer Newshour" on PBS.

p. 88. "Jaque mate en dos jugadas" by Isaac Aisemberg. Used with permission of the author.

p. 130. "La gula" by Fernando Díaz-Plaja from *El español y los siete pecados capitales*, 1966. Used by permission of the author.

p. 149. "El béisbol: Pasión dominicana" from *Américas*, Sept.–Oct., 1986, pp. 21–25. Used with permission.

p. 173. "El Aguinaldo" from *La niña y otros relatos* by Carmen Laforet. Copyright © 1970 by Carmen Laforet. Used with permission of Carmen Balcells Agency.

p. 167. "Óscar Arias: Premio Nóbel de la Paz" by Tad Szulc from *Parade Magazine*, August 28, 1988, pp. 4–7. Used with permission.

p. 196. "El niño al que se le murió el amigo" by Ana María Matute from *Los niños tontos*. Copyright © 1956 by Ana María Matute. Used with permission of Carmen Balcells Agency.

p. 212. "Las mujeres" by Hilda Perera, a Cuban writer. Used with permission of the author.

p. 222. "70 años de creación" by Rufino Tamayo from *Américas*, May–June, 1988, pp. 56–58. Used with permission.

p. 228. "El mundo descubre a la América Latina" by Arturo Uslar Pietri from *Américas*, Nov.–Dec., 1987 pp. 47–49. Used with permission.

PHOTO CREDITS

Mark Antman/The Image Works: pp. 1, 3, 15, 17, 31, 33, 38, 47, 50, 63, 70, 79, 81, 97, 99, 113, 115, 120, 129, 131, 143, 145, 185, 187, 192, 201.
Benn Mitchell, The Image Bank: p. 22.
Christopher Brown: p. 54.
Robert C. Modra/Sports Illustrated: p. 150.
Wide World Photos, Inc.: p. 161.
The Academy of Motion Picture Arts and Sciences: p. 163.
Courtesy of the Government of Costa Rica: p. 168.
The Museum of Modern Art: p. 217.
Lee Boltin Picture Library: p. 219.
Collection of the Museum of Modern Art of Latin America, OAS, Washington, D.C.: p. 223.

Published simultaneously in Canada.

Printed in the United States of America.

International Standard Book Number: 0-669-17382-7.

Library of Congress Catalog Card Number: 89-85073.

10 9 8 7 6 5 4 3 2 1

Preface

Así somos: Temas de hoy y de siempre, Second Edition, is an interme-
diate-level Spanish reader that provides a variety of reading selections ranging from authentic newspaper and magazine articles to
literary selections by well-known Hispanic authors. The readings
have been selected because of their relevance to the chapter
themes and are designed to promote the development of the stu-
dent's reading skills through contexts that are lively and motivat-
ing. They are also intended to serve as a stimulus to engage the
instructor and the students in interesting and meaningful oral
activities, class discussions, and group work, building the stu-
dent's vocabulary, thus increasing reading and oral competency.
In addition, the selections afford the opportunity for students to
acquire cultural knowledge related to customs, traditions, art, pol-
itics and personalities in the entire Spanish-speaking world.

Each chapter contains two cultural reading selections and one
literary reading. Most of the cultural readings have been selected
from popular, widely read Hispanic magazines and deal with contemporary issues relevant to today's students. Among the topics
offered are relationships, travel, health, technology, self-improve-
ment, and famous personalities. The literary selections represent a
wide array of genres, themes, and periods. Included are poems by
Gabriela Mistral, short stories by Camilo José Cela, Ana María
Matute, Carmen Laforet, and Marco Denevi, and essays by Fernando Díaz-Plaja and Arturo Uslar Pietri.

Changes in the Second Edition

Major changes have been implemented in this Second Edition of
Así somos with the goal of broadening and updating its view of the
Hispanic world. Among the most important changes are the
following:

- The text now has a dual function, serving as both a *literary* and
  a *cultural* reader. The addition of one literary selection in each
  chapter broadens the scope of the text, allowing for its use in

courses that may offer an introduction to Hispanic literature in combination with a culture and civilization curriculum. The positioning of the literary selection at the end of each chapter, following the two cultural readings, also allows for a controlled build-up of thematic vocabulary that eases many of the difficulties faced by students who first encounter literary discourse.

- The number of chapters has been reduced from 15 to 14 to allow for better adaptability to both semester and trimester systems.
- New cultural selections have been added and some existing selections have been revised and updated to ensure that the cultural coverage provided accurately reflects contemporary trends and current events in the Spanish-speaking world.
- A vocabulary box, inserted at the beginning of each reading selection, lists the most significant words and expressions found in the reading.
- New vocabulary practice activities designed to reinforce the core vocabulary found in the *Vocabulario práctico* box, are now part of the exercise apparatus.
- The composition topics at the end of each chapter have been extensively rewritten to focus on themes that are closely related to students' personal experiences.
- A communicative activity, designed primarily for in-class group work, has been added at the end of each chapter.

Text Organization

Each of the 14 chapters in *Así somos*, Second Edition, deals with a central theme discussed in a brief introduction on the chapter's opening page. The two cultural selections and the literary reading that follow are all related in some manner to the chapter theme. Each literary selection is preceded by an introduction to its author. In addition, the following key features accompany each cultural and literary selection:

- *Vocabulario práctico*: This new feature of the Second Edition will allow students to focus on the key vocabulary contained in each selection, therefore facilitating reading comprehension.
- *Reading*: The readings are accompanied by marginal glosses that translate difficult or obscure expressions not included in the vocabulary box.
- *Usos de palabras o frases claves*: This section includes one or two vocabulary practice activities based on the words and expressions listed in the *Vocabulario práctico*.

- *Preguntas sobre la lectura*: This activity offers a series of comprehension questions which help students analyze the content of the readings.
- *Discusión sobre la lectura*: Discussion topics and questions designed for whole-class discussion or group work stimulate conversation among students.

Each literary selection is supported by the same features that accompany the cultural readings. Two synthesizing activities close each chapter: a writing activity labeled *Composición*, and the *Actividad comunicativa*. The latter generally consists of an oral activity to be carried out in groups or by the whole class.

Adapting the text

Because of the diversity of its reading selections and its emphasis on reading and communicative skills, *Así somos*, Second Edition, is ideally suited for use in a variety of courses at the intermediate level. The following are suggested as primary functions that the text may serve:

- *As a supplementary reader*: The text may be used to provide reading materials that supplement a grammar review text at the intermediate and advanced levels.
- *As the primary text in a conversation course*: The instructor may use the literary and cultural selections as a stimulus for class discussion and for other communicative activities.
- *As the primary reader to introduce Hispanic culture and literature*: The text can be used in intermediate and advanced Hispanic civilization courses that also offer students an introduction to literature.

Acknowledgments

We wish to express our appreciation to the following reviewers who provided us with many helpful suggestions during the preparation of the manuscript:

Evy Carro
University of Cincinnati

Thomas Coates
Northeastern Missouri State University

Ana Hartig-Ferrer
Cuesta College

Richard Teschner
University of Texas

We also would like to thank Professor Mario Pérez, Professor Emeritus of Brevard College for his careful reading of the manuscript. Finally, we would like to thank our wives, Elena González de Fernández and Carolyn Novak de Zayas-Bazán for their support while we wrote this second edition.

Eduardo Zayas-Bazán
Gastón J. Fernández

Contents

1 Los viajes 1

Cómo dejar su casa o apartamento en orden   2
¿Qué necesita para su viaje?   6
Los viajeros por Marco Denevi   9

2 ¿Adónde ir de viaje? 15

Los paradores de España   16
Los cruceros   21
La pasajera de primera clase por Adolfo Bioy
      Casares   26

3 Relaciones entre padres e hijos 31

Los hijos, ¿motivo de disensión en el
      matrimonio?   32
Cinco valores perdurables para sus hijos   36
El buen hombre y su hijo por Don Juan
      Manuel   42

4   Las mujeres
       profesionales   47

Carrera o matrimonio   48
Mujeres ejecutivas   53
Dos poemas por Gabriela Mistral   58

5   La educación   63

Lo malo de la televisión   64
Aprenda a aprender más rápidamente   68
Los ojos del dragón por Enrique Anderson-
       Imbert   73

6   Conózcase a sí mismo   79

¿Sabe Ud. relajarse?   80
El orgullo, ¿es su punto débil?   85
Jaque mate en dos jugadas por Isaac
       Aisemberg   88

7   La tecnología   97

La tecnología del futuro   98
Lo que comeremos en el siglo que viene   102
El telefilme por Joaquín Esteban Perruca   106

8 El bienestar físico   113

Un paso sencillo hacia la salud: No se deje
    dominar por las prisas   114
Pasatiempos: Pasaporte para la salud   119
Noble campaña por Gregorio López
    Fuentes   123

9 El buen comer   129

Las preguntas más comunes sobre la
    dieta   130
Arroz con pollo   135
La gula por Fernando Díaz-Plaja   138

10 Los deportes   143

La técnica y el éxito de trotar   144
El béisbol: Pasión dominicana   149
El gallego y su cuadrilla por Camilo José
    Cela   154

11 Hispanos famosos   161

Ricardo Montalbán: ¿Amante latino?   162
Óscar Arias: Premio Nóbel de la Paz   167
El aguinaldo por Carmen Laforet   173

12   La amistad   185

¿Sabe Ud. escuchar?   186
Conservar esa amistad... ¡Vale la pena!   191
El niño al que se le murió el amigo por Ana
        María Matute   196

13   Aspectos del amor   201

¿La ama él de veras?   202
¿Es Ud. un seductor perfecto?   207
Las mujeres por Hilda Perera   212

14   El arte   217

El oro de El Perú   218
Rufino Tamayo: 70 años de creación   222
El mundo descubre a la América Latina por Arturo
        Uslar Pietri   228

Vocabulario   237

CAPÍTULO 1
Los viajes

¿Se siente Ud. ansioso antes de un viaje? El día antes de partir, ¿piensa Ud. que estará listo para salir a tiempo? Estos sentimientos son comunes aun en los viajeros más experimentados.

Si Ud. desea vencer[1] esta ansiedad y disfrutar[2] del viaje, la lectura de las selecciones siguientes podrán ayudarlo.

[1]**vencer** to overcome [2]**disfrutar** to enjoy

Cómo dejar su casa o apartamento en orden

VOCABULARIO PRÁCTICO

SUSTANTIVOS

el alquiler rent
la cantidad quantity
el consejo advice
el cuidado care
el descuento discount
el folleto brochure
el fuego fire
el gasto expense
el hogar home
la llave key
el presupuesto budget
el vecino neighbor

ADJETIVOS

ausente absent
imprevisto unexpected

VERBOS

comprobar to check
cubrir to cover

dejar to leave (*behind*)
quedarse to stay
preocuparse to worry
recoger to pick up
regar to water (*plants, grass, etc.*)
solicitar to request

EXPRESIONES

agencia de viajes travel agency
al día up to date
aparatos eléctricos electrical
  appliances
cheques de viajeros travellers' checks
echar a perder to spoil; to ruin
fuera de away from
ponerse en contacto to get in touch
por anticipado in advance
presupuesto de viaje travel budget

A continuación le ofrecemos varios consejos que toda persona organizada debe seguir antes de salir de viaje. Los primeros tienen que ver con las gestiones° preliminares del viaje; los segundos con el cuidado y mantenimiento de su hogar mientras Ud. esté ausente.

steps, i.e., preparations

GESTIONES PRELIMINARES

1. Escribir a las oficinas de turismo de los países que va a visitar para solicitar mapas, información sobre descuentos turísticos y otros folletos informativos.

2. Ponerse en contacto con una agencia de viajes para discutir el costo y preparar el itinerario del viaje.
3. Poner su pasaporte al día.
4. Confirmar si necesita visado° para los lugares que planea visitar. *visa*
5. Preparar un presupuesto de viaje, sin olvidar cierta cantidad° para gastos imprevistos. *amount*
6. Ir al banco y comprar cheques de viajeros.

EN SU CASA O APARTAMENTO

1. Notificarle a su vecino acerca de su futuro viaje y dejarle una llave de la casa. Así su vecino puede recogerle el correo, comprobar que todo está bien y regar las plantas.
2. Dejarle a su vecino una copia del itinerario de viaje con el teléfono de los hoteles donde piensa quedarse.
3. Sacar del refrigerador los alimentos° que se pueden echar a perder mientras Ud. está fuera de las casa. *food*
4. Pagar sus cuentas° por anticipado, especialmente el teléfono, el agua, la electricidad y el alquiler. *bills*
5. Desconectar los aparatos eléctricos.

Adaptado de *Vanidades*

Un autocar con turistas visitando Barcelona, España.

Ejercicios

A. *Uso de palabras o frases claves.*

Escoja la palabra o frase apropiada para completar la oración y haga todos los cambios gramaticales que sean necesarios.

folleto	agencia de viajes
recoger	vecino
quedarse	llave
presupuesto	cheques de viajeros
fuera de	dejar

1. Cuando viajo, prefiero _____ en un hotel elegante.
2. Voy a la oficina de turismo para obtener los _____ del Perú.
3. Mis _____ son muy amables.
4. Tenemos que comprar _____ para el viaje.
5. Para abrir las puerta de mi casa uso la _____.
6. Marta _____ el correo todos los días.
7. Siempre que viajamos, _____ nuestra casa en orden.
8. Cuando Ana está _____ su apartamento, desconecta los aparatos eléctricos.
9. Es importante hacer un _____ antes de viajar.
10. En la _____ preparan nuestro itinerario.

B. *Preguntas sobre la lectura.*

1. Para preparar un viaje, ¿qué debe solicitar en las oficinas de turismo?
2. ¿Para qué debe ponerse en contacto con una agencia de viajes?
3. ¿Qué debe hacer con el pasaporte?
4. Al preparar el presupuesto de viaje, ¿para qué debe reservar cierta cantidad de dinero?
5. ¿Qué debe hacer en el banco?
6. ¿Por qué debe notificarle a su vecino sobre su futuro viaje?
7. ¿Qué debe dejarle a su vecino?
8. ¿Qué debe sacar del refrigerador?
9. ¿Qué es importante pagar por anticipado?
10. ¿Qué debe hacer con los aparatos eléctricos?

Discusión sobre la lectura.

1. La lectura contiene seis consejos preliminares. ¿Cuáles son los tres que Ud. considera más importantes y por qué?
2. Hay cinco consejos para dejar su casa o apartamento en orden. ¿Cuáles piensa Ud. que son los más importantes y por qué?

3. ¿Qué puede pasar?
   a. Si no saca la leche del refrigerador...
   b. Si no paga el alquiler por anticipado...
   c. Si su vecino no riega las plantas...
   d. Si no pone su pasaporte al día...
   e. Si no tiene visado para entrar en un país...
   f. Si no desconecta° los aparatos eléctricos...   unplug
4. Cuando Ud. está de viaje, ¿qué le preocupa a Ud. con respecto a su casa o apartamento?

D. *Cierto o falso.*

¿Son ciertas o falsas las siguientes oraciones sobre la lectura? Tiene que explicar por qué.

1. Si Ud. va a hacer un viaje a España, es conveniente ir a la agencia de viajes y obtener folletos informativos de la Península de Yucatán.
2. Antes de viajar al extranjero° es necesario poner el   **al...** abroad pasaporte al día.
3. No es necesario confirmar si necesitamos visado para entrar en países extranjeros.
4. Si Ud. deja copia de su itinerario y los números de teléfonos de los hoteles donde va a quedarse a su vecino Jorge, él no va a poder comunicarse con Ud. en caso de emergencia.
5. Si Ud. va a hacer un viaje de dos meses, no tiene que preocuparse por los alimentos que deja en el refrigerador.
6. Si no paga la cuenta del teléfono, la compañía telefónica se lo va a desconectar.

¿Qué necesita para el viaje?

VOCABULARIO PRÁCTICO

SUSTANTIVOS

el bolígrafo   ball–point pen
el cepillo   brush
la cortada   cut
la curita   bandaid
el envase   container
el frasco   small bottle, glass jar
las gafas   eyeglasses
la herida   wound
la jabonera   soap dish
la navaja   razor blade
el paraguas   umbrella
el pasaje   ticket (*i.e., airline, ship, etc.*)
el peine   comb
la receta   prescription

VERBOS

bañarse   to take a bath
empacar   to pack
escoger   to choose
limpiar   to clean
mojarse   to get wet

EXPRESIONES

crema de afeitar   shaving cream
gorro de baño   shower cap
libreta de direcciones   address book
licencia de conducir   driver's license
reloj despertador   alarm clock
sacar fotos   to take photos
secador de pelo   hair dryer
tarjeta de crédito   credit card

Es más fácil empacar la maleta si hace una lista de las cosas que puede necesitar durante el viaje. La lista que sigue es muy completa. Puede escoger de ella las cosas que le van a ser a Ud. indispensables durante su viaje.

- Reloj despertador
- Adaptador eléctrico de voltaje
- Gafas de sol. Si usa gafas por prescripción médica, lleve un par extra.
- Paraguas
- Cámara fotográfica
- Rollos de fotografía
- Guías de turismo
- Pasaporte
- Tarjetas de crédito

- Cheques de viajeros
- Licencia internacional de conducir
- Pasajes
- Libreta de direcciones
- Mapas
- Itinerario de viaje
- Lápices, bolígrafos
- Diccionario de frases útiles
- Ropa apropiada
- Loción para el sol
- Jabón (en jabonera plástica)
- Cepillo de dientes° y pasta dental　　　　　　　　　　　　　**Cepillo...**　Tooth brush
- Desodorante
- Champú
- Gorro de baño
- Cepillo de pelo y peine
- Navaja y crema de afeitar
- Secador de pelo
- Medicinas de receta y copias de las recetas
- Curitas adhesivas para cortadas, heridas, etc.
- Frascos de mercurocromo y agua oxigenada°　　　　　　　　**agua...**　hydrogen peroxide
- Medicinas para los dolores de estómago
- Repelente de insectos
- Cosméticos (pocos y en envases plásticos)
- Costurero° de emergencia　　　　　　　　　　　　　　　　Sewing kit

Adaptado de *Vanidades*

Ejercicios

A. *Uso de palabras o frases claves.*

Escoja la palabra o frase apropiada para completar la oración y haga todos los cambios gramaticales que sean necesarios.

empacar	paraguas
pasaje	cepillo de dientes
tarjeta de crédito	reloj despertador
mojarse	herida
gafas	libreta de direcciones

1. Tenemos pasta dental, pero necesitamos el ＿＿＿ para lavarnos los dientes.
2. Federico necesita ＿＿＿ para leer.
3. Con la ＿＿＿ podemos pagar en el restaurante.
4. Laura siempre lleva ＿＿＿ cuando va a llover.
5. Si tengo una ＿＿＿, me pongo una curita.
6. Para montar en avión es necesario comprar un ＿＿＿.

7. Si ellos _____ esta noche, podrán salir a las siete de la mañana.
8. Las plantas _____ cuando llueve.
9. Busco el nombre de su amiga en la _____.
10. Para levantarme temprano necesito un _____.

B. *Preguntas sobre la lista.*

1. ¿Qué usa Ud. para afeitarse?
2. Si no quiere mojarse el pelo cuando se baña, ¿qué tiene que ponerse?
3. Si Ud. se corta, ¿con qué se limpia?
4. ¿Qué necesita Ud. para levantarse temprano?
5. Si Ud. quiere saber la dirección exacta de un buen amigo, ¿dónde debe buscarla?
6. ¿Para qué usamos el jabón?

C. *¿Qué necesita?*

Complete cada frase de la columna A con una palabra o frase lógica de la columna B. Siga el *modelo*.

Modelo: Si viaja en auto   necesita una licencia de conducir.

A	B
Si viaja en avión	costurero de emergencia
Si viaja por España	loción para el sol
Si desea escribir	cepillo de dientes
Si se lava los dientes	cámara fotográfica
Si tiene una herida	sombrilla plegable
Si hay mosquitos	pasaporte
Si pierde un botón	aspirinas
Si saca fotografías	repelente de insectos
Si llueve	bolígrafo
Si tiene dolor de cabeza	pasaje
Si va a la playa	curitas
Si no tiene dinero	diccionario de frases útiles
Si no habla español	tarjetas de crédito

Los viajeros

— SELECCIÓN LITERARIA —

VOCABULARIO PRÁCTICO

SUSTANTIVOS

el balneario   beach resort
el baúl   trunk
el cajón   drawer
el caracol   sea shell
el coraje   courage
el dineral   large sum of money
el dulce   sweet; candy
el florero   flower pot
la honradez   honesty
la lágrima   tear
el lujo   luxury
la máscara   mask
el negocio   business
el olor   smell
el pariente   relative
la piedra   stone
la prisa   hurry
el rincón   corner
el sitio   place
el tamaño   size
el tibor   large clay container
el trozo   piece
la valija   suitcase

ADJETIVOS

brusco   abrupt
cargado   loaded

encantador   charming
lejano   distant
recogido   picked up
robado   stolen

VERBOS

avisar   to inform
detenerse   to stop
disponer de   to have available
faltar   to lack
mudarse   to move
oponerse a   to object to
presenciar   to witness
recorrer   to travel

EXPRESIONES

de mal modo   in a nasty manner
dar señal   to give a signal
darse cuenta de   to realize
en cuanto a   as to
estar harto de   to be fed up with
ni entonces ni nunca   neither then
   nor ever
por las dudas   just in case
por los alrededores   around

Marco Denevi

Marco Denevi nació en la Argentina en 1922. Su primera novela, Rosaura a las diez, *fue publicada en 1955 y con ella ganó el premio de la Editorial Kraft de Buenos Aires. Desde entonces Denevi continúa escribiendo novelas, cuentos y obras teatrales.*

Los cuentos de Denevi muestran una aguda° penetración psicológica   sharp
en la que la condición humana es descrita con humor y piedad.

El cuento que a continuación le ofrecemos aparece en el libro Cartas peligrosas y otros cuentos. *"Los viajeros" a la vez nos divierte y sorprende. En él podemos apreciar la crítica social y lo fantástico.*

El matrimonio Ponderoy, gente encantadora, adquirió la costumbre de viajar. Como no les faltaba dinero podían darse ese lujo. Empezaron hace muchos años, cuando eran jóvenes. Entonces hacían excursiones en automóvil por los alrededores° de la ciudad. Visitaban pueblecitos, los balnearios de la costa. Volvían cargados de caracoles y de flores robadas en los jardines.° Las flores eran tantas que no había floreros suficientes y la mitad iba a parar a la basura.[1] En cuanto a los caracoles recogidos° en las playas, para mí que se reproducían. Más de una vez aplasté uno con el pie[2] al entrar en la sala.°

surroundings

flower gardens

which were picked up

living room

Después hicieron viajes al interior del país, en ómnibus. Ya llevaban consigo maletines de fibra.° Había que oírlos, a la vuelta,[3] hablar con loco entusiasmo de iglesias, de museos, de cementerios. Abrían los maletines y aparecían frascos de dulces, alfajores,[4] hongos,° mates,° bombillas,° cerámicas, ponchos, facones° y tarjetas postales. Los amontonaban° en rincones y ya no les prestaban ninguna atención.

maletines... *suitcases made of straw or other natural fiber*

mushrooms / gourd vessels / straws for drinking mate / Gaucho's knives
they would accumulate

Más tarde recorrieron el continente, cada vez un país distinto. Viajaban en ferrocarril, cargados de valijas de cuero.° Ahora tenían un aparato° fotográfico y regresaban con montañas de fotografías que no mostraban a nadie porque eran cientos, miles que guardaban° en los cajones de los muebles, y con una cantidad impresionante de *souvenirs*, de todo tipo y tamaño. Pero ni entonces ni nunca nos trajeron ni un modesto regalito.° Mi mujer° me decía:—Y si nos quedáramos con alguna chuchería?° Total,° no se van a dar cuenta. Pero yo soy la honradez personificada y me opuse.

valijas... *leather suitcases*
machine, i.e., *camera*
they would keep

small gift / wife
trinket / In any case

Creo que fue para esa época cuando empezaron las discusiones. El señor Ponderoy por ahí° preguntaba:—¿Te acuerdas, Eulalia, de aquellas ruinas en Isla Verde? —No fue en Isla Verde sino en Puerto Esmeralda, replicaba la señora Ponderoy. Discutían durante horas. Harta de presenciar estas escenas, una vez mi mujer les insinuó: —¿Por qué no llevan un diario de viaje? Le contestaron de mal modo: —¡Qué ocurrencia!° Mientras se viaja no hay tiempo para escribir. Sería por eso que tampoco nos mandaban ni una línea por correo.

por... *any where*

Qué... *What a bizarre idea!*

Después iban a Europa, en avión. Ya no cargaban valijas sino baúles. Regresaban con tantos de esos benditos° *souvenirs* que debimos mudarnos° a una casa más grande para poder ubicarlos,°

blessed

debimos... *we had to move / to place them*

---

[1] **iba... basura.** would end up in the trash.

[2] **Más... pie** On more than one occasion I crushed one with my foot

[3] **Había... vuelta** One had to hear them, upon their return

[4] **alfajores** Argentinian sweet made of two pieces of hard dough filled with different types of sweets.

porque se traían tibores, cráteras,° estatuas, trozos° de columnas, bajorrelieves,° mosaicos, piedras y hasta plantas. La marejada° de fotografías siguió creciendo dentro de los cajones, los desbordó,° empezó a propagarse° por el piso. Mi mujer renunció a poner orden y hacer la limpieza de ese horrible *bric–à–brac.*°

Los viajes les impedían° tener hijos, asistir a bodas y sepelios° de parientes° y amigos, leer los periódicos. Ahora recorrían África, Asia, Oceanía. Permanecían en Buenos Aires apenas una semana, la mitad dedicada a desembalar° los *souvenirs* y la otra mitad a hacer los preparativos del próximo viaje a sitios cada vez más lejanos, más exóticos: Ubangui,° Nagar Aveli,° Marie Galante.° Ya disponían de° varios aparatos fotográficos y de dos cámaras filmadoras, pero jamás proyectaron una película.° No había tiempo, en una semana, de ver la proyección de tanto celuloide.°

Las discordias° entre fechas y lugares se habían vuelto violentas. Además, mezclaban° los idiomas. *I think*—decían— que *quello cimitero*° estaba en *les environs*° del *Gemeinderat.*° Cuando nos veían no nos reconocían, nos preguntaban: —¿Quiénes son ustedes? ¿Dónde los vimos antes? ¿En Tarcoola Goldfield o en Axixá? Tienen el estómago estragado° por las comidas devoradas a toda prisa° en los hoteles, en los aeropuertos, en los aviones. Sufren de flebitis y de callos plantales.° Los bruscos cambios de clima les han afectado los pulmones.°

En casa ya no cabe un alfiler.[5] Los rollos de celuloide se extienden por todas las habitaciones, enredados° como trenzas° monstruosas. Las fotos, la mayoría rotas, cubren los pisos al modo de un agua gelatinosa de medio metro de altura.[6] Hay en todas partes baúles sin abrir. Se percibe un olor nauseabundo. Pululan las arañas del Teneré,[7] las serpientes del Amazonas. Vuelan enjambres° de moscas entre las que quizá se haya infiltrado la terrible tsé-tsé africana. Nosotros, por las dudas, ya no vivimos allí. Yo voy a cada rato a echar una ojeada.[8] Ahora tenemos una tienda de antigüedades y de *souvenirs* en San Telmo.

Los otros días vimos al señor y a la señora Ponderoy que caminaban por la calle. Como siempre, habían vuelto sin avisarnos. Iban con sus máquinas a cuestas.[9] Se detuvieron delante de nuestro negocio, curiosearon° desde fuera y después

---

cráteras,° large clay containers / trozos° pieces
bajorrelieves,° bas–reliefs / marejada° wave
los desbordó,° it overflowed
propagarse° to spread
bric–à–brac.° odds and ends *(Fr.)*
les impedían° **les...** prevented them from / sepelios° funerals
parientes° relatives
desembalar° to unpack
Ubangui,° Central African country / Nagar Aveli,° former Portuguese territory in India / Marie Galante.° Caribbean island
disponían de° **disponían...** they had available
película.° movie film
discordias° disagreements
mezclaban° they mixed
quello cimitero° that cemetery *(Ital.)* / *les environs*° nearby *(Fr.)* / *Gemeinderat.*° Town hall *(Ger.)*
estragado° ruined
prisa° **a...** in a hurry
callos plantales.° **callos...** corns on their feet
pulmones.° lungs
enredados° entangled / trenzas° braids
enjambres° swarms
curiosearon° they snooped

---

[5]**En... alfiler.** At home there is no longer enough space for even a pin.

[6]**la... altura.** the majority of them torn, cover the floor like a gelatinous mass of water one-half meter deep.

[7]**Pululan... Teneré** The spiders from [the Sahara region of] Teneré are everywhere

[8]**a... ojeada.** once in a while to take a look.

[9]**Iban... cuestas.** They had their machines on their back.

entraron. No dieron señales de saber quiénes éramos. [10] Querían comprar algunos *souvenirs*. Mi mujer les vendió una máscara de Alto Volta, un mosaico de la villa de Adriano en Tivoli,° una vasija de barro de las Islas Fiji.° Pagaron un dineral. Al despedirlos no pude aguantar más [11] y les dije:—Adiós, señora Ponderoy. Adiós señor Ponderoy.

    Dios mío. Se miraron entre ellos. [12] La señora frunció el entrecejo° intrigada.—¿Ponderoy? ¿Ponderoy?. El señor se impacientó:°—Los conocimos en Jahniharpur en 1961. Ella hizo un gesto irritado:—*You are wrong*. Fue en Kaskachinskoie a fines del 72. Mientras salían continuaron discutiendo agriamente,° pero antes de desaparecer la señora Ponderoy se volvió hacia mí:—*Please. Cette ville*,° ¿cómo se *chiama?*° Qué quiere, no tuve coraje y le contesté la verdad. Alcanzamos a oír que le gritaba al marido: [13] —*Dear*, no estamos en Big Stone City, estamos en Buenos Aires. Mi mujer se reía. Pero a mí, señor, se me llenaron los ojos de lágrimas. [14]

(right margin glosses)

Italian city
Pacific islands

frunció...   she frowned
se...   he became impatient

bitterly

Cette ville   This city (*Fr.*) / called (*Ital.*)

Ejercicios

A. *Uso de palabras o frases claves.*

    Escoja la palabra o frase apropiada para completar la oración y haga todos los cambios gramaticales que sean necesarios.

de mal modo	encantador
detenerse	pariente
lejano	avisar
estar harto de	dineral
recorrer	negocio

1. El año pasado _____ todo el continente.
2. El automóvil le costó un _____ a Juan.
3. El matrimonio Ponderoy viajaba por lugares muy _____.
4. Yo _____ oír tus excusas.
5. No me gusta el _____ que me has propuesto.
6. Pedro estaba mortificado conmigo y me habló _____.
7. Tenemos muchos amigos y _____ que viven en Miami.
8. Adela está enojada contigo. No le _____ que venías.
9. El tren _____ hace una hora en la estación.
10. Elena María es una persona _____.

---

[10] **No... éramos.**   They did not appear to recognize us.

[11] **Al... más**   on saying good-by I could not control myself any longer

[12] **Se... ellos.**   They looked at each other.

[13] **Alcanzamos... marido.**   We are able to hear her shouting at her husband.

[14] **se... lágrimas.**   tears filled my eyes.

B. *Preguntas sobre la lectura.*

1. ¿Cuándo comenzaron a viajar los Ponderoy?
2. ¿Qué medios de transporte usaban para sus primeras excursiones?
3. ¿Cómo hacían los viajes al interior del país?
4. ¿Qué hacían con las cosas que compraban?
5. ¿Con qué dos tipos de cosas regresaban de sus viajes por el continente?
6. ¿A qué se opuso el narrador del cuento?
7. ¿Por qué no quisieron llevar los Ponderoy un diario de viaje?
8. ¿Qué cosas no podían hacer debido a° los viajes?   **debido...**   due to
9. ¿Por qué no proyectaban las películas que sacaban?
10. ¿Por qué tenían el estómago estragado?
11. ¿Por qué tenían problemas en los pulmones?
12. ¿Qué negocio han establecido el narrador y su mujer?
13. ¿Por qué estaba intrigada la señora Ponderoy?
14. ¿Dónde creía el señor Ponderoy que estaban?

C. *Discusión sobre la lectura.*

1. ¿Por qué piensa Ud. que al final del cuento se le llenaron los ojos de lágrimas al narrador?
2. ¿Qué relación piensa Ud. que tiene el narrador del cuento con los Ponderoy?
3. ¿Tiene Ud. amigos que viajan mucho? ¿Por qué?
4. Cuando Ud. viaja, ¿qué tipo de *souvenirs* le gusta comprar?
5. ¿Qué cosas fantásticas ocurren en este cuento?

D. *Composición*   **De vacaciones.**

Escriba una breve composición relatando su último viaje de vacaciones. Mencione qué problemas surgieron en el viaje, cómo se resolvieron, qué cosas compró, qué sitios especiales visitó y si le gustaría volver a visitar esos lugares.

E. *Actividad comunicativa*   **El viaje de mis sueños.**

Reúnase con un(a) compañero(a) para planear el viaje de sus sueños. En la discusión deben indicar el lugar escogido, los medios de transporte que utilizarán, el presupuesto de viaje, etc. Al fin de la discusión, uno de Uds. describirá el viaje al resto de la clase.

CAPÍTULO 2

¿Adónde ir de viaje?

El mundo invita a la gran aventura de viajar. Hay muchísimos lugares verdaderamente[1] encantadores que esperan al turista con los brazos abiertos. Conocer nuevos países es una experiencia única que enriquece[2] la vida de los viajeros.

[1]**verdaderamente** truly
[2]**enriquece** it enriches

Los paradores[1] de España

VOCABULARIO PRÁCTICO

SUSTANTIVOS

el comedor   dining room
el cordero   lamb
el cuadro   painting
el entremés   hors d'oeuvre
el huésped   guest (*in a hotel*)
el mundo   world
el pintor   painter
la pintura   painting
la piscina   swimming pool
el placer   pleasure
el recorrido   route; distance traveled

ADJETIVOS

antiguo   old
asado   roasted
enterrado   buried

VERBOS

cenar   to have supper
conducir   to drive
escoger   to choose
hospedarse   to stay (*in hotel*)

Viajar por España en auto y hospedarse en sus diferentes paradores es un placer. Algo así como° realizar una expedición a un mundo mágico en el que somos huéspedes de la historia.

Algo...   Something like

El gobierno español tiene 65 paradores por toda España. La mayoría son palacios, castillos o monasterios que han sido restaurados. El resto son de construcción reciente y muestran° el estilo arquitectónico de cada región.

they show

Los comedores de los paradores tienen gran fama, ya que° ofrecen comidas típicas de las diferentes regiones. Particularmente apetecibles° son sus entremeses, que se pueden dividir en cuatro categorías: platos de huevos, mariscos,° una gran variedad de carnes frías y, por último, los platos calientes° como el cocido madrileño.[2]

ya...   since

appetizing

seafood

hot

---

[1] **Paradores**   Government-run inns and hostels located throughout Spain. Many are restored castles and monasteries.

[2] **cocido madrileño**   This regional dish is a stew containing chick peas, meat, sausage, and vegetables.

Un parador en Tortosa, España.

Es posible combinar una visita a varios paradores si planea su itinerario cuidadosamente.° A continuación le ofrecemos a Ud. tres itinerarios que combinan las estancias° en diferentes paradores.

carefully
stays

SI UD. ESTÁ EN MADRID Y TIENE MUY POCO TIEMPO

1. Visite Segovia en un auto alquilado.° Allí verá su famoso acueducto romano y su impresionante° catedral. Si desea comer, podrá probar° suculentos asados como el cochinillo° o el cordero.

rented
impressing
to try / suckling pig

2. Después, diríjase a Ávila, la cuidad donde nació Santa Teresa, y haga noche en el parador Raimundo de Borgoña, que forma parte de la magnífica muralla que rodea° toda la ciudad.

it surrounds

3. Al día siguiente viaje a Toledo, la ciudad de El Greco, uno de los grandes pintores, y vea sus pinturas en la catedral y en la iglesia de Santo Tomé, donde se encuentra su cuadro más famoso, *El entierro° del Conde de Orgaz.* Pase la noche en el parador Conde de Orgaz, que tiene una vista preciosa de Toledo.

burial

RECORRIDO DE MADRID A ANDALUCÍA

1. Después de conocer Madrid, viaje a Córdoba, que son unas seis horas en coche,° y pase la noche en el parador La Arruzafa,

car

que es muy moderno y tiene piscina. En Córdoba aprecie el puente° romano que debe cruzar para visitar La Mezquita,° que fue construida en el siglo VIII y es uno de los mejores ejemplos de arquitectura árabe en España.

    2. Haga un corto° viaje de dos horas a Sevilla y pase dos noches en el castillo medieval del parador Alcázar del Rey Don Pedro, que se encuentra a unos veinte kilómetros de Sevilla, en el pueblo de Carmona. En Sevilla admirará la imponente catedral, la tercera más grande del mundo, y su torre° árabe, que es la única estructura que queda° de una mezquita que allí existía. Junto° a la catedral está el Real Alcázar, palacio que usa el rey de España cuando visita la ciudad.

    3. De allí haga un viaje de tres o cuatro horas a Granada y visite La Alhambra, la fabulosa fortaleza árabe que Washington Irving hizo famosa cuando escribió *Tales of the Alhambra*. Después tiene que ver la Capilla Real de la catedral, donde se encuentran los restos° de Fernando e Isabel, los Reyes Católicos. En Granada visite el parador San Francisco, que fue primero una mezquita y más tarde un monasterio franciscano.°

    4. Termine el viaje en la ciudad de Málaga, en el rústico parador de Gibralfaro, situado en lo alto° de una colina.°

RECORRIDO DE MADRID, VÍA CASTILLA... ¡A GALICIA!

    1. Salga de Madrid hacia el norte pasando por Ávila y continúe a la ciudad de Salamanca, pasando la noche en el pueblo de Benavente y hospédese en el parador Rey Fernando II de León, un castillo muy pintoresco° del siglo XIV con torres románicas.

    2. Siga vía Orense al parador Conde de Gondomar, que es un castillo que da al° océano Atlántico y está en Bayona, al sur de Vigo.

    3. Recorra Galicia hacia el norte, parando en el Hostal de los Reyes Católicos, un hotel estupendo que se encuentra en la plaza central de Santiago de Compostela, al lado de la formidable catedral construida en la Edad Media.

    4. Si tiene días extras, puede ir a La Coruña y parar en Villalba en el parador Condes de Villalba, un castillo del siglo XII que tiene sólo seis habitaciones disponibles,° o tal vez prefiera quedarse en el parador de Ribadeo, que está en la costa gallega.°

    5. Regrese a Madrid vía León, donde puede cenar o pasar la noche en el Hostal de San Marcos, otro hotel elegantísimo que es un convento restaurado.

Adaptado de *Vanidades*

---

bridge / Mosque

short

tower / **la**... the only structure that is left
Next to

remains

monasterio... Franciscan monastery

en... at the top / hill

picturesque

da... faces the

available
Galician coast region

Ejercicios

A. *Uso de palabras o frases claves.*

Escoja la palabra o frase apropiada para completar la oración y haga todos los cambios gramaticales que sean necesarios.

entremés	conducir
pasar la noche	cenar
escoger	comedores
asado	cuadro
piscina	placer

1. La cena será en el _____.
2. Me gustan mucho los _____ de El Greco.
3. El cordero _____ es mi plato favorito.
4. Esta tarde yo _____ a Ávila.
5. El sábado pasado _____ en un parador muy bonito.
6. El hotel tiene tres _____ en las que se puede nadar.
7. Los _____ de mariscos son deliciosos.
8. Mis amigos y _____ anoche en un restaurante.
9. A la hora de comer tuve que _____ entre una gran variedad de carnes frías.
10. Para nosotros es un verdadero _____ viajar por España.

B. *Preguntas sobre la lectura.*

1. Al hospedarnos en un parador, ¿qué tipo de mundo encontramos?
2. ¿Cuántos paradores hay en España y cómo son?
3. ¿Por qué son famosos los comedores de los paradores?
4. ¿Cuántas categorías de entremeses hay y cuáles son?
5. ¿Qué platos especiales podrá comer en Segovia?
6. ¿Qué pintor famoso vivió en Toledo y dónde está su pintura más famosa?
7. ¿Qué ejemplo de arquitectura árabe hay en Córdoba?
8. ¿Por qué es notable la catedral de Sevilla?
9. ¿Cómo se llamaban los Reyes Católicos y dónde están enterrados?°   buried
10. ¿Por qué tiene una historia interesante el parador San Francisco?
11. ¿Dónde se encuentra el parador Conde de Gondomar?
12. ¿Por qué es especial el Hostal de los Reyes Católicos?
13. ¿Cómo es el Hostal de San Marcos?

C. *Discusión sobre la lectura.*

1. ¿Prefiere Ud. viajar en auto o en autobús? ¿Por qué?
2. ¿Qué tipo de entremés le gustaría a Ud. más? ¿Por qué?

3. Si Ud. puede escoger entre un parador antiguo y otro moderno, ¿cuál prefiere y por qué?
4. La lectura ofrece tres itinerarios. ¿Cuál prefiere Ud. y por qué?
5. ¿Piensa Ud. que sería difícil conducir en España? Explique su respuesta.

Los cruceros

Crucero llegando a Puerto Vallarta, México.

VOCABULARIO PRÁCTICO

SUSTANTIVOS

la barbería barbershop
el barco ship
la comodidad comfort
el crucero cruise
la cubierta deck
el ermitaño hermit
el gusto taste
el oficial officer
el pañuelo handkerchief
la propina tip
la travesía voyage

ADJETIVOS

cotidiano daily
lejano far away

VERBOS

llevar to take
zarpar to depart

EXPRESIONES

de antemano beforehand
oficina de la bolsa purser's office
salón de baile dance hall
una sola vez only once

"Nuevos caminos y gente nos invitan a una aventura que será... ¡inolvidable!"°   unforgettable

Como dicen los anuncios° turísticos, hay algo romántico y maravilloso en decir "adiós" con un pañuelo blanco desde la cubierta de un barco que se aleja° del puerto.   advertisements / se... it sails away

Diez minutos antes de zarpar,° entre copas° de champán, mientras vemos la ciudad quedarse atrás,° los problemas cotidianos° ya nos parecen lejanos y absurdos.   departing / glasses / behind / daily

El camarote° con su cesta° de frutas, nuestro camarero° personal, los grandes salones,° las cenas de gala, las fiestas, la piscina, el casino, las tiendas,° se convierten inmediatamente en nuestro hogar° flotante; y cuando vemos pasar a los oficiales con sus uniformes blancos y sus caras sonrientes,° nos sentimos al instante bienvenidos° a una aventura fabulosa... ¡el casi olvidado° placer de viajar en barco!   cabin, stateroom / basket / steward / ball rooms / stores / home / smiling / welcome / forgotten

En los últimos años ha renacido° el crucero como medio de turismo por excelencia, y cada día son más los cruceros que se ofrecen a diferentes lugares. Jóvenes y viejos disfrutan estos viajes que ahora son los más populares de las agencias de viajes.   ha... it has been reborn

Un crucero es viajar dentro° de un gigantesco hotel que se mueve de un lugar a otro. Es tener la comodidad de desempacar una sola vez, mientras que el barco lo lleva de puerto en puerto a "hacer turismo."° El crucero además sigue un itinerario establecido, en el que se combinan días de puro navegar con días de excursiones en los distintos° puertos donde toca° el barco.   inside / hacer... to play the tourist / different / it stops over

En estos cruceros Ud. escoge el ritmo que desea seguir durante el viaje... ¿Prefiere descansar un poco "a lo hermitaño?"° Pues ahí Ud. tiene esas comodísimas sillas de lona° en la cubierta, donde puede leer o tomar el sol mientras que un camarero atentísimo° le trae a media mañana una taza° de té con pasteles.° ¿Es Ud. sociable y divertido? Pues tiene en el barco muchas oportunidades de pasar un rato agradable° conociendo a viajeros de muchas partes del mundo. Además, allí están la piscina, los deportes de cubierta, la discoteca, el cabaret°... más° los distintos bares, comedores y las fiestas por las noches. Al mismo tiempo, mientras disfruta° la excelente cocina (¡siete comidas al día!), puede conocer nuevos sitios,° y gozar de° una forma de vida casi desaparecida.°   a... like a hermit / canvas / very courteous / cup / pastries / pleasant / nightclub / and / you enjoy / places / gozar... to enjoy / vanished

DATOS° PRÁCTICOS   Facts

Debe saber que cuando viaja en un crucero tiene que seguir ciertas reglas y una etiqueta muy especial. Por ejemplo, el pasajero debe escoger de antemano la hora de comida que prefiere, ya que

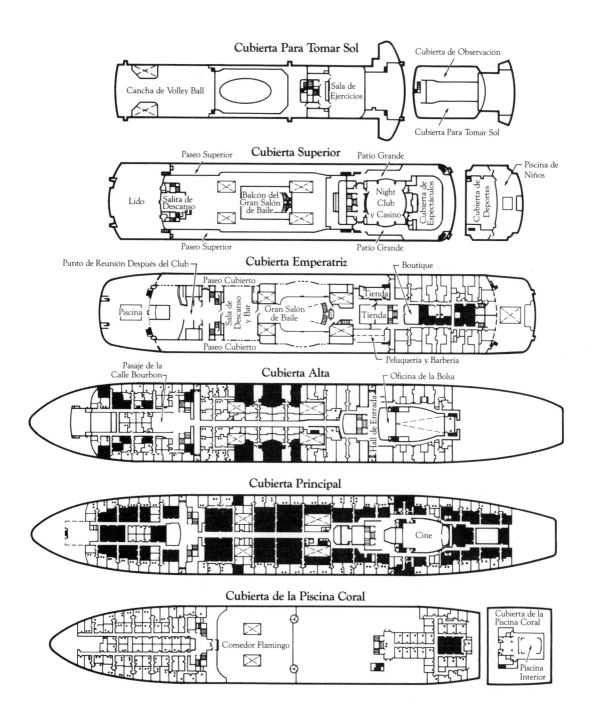

Cubierta Para Tomar Sol

Cancha de Volley Ball

Sala de Ejercicios

Cubierta de Observación

Cubierta Para Tomar Sol

Cubierta Superior

Paseo Superior

Patio Grande

Piscina de Niños

Lido

Salita de Descanso

Balcón del Gran Salón de Baile

Night Club y Casino

Cubierta de Espectáculos

Cubierta de Deportes

Paseo Superior

Patio Grande

Cubierta Emperatriz

Punto de Reunión Después del Club

Boutique

Paseo Cubierto

Piscina

Sala de Descanso y Bar

Gran Salón de Baile

Tienda

Tienda

Paseo Cubierto

Peluquería y Barbería

Cubierta Alta

Pasaje de la Calle Bourbon

Oficina de la Bolsa

Hall de Entrada

Cubierta Principal

Cine

Cubierta de la Piscina Coral

Comedor Flamingo

Cubierta de la Piscina Coral

Piscina Interior

generalmente hay dos turnos:° el primero (desayuno a las 7:30
A.M, almuerzo a las 12 del día y cena a las 6:00 P.M.) y el segundo
(desayuno a las 8:45 A.M., almuerzo a la 1:30 P.M. y cena a las 8:00
P.M.). De esta manera todos los viajeros tienen asignada una mesa
para su uso durante la duración de la travesía,° y un camarero que   voyage
llega a conocer sus gustos.

El sistema de propinas° es también típico. La regla es que se da   tips
la propina muy en proporción al servicio que se recibe, y la
propina siempre se distribuye el último día del crucero.

Durante el día en los barcos los viajeros se ponen ropa deportiva. Por la tarde uno se viste mejor para tomar el té, y la noche es
el momento ideal para usar ropa elegante.

Adaptado de *Vanidades*

Ejercicios

A. *Uso de palabras o frases claves.*

Escoja la palabra o frase apropiada para completar la oración y
haga todos los cambios gramaticales que sean necesarios.

pañuelo	**propina**
gusto	**zarpar**
cubierta	**lejano**
salón de baile	**barbería**
travesía	

1. Cuando los viajeros salen en un crucero, usan los _____
   para decir adiós.
2. Las _____ en un restaurante elegante deben ser
   generosas.
3. El barco _____ mañana a las seis de la tarde.
4. Todos los oficiales estaban en la _____ del barco.
5. La orquesta está tocando en el _____.
6. La _____ del crucero por el Océano Atlántico fue muy
   divertida.
7. Me corté el pelo en la _____.
8. La comida del barco tiene muy buen _____.
9. En los cruceros visitamos lugares _____ y exóticos.

B. *Preguntas sobre la lectura.*

1. ¿Qué comodidad especial tiene el turista en un crucero?
2. ¿Qué escoge el turista en un crucero?
3. ¿Cuántas comidas se pueden hacer en un día?
4. ¿Qué debe escoger el pasajero de antemano?
5. ¿Cuántos turnos de comida hay y cuáles son?
6. ¿Cómo se asignan las mesas a los viajeros?

7. ¿Cuál es la regla con respecto a la propina?
8. ¿Cuándo se usa la ropa deportiva?
9. ¿Qué tipo de ropa se usa por la noche?

C. *Discusión sobre la lectura.*

1. ¿Le gusta la idea de hacer un crucero? ¿Por qué?
2. ¿Qué tipo de viajero es Ud., sociable o ermitaño? Explique su respuesta.
3. ¿Qué turno de comida preferiría Ud.? ¿Por qué?
4. ¿Le gustaría sentarse a comer en la mesa del capitán del barco? Explique su respuesta.
5. ¿Le parece a Ud. razonable el sistema de propinas de un crucero? ¿Por qué?

D. *Expansión del vocabulario.*

Usando el plano del crucero, conteste las siguientes preguntas.
1. ¿En qué cubierta está el comedor Flamingo?
2. ¿En qué cubierta está el salón de baile?
3. ¿En qué cubierta está la oficina de la bolsa?
4. Si desea ir al cine y está Ud. en en la cubierta Emperatriz, ¿por qué cubiertas tiene que pasar antes de llegar al cine?
5. ¿Qué está a la derecha del gran salón de baile?
6. ¿Qué está a la izquierda de la *boutique*?
7. ¿Qué deportes o ejercicios puede hacer Ud. en el crucero?
8. Si quiere ir a la barbería, ¿a qué cubierta tiene que ir?
9. ¿En qué cubierta se come?

La pasajera de primera clase

— SELECCIÓN LITERARIA —

VOCABULARIO PRÁCTICO

SUSTANTIVOS

el acontecimiento event
el amanecer dawn
el baile dance
el desaparecido missing person
el oro gold
el pasajero passenger
el valor value
la ventaja advantage

ADJETIVOS

acaudalado rich
holgado comfortable
lindo pretty
odioso hateful
vacío empty

VERBOS

agarrar to grab
asustarse to become frightened
demorarse to be tardy, late
durar to last
favorecer to favor
festejar to celebrate
parecer to seem

EXPRESIONES

a la larga on the long run
a las claras clearly
arrojar por la borda to throw
    overboard
echarse encima to put on (*clothes,
    etc.*)
parque de recreo amusement park

Adolfo Bioy Casares

Adolfo Bioy Casares nació en la Argentina en (1914–   ) y desde joven tuvo obvia vocación literaria. Su mentor fue Jorge Luis Borges, una de las glorias de la literatura hispanoamericana.

Bioy Casares ha adquirido fama por sus cuentos y está considerado uno de los mejores exponentes del realismo mágico.

"La pasajera de primera clase" fue publicado en el libro Historias fantásticas *en 1972. El cuento comienza bajo circunstancias normales que cambian cuando la señora de la historia empieza la extraña narración. Vale la pena notar cómo se mezclan la fantasía y la realidad y que para Bioy Casares lo sobrenatural es cosa común en nuestras vidas.*

En aquella ciudad tropical, modesto emporio° al que llegaban ocasionales compradores enviados° por compañías tabacaleras,° la vida se deslizaba° monótonamente. Cuando algún barco fondeaba° en el puerto, nuestro cónsul festejaba el acontecimiento con un banquete en el salón morisco° del hotel Palmas. El invitado de honor era siempre el capitán, a quien el negrito° del consulado llevaba la invitación a bordo, con el ruego° que la extendiera a un grupo, elegido por él, de oficiales y pasajeros. Aunque la mesa descollaba° por lo magnífica, el calor° húmedo volvía desabridos,° y hasta sospechosos, los más complicados productos del arte culinario, de modo que únicamente mantenía allí su atractivo° la fruta; mejor dicho,° la fruta y el alcohol, según lo prueban tes-

trading center
sent / tobacco
se... it would pass by
it would cast anchor
Moorish
young Black servant
request

it stood out / heat / strange tasting

su... *its appeal*
mejor... *rather*

timonios de viajeros que no olvidan un prestigioso vino blanco, ni las expansiones,° presuntamente divertidas, que suscitaba.° En el curso° de uno de esos almuerzos, nuestro cónsul oyó, de los propios labios° de la turista —una acaudalada señora, entrada en años,° de carácter firme, aspecto desenvuelto° y holgada ropa inglesa— la siguiente explicación o historia: —Yo viajo en primera clase, pero reconozco sin discusión que hoy todas las ventajas favorecen al pasajero de segunda. Ante todo,° el precio del pasaje, que es un capítulo importante. Las comidas, quien lo ignora, salen de la misma cocina, preparadas por los mismos cocineros,° para primera y segunda, pero sin duda por la preferencia de la tripulación° por las clases populares, los manjares° más exquisitos y los más frescos invariablemente se encaminan al° comedor de segunda. En cuanto a° la referida preferencia por las clases populares, no se llame a engaño,° no tiene nada de natural; la inculcaron escritores y periodistas, individuos a los que todo el mundo escucha con incredulidad y desconfianza, pero que a fuerza de tesón° a la larga convencen. Como la segunda clase lleva el pasaje completo° y la primera va prácticamente vacía, usted casi no encuentra camareros° en primera y, por lo mismo,° la atención° es superior en segunda.

Me creerá si le aseguro° que yo no espero nada de la vida; de todos modos,° me gusta la animación, la gente linda y joven. Y ahora le confiaré un secreto: por más que porfiemos en contra,° la belleza y la juventud son la misma cosa; no por nada las viejas como yo, si un muchacho entra en juego, perdemos la cabeza. La gente joven —para volver a esta cuestión de las clases—viaja toda en segunda. En primera, los bailes,° cuando los hay, parecen de cadáveres resucitados, que se han echado encima la mejor ropa y todo el alhajero,° para celebrar debidamente° la noche. Lo más lógico sería que a las doce en punto cada cual° se volviera a su tumba, ya medio pulverizado. Es claro que° nosotros podemos asistir a las fiestas de segunda, aunque para eso habría que prescindir° de toda sensibilidad,° porque los que viven allá abajo° nos miran como si nos creyéramos otras tantas testas° coronadas,° de visita en los barrios pobres. Los de segunda se presentan, cuando les da la gana,° en primera y nadie, ninguna autoridad, les pone una barrera odiosa, que la sociedad unánimemente descartó,° hace algún tiempo. Estas visitas de la gente de segunda son bien recibidas por nosotros, los de primera, que moderamos nuestros agasajos° y efusividad para que los ocasionales huéspedes° no descubran que los identificamos, en el acto, como de la otra clase —una clase que mientras dura el viaje constituye su más auténtico orgullo°— y tomen ofensa. Nos alegran menos con su visita cuando se trata de las incursiones o irrupciones° que por lo general ocurren antes del amanecer, verdaderas indiadas° en que

expansivenesses / it stirred	
En... During the course	
lips	
entrada... up in years / mundane	
Ante... First of all	
cooks	
crew / delicacies	
se... they are taken to	
En... As to	
no... don't fool yourself	
tenacity	
lleva... it's completely full	
stewards / **por...** for the same reason / *i.e.*, service	
I assure	
de... anyhow	
por... no matter how much we fight it	
dances	
jewel box / properly	
cada... each one	
Es... Of course	
to put aside / sensitivity / below	
heads / crowned	
cuando... whenever they feel like it	
it discarded	
attentions	
guests	
pride	
invasions	
Indian attacks	

los invasores empedernidamente° se dedican a buscar algún
pasajero, ¡a cualquiera de nosotros!, que no cerró bien la puerta de
su camarote,° o que se demoró° afuera, en el bar, en la biblioteca o
en el salón de música; le juro,° señor, que esos muchachos lo aga-
rran° sin mayores miramientos,° lo llevan al puente o *promenade* y lo
arrojan por la borda a la negra inmensidad del mar, iluminada por
la impasible luna,° como dijo un gran poeta, y poblado° por los
terroríficos monstruos de nuestra imaginación. Todas las mañanas
los pasajeros de primera nos miramos con ojos que están a las
claras comentando: —Así que a usted todavía no le ha tocado.[1]
Por decoro° nadie menciona a los desaparecidos; también por pru-
dencia, ya que según versiones, tal vez infundadas° —hay un
grado truculento en asustarse,[2] en suponer que la organización del
adversario es perfecta— los de segunda mantendrían una red° de
espías entre nosotros. Como le dije hace un rato, nuestra clase
perdió todas las ventajas, incluso las del esnobismo (que a
semejanza del° oro, conserva su valor), pero yo, por algún defecto,
a lo mejor° incurable en gente de mi edad, no me avengo a[3] con-
vertirme en pasajera de segunda.

	obstinately
	cabin / **se...** he took too long
	I swear
	they grab / circumspection
	moon / populated
	Por... For the sake of propriety
	unfounded
	mantendrían... they probably maintained a net
	a... like
	a... probably

Ejercicios

A. *Uso de palabras o frases claves.*

Escoja la palabra o frase apropiada para completar la oración y
haga todos los cambios gramaticales que sean necesarios.

en el acto	arrojar por la borda
pasajero	agarrar
festejar	odioso
amanecer	durar
acaudalado	oro

1. Tiene mucho dinero. Ella es una señora _____.
2. El hombre la _____ por el brazo y ella se asustó.
3. Los _____ de segunda clase son jóvenes.
4. Tienes que venir _____ o no vas a poder hablarle.
5. Vamos a _____ el cumpleaños del capitán.
6. Nos gusta levantarnos al _____.
7. Los relojes de _____ son muy caros.
8. Ayer la cena _____ mucho tiempo.
9. Los miembros de la tripulación _____ el salvavidas.
10. El capitán siempre estaba de mal humor. Tenía una per-
    sonalidad _____.

---

[1] **Así...tocado.** "So your turn hasn't come yet."
[2] **hay... asustarse** there is a terrifying pleasure in becoming scared
[3] **no... a** I cannot reconcile myself

B. *Preguntas sobre la lectura.*

1. ¿Cómo era la vida en la ciudad?
2. ¿Qué hacía el cónsul cuando un barco fondeaba en el puerto?
3. ¿A quiénes invitaba el cónsul al banquete?
4. ¿Qué cosas eran atractivas durante el almuerzo?
5. ¿Cómo era la señora que cuenta la historia?
6. ¿Qué reconoce la señora?
7. ¿Qué dice sobre las comidas?
8. ¿Por qué dice que la atención es superior en segunda clase?
9. ¿Qué cosas le gustan a la señora?
10. Según la señora, ¿en qué clase son mejores los bailes y por qué?
11. Cuando los de segunda clase visitan a los de primera, ¿por qué moderan sus agasajos los de primera?
12. ¿Qué hacen los de segunda clase durante sus incursiones?
13. ¿Cómo se miran por la mañana los pasajeros de primera clase?
14. ¿Por qué nadie menciona a los desaparecidos?

C. *Discusión sobre la lectura.*

1. ¿Qué es increíble en esta historia? ¿Por qué?
2. ¿Le gustaría viajar en primera o segunda clase? ¿Por qué?
3. ¿En qué parte del mundo ocurre este cuento? Explique.
4. ¿Está Ud. de acuerdo con la narradora en que la juventud y la belleza son la misma cosa? ¿Por qué?
5. ¿Tiene amigos a quienes les guste asustarse? Explique.

D. *Composición*   **Un crucero fantástico.**

Consulte la sección de viajes de su periódico local o vaya a una agencia de viajes de su comunidad. Seleccione el crucero que a Ud. más le gustaría y escriba una composición describiéndolo. Debe explicar los motivos que lo llevaron a seleccionar este crucero y mencionar los puertos que visitará, el precio del crucero, la duración del viaje, el puerto de salida, qué servicios y amenidades se ofrecen, etc.

E. *Actividad comunicativa*   **Preparativos del viaje.**

Júntese con un(a) compañero(a) de clase y discutan la posibilidad de hacer un viaje a España este verano. En la discusión deben hablar de qué lugares turísticos piensan visitar y por qué, qué medios de transporte usarán y en qué tipo de hoteles piensan hospedarse.

CAPÍTULO 3

Relaciones entre padres e hijos

El matrimonio y los hijos constituyen el fundamento de la familia y, en último término, de la sociedad. De las buenas relaciones entre padres e hijos depende el bienestar[1] familiar. Aunque resulta imposible tratar aquí la inmensa variedad que las mismas[2] puedan presentar, las selecciones que siguen abarcan[3] tres aspectos importantes de estas relaciones.

[1]**bienestar** well-being [2]**las...** these (*lit.*, the same) [3]**abarcan** they cover

Los hijos, ¿motivo de disensión en el matrimonio?

VOCABULARIO PRÁCTICO

SUSTANTIVOS

el camino   course; road
el catedrático   professor (at a university)
el cónyuge   spouse
el desacuerdo   disagreement
el enfrentamiento   confrontation
el marido   husband
el matrimonio   marriage
la mujer   wife; woman
el prejuicio   prejudice
la recompensa   reward
el recurso   resource

ADJETIVOS

común   common
integrante   integral
peligroso   dangerous

VERBOS

acercar   to bring near
dejar   to let, permit
exigir   to demand
presenciar   to witness
trazar   to trace

EXPRESIONES

asignación económica   allowance
consejero matrimonial   marriage counselor
hacer falta   to be needed

No hace mucho tiempo, los padres creían que la presencia de un hijo los acercaba automáticamente. Hoy, los matrimonios saben cuánto exigen los adolescentes en tiempo, energías y recursos. Y aunque los padres y las madres puedan estar preparados intelectualmente, no siempre son capaces de afrontar° las presiones que criar° hijos trae cada día o de responder a las peticiones,° a menudo conflictivas, que éstos hacen.   to face / to raise / requests

Los problemas maritales más comunes causados por los hijos son aquéllos que revelan diferencias de opinión acerca de los principios educativos: disciplina, asignaciones económicas, privilegios. Además, "los padres que sustentan° criterios firmes al respecto se ven defendiendo posiciones cada vez más rígidas," dice una consejera matrimonial y familiar.°   they maintain

consejera... family and marriage counselor

Una madre ayuda a la hija con la tarea.

¿Cómo pueden los padres reaccionar ante el impacto que los hijos ejercen° sobre el matrimonio y encauzarlo° correctamente? He aquí° algunas sugerencias de los expertos:

Reconozca que muchos conflictos son parte integrante de la vida familiar. "Casi todas las familias tienen problemas por causa de los hijos," dice un psicólogo, "y muchas de ellas los soportan° perfectamente."

Hable con su cónyuge. Un catedrático recomienda que los padres hablen entre ellos acerca de sus ideas sobre la educación de los hijos, los valores morales y prejuicios sociales. Si descubren en qué terreno° específico están de acuerdo,° y deciden seguir un camino intermedio en aquellas cuestiones en las que discrepan,° podrán evitar enfrentamientos° peligrosos.

Procure° distinguir entre las diferencias relativas a la educación de los hijos y aquéllas que existen independientemente de ellos. Cuando las disputas entre marido y mujer suelen tener como motivo[1] los mismos temas, probablemente se deban a sus relaciones matrimoniales.

No utilice° a los hijos como peones° en las disputas matrimoniales.

they exert / to guide
He... *Here are*

they endure

ground / **están...** *they are in agreement*
they disagree
confrontations
Try to

No... *Do not use / pawns*

---

[1] **suelen... motivo**   they are habitually caused by

No deje que sus hijos lo manipulen. Si una niña de diez años le dice a su padre que su madre es mezquina° y él lo acepta sin protestar, probablemente se producirá el desacuerdo matrimonial.

No permita que sus hijos dirijan su vida. Un matrimonio que conozco casi se separó porque, año tras° año, la esposa se negaba a organizar sus vacaciones hasta saber° lo que iban a hacer sus hijos. Cuando los hijos decidían qué iban a hacer, ya era demasiado tarde° para que los padres realizaran los viajes que el padre quería.

Siempre que surjan diferencias a causa de[2] los hijos, trate de que los hijos no presencien las disputas. Un hijo que ve y oye discutir a sus padres sobre la mejor forma de educarlo, puede pensar que él es la causa de la disputa.

Trace una línea firme entre su vida matrimonial y sus responsabilidades paternas. "En las prioridades familiares," dice un educador, "los padres deben considerar que su matrimonio es lo primero, y que sus hijos vienen inmediatamente después." Muchas familias se preocupan más de los hijos que del matrimonio. Preocuparse en primer lugar del matrimonio no significa descuidar° las necesidades del hijo. Por muchas que sean° las atenciones que presten° los padres a los hijos, nada les compensará de la pérdida° de la unión familiar.

Hacen falta fortaleza,° perspicacia y dedicación para capear° las dificultades de ser padres. Pero la recompensa por hacerlo con éxito es doble. Los esposos° que juntos° educan a sus hijos, no sólo serán mejores padres, sino también más felices.

mean; stingy

after
hasta...   *until she knew*

demasiado...   *too late*

to neglect / **Por...**   *No matter how much*
they pay
loss
fortitude / *to handle*

Los...   *The couple* / *together*

Adaptado de *Selecciones*

Ejercicios

A. *Uso de palabras o frases claves.*

Escoja la palabra o frase apropiada para completar la oración y haga todos los cambios gramaticales que sean necesarios.

asignación económica	**hacer falta**
peligroso	**recompensa**
enfrentamiento	**prejuicio**
marido	**dejar**
catedrático	**consejero matrimonial**

1. La mujer y el _____ deben estar siempre unidos.
2. Los _____ ayudan a los cónyuges a resolver sus problemas.
3. Mi hermana Berta recibe una _____ de $10.00 a la semana.

---

[2] **Siempre... de**   Whenever differences arise due to

4. Todos los matrimonios tienen _____.
5. Los _____ enseñan cursos en las universidades.
6. Es _____ que los hijos presencien las disputas de los padres.
7. En mi pueblo hay personas que tienen _____ sociales.
8. _____ tener buena comunicación para lograr un matrimonio feliz.
9. No es bueno _____ que los hijos manipulen a los padres.
10. Es difícil ser padre o madre, pero la _____ es grande.

B. *Preguntas sobre la lectura.*

1. Según el autor de las lectura, ¿qué creían los padres no hace mucho tiempo?
2. ¿Qué exigen los adolescentes?
3. ¿Cuáles son los problemas familiares más comunes causados por los hijos?
4. ¿Qué deben reconocer los padres?
5. ¿De qué ideas deben hablar los padres?
6. ¿Cómo podrán los padres evitar enfrentamientos peligrosos?
7. ¿Cómo no deben los padres manipular a los hijos?
8. ¿Por qué los padres no deben dejar que los hijos los manipulen?
9. ¿Qué cosas deben tratar de evitar los padres en sus relaciones con los hijos?
10. De acuerdo con el autor, ¿es bueno o no que los hijos presencien las disputas de los padres? ¿Por qué?
11. ¿Cuál es la primera prioridad familiar?
12. ¿Cuál es la preocupación principal de muchas familias?
13. ¿Qué cosas hacen falta para capear las dificultades de ser padres?

C. *Discusión sobre la lectura.*

1. ¿Tiene Ud. una buena relación con sus padres? Explique su respuesta.
2. ¿Está Ud. más cerca de° su papá o de su mamá? Explique su respuesta.   **más...** closer to
3. ¿Le gusta o no le gusta recibir consejos° de sus padres? ¿Por qué?   advice
4. ¿En qué sentido la relación de sus padres ha influido en su actitud acerca de la institución del matrimonio?
5. En su opinión, ¿son normales los conflictos entre los hijos? Explique su respuesta.

Cinco valores perdurables para sus hijos

VOCABULARIO PRÁCTICO

SUSTANTIVOS

la alegría joy
el antepasado ancestor
el contratiempo misfortune
la creencia belief
la dicha happiness
la esperanza hope
la fe faith
la lágrima tear
el sentido sense

ADJETIVOS

agitado turbulent
desgraciado unfortunate
dichoso happy

divertido amusing, funny
honrado honest
pasajero temporary
vivo alive

VERBOS

arruinar to ruin
madurar to mature
mentir to lie
reprimir to repress

EXPRESIONES

de acuerdo con according to
sin razón without reason

¿Cómo puede ser que en este mundo tan agitado y donde se producen tan rápidos cambios,° no sepamos° qué ejemplos dar a nuestros hijos? Por mucho que cambien los tiempos,[1] al igual que° nuestros antepasados,° siempre tendremos que vivir con entusiasmo y valor.° Como ellos, deberemos convivir con nuestros semejantes° y conocer aquellos valores que nos enseñan a madurar, a aprender y a ser mejores como personas.

    ¿Cuáles son esos valores? Ellos pueden resumirse° en cinco:

> changes / **no...** we don't know
> **al...** as
> ancestors
> courage
> fellowmen
>
> summarized

ALEGRÍA°

> Joy, gaiety

Le enseñaría a mi hijo a ser feliz. Ya sé que la felicidad° no lo es todo en la vida, y que tampoco se puede ser feliz continuamente. Pero una adecuada° actitud hacia la dicha° ha aliviado a muchas

> happiness
>
> suitable / happiness

---

[1]**Por... tiempo** No matter how times change

personas desgraciadas, del mismo modo que el carácter insatisfecho de muchos seres ha arruinado igual número de vidas. Vivir con alegría contribuye a que la gente tenga una personalidad abierta y generosa. Y los recuerdos dichosos° alegran nuestras vidas.

happy

AMOR

Yo intentaría enseñar a mi hijo a considerar el amor como algo permanente. Existe hoy, sin embargo, una tendencia a verlo como algo pasajero,° como una tormenta de verano° que se presenta, descarga° su fuerza° y después pasa. El niño necesita amar con confianza y pensar que el amor es algo tan seguro° como la salida del sol cada día. Para poder llegar a ser un hombre del mañana,° el niño tiene que aprender a mantener vivo° el amor.

temporary / **tormenta...** summer storm
it discharges / force
certain
hombre...   man of the future
alive

HONRADEZ

Como tercer valor yo recalcaría° la importancia de la honradez. Es ésta una cualidad que nunca desaparecerá, pues resulta imposible pensar que exista una sociedad que no se rija° por ella.

Viviendo honradamente, enseñamos a nuestros hijos a ser íntegros.° ''Mi familia no miente,''° dijo con orgullo un niño a su profesor cuando éste lo acusó, sin razón, de haber mentido.°

Cuando un niño tiene una obligación que cumplir,° y sabe que se le va a exigir que así lo haga,[1] aprende cómo debe comportarse una persona digna° de confianza.° Enseñar esa lección no suele ser° muy divertido. Es evidente que a muchos niños les disgusta° esto, pero no hay otro camino. Los hijos necesitan ayuda para adquirir el sentido de la responsabilidad. Por tanto, hay que mostrarse firmes[2] hasta que el niño termine la tarea° que ha de realizar.° Y, por otra parte,° hay también que darle un margen de confianza para que haga las cosas a su modo, aunque se equivoque al principio.[3]

yo...   I would stress

no...   doesn't govern itself

honest, upright / **no...**   it does not lie
lied
to fulfill

worthy / trust
no...   it is not usually / it displeases

task
to carry out / **por...**   on the other hand

VALOR

Esta es una cualidad moral que hay que infundir° al niño, ya que va a necesitarla si es que quiere vivir honradamente. Y esa valentía° la va a necesitar también para no dejarse vencer° por los

to instill into

courage / **dejarse...**   to allow himself to be overwhelmed

---

[1]**se... haga**   he will be required to do it
[2]**hay... firmes**   we must appear firm
[3]**para... principio.**   so that he will do things his way, even though he may make mistakes in the beginning.

Expectadores durante un festival folklórico en los Jardines del Descubrimiento, Madrid, España.

contratiempos que sin duda se la presentarán en la vida. Evitar que nuestros hijos conozcan el dolor° es privarles° de la vida misma.°   pain / to deprive them / itself

Consuele a su hijo cuando sufra. Hágale saber° que lo comprende. Pero no trate de reprimir sus lágrimas. Acepte sus sentimientos heridos° y déjelo expresarlos. Acostumbre a su hijo al dolor haciéndolo compartir° los sufrimientos de otros. Muchas personas se olvidan de sus propios dolores ayudando a otros.   **Hágale...** Let him know / hurt / to share

FE°   Faith

Por último, daría a mi hijo algo en qué creer. Las cosas que importan de verdad° son muy diversas, y van desde los sueños° infantiles a las visiones de los grandes hombres. No podemos proporcionar° a nuestros hijos los "sueños" que deben alcanzar,° pero sí acoger° con amor y seriedad sus esperanzas° y sus planes, por descabellados° que parezcan, y debemos tratar siempre de ayudarlos a convertir sus sueños en realidad. Podemos enseñarles a nuestros hijos el mundo de los libros, de la música, de las artes, porque en esos mundos duermen muchos sueños. Y, finalmente, podemos ofrecerles una fe religiosa. Enseñemos a nuestros hijos a   **importan...** really matter / dreams / to give / to reach / to welcome / hopes / preposterous vivir de acuerdo con sus creencias. Aprendemos a creer al ejercitar nuestra fe, y eso les ocurre a los niños también.

Estos son los valores perdurables que un niño debe aprender.

Adaptado de *Selecciones*

Ejercicios

A. *Uso de palabras o frases claves.*

Escoja la palabra o frase apropiada para completar la oración y haga todos los cambios gramaticales que sean necesarios.

esperanza	**dichoso**
mentir	**madurar**
divertido	**contratiempo**
sin razón	**desgraciado**
antepasado	**de acuerdo con**

1. En la vida vamos a sufrir muchos _____.
2. Si tú _____, tarde o temprano todo el mundo sabrá la verdad.
3. María Luisa está mortificada conmigo _____.
4. Tengo recuerdos muy _____ de cuando yo era una niña.
5. Las experiencias en la vida nos _____.
6. ¿Crees que la fiesta de ayer fue _____?
7. Ellos tienen _____ de ver a su amiga Clara en el centro.
8. Roberto no es feliz, es muy _____.
9. Mis _____ vinieron de Inglaterra hace más de cien años.
10. _____ Carolina, hay una reunión después de la clase.

B. *Preguntas sobre la lectura.*

1. Según la lectura, ¿por qué es importante saber qué ejemplos dar a nuestros hijos?
2. ¿Qué cualidades debemos tratar de tener siempre en nuestras vidas?
3. ¿Qué contribuye a tener una personalidad abierta y generosa?
4. Con respecto al amor, ¿qué tendencia existe hoy?
5. ¿Qué necesita el niño para llegar a ser un hombre del mañana?
6. ¿Para qué necesitan ayuda los niños?
7. ¿Para qué dos cosas vamos a necesitar el valor?
8. ¿Qué no se debe tratar de reprimir?
9. ¿Qué debemos compartir con otras personas?
10. ¿Cómo debemos ayudar a nuestros hijos y qué debemos enseñarles?

C. *Discusión sobre la lectura.*

1. De los cinco valores, ¿cuál piensa Ud. que es el más importante y por qué?
2. ¿Cómo piensa Ud. que debe actuar una persona alegre?
3. ¿Por qué cree Ud. que hay personas que tienen más capacidad para amar que otras?
4. ¿En qué tiene Ud. fe?
5. ¿Cree Ud. que en los Estados Unidos vivimos en una sociedad relativamente honrada? Explique su respuesta.

El buen hombre y su hijo

— SELECCIÓN LITERARIA —

VOCABULARIO PRÁCTICO

SUSTANTIVOS

el asunto business
el bien good
el burro donkey
la confianza confidence
la enfermedad sickness
la hacienda large farm
el labrador farmer; peasant
la moraleja moral (*of the story*)
el par pair
la vejez old age

ADJETIVOS

cansado tired
fuerte strong

VERBOS

despreciar to despise
independizarse to become
  independent
montar to mount; to ride
quedarse con to keep
traspasar to transfer, turn over
tropezar con to meet, come across

EXPRESIONES

a pie walking
cambiar de manera de pensar to
  change one's mind
de allí a poco in a short while
de aquel modo in such manner

Don Juan Manuel

*Don Juan Manuel nació en el castillo de Escalona, en la provincia de
Toledo en 1282. Su padre fue hermano del rey Alfonso el Sabio,° del que
don Juan Manuel fue gran admirador.*   Wise One

   Su obra más importante fue El Conde° Lucanor, *una colección de 50   Count
cuentos moralizadores° que terminó de escribir en 1335. Los cuentos   moralizing
tienen en común dos personajes° centrales: Lucanor, un conde joven e   characters
inexperto, y Patronio, su tutor. En todos los cuentos Lucanor le presenta
una duda o problema a Patronio, y Patronio le enseña la solución por
medio de una breve narración de carácter moral.*

   *"El buen hombre y su hijo" trata de cómo un padre le enseña a su hijo
inseguro° a tomar decisiones.*   insecure

———— ◆ ————

—Señor, Conde Lucanor—dijo una vez Patronio—, un honrado
labrador tenía un hijo muy inteligente, a quien el padre, cansado
por las enfermedades de la vejez, quería traspasar el gobierno de
su casa. Pero no osaba° hacerlo porque el mozo,° que no tenía   no... he didn't dare / young
confianza en sus propias iniciativas, se dejaba gobernar por el con-   man
sejo del último con quien tropezara;[1] y siendo tan diversas las
opiniones como lo son los hombres, creía con razón el padre que
el mozo no era capaz de dirigir los asuntos de la hacienda.

————————

[1]**se... tropezara** he let himself be persuaded by the advice of the last person he
ran into

Queriendo que el mozo aprendiera a guiarse por su propia idea, y que no fuera juguete de opiniones ajenas,[2] cierto día de mercado en la próxima villa° el buen hombre determinó de° ir allá con su hijo con el pretexto de comprar varias cosas que le faltaban.°

Se pusieron en camino, llevando por delante un burro en que cargar lo comprado.[3] De allí a poco se cruzaron con un grupo de campesinos° que regresaban ya de la villa. Se saludaron° con un "¡Santos° y buenos días!", y así que hubieron pasado,[4] el buen hombre le dijo a su hijo: —Párate° un momento y escucha lo que dicen.

Los campesinos decían entre risas y bromas:°

—Buen par de tontos. Los dos a pie y el burro sin carga.[5]

—¿Qué te parece?° —preguntó el buen hombre.

—Tienen razón—respondió el mozo—; ya que el burro no va cargado,° no hay razón para que vayamos a pie ambos.°

—Pues, móntate tú en él —ordenó el padre.

Siguieron así un buen trecho,° hasta que se cruzaron con un nuevo grupo de viajeros. Se saludaron con el "¡Santos y buenos días!", y así que hubieron pasado, el buen hombre le dijo a su hijo:

—Párate un momento y escucha lo que dicen.

Los campesinos decían:

—Jamás se vio tal cosa. El cansado viejo a pie y el mozo fuerte a caballo.[6]

—¿Qué te parece? —preguntó el buen hombre.

—Tienen razón —respondió el mozo.

—Pues, apéate tú°, que yo iré en el burro.

De aquel modo° caminaron adelante, hasta que se encontraron con un nuevo grupo de campesinos. Se saludaron con el "¡Santos y buenos días!", y así que hubieron pasado el buen hombre le dijo a su hijo:

—Párate un momento y escucha lo que dicen.

Los campesinos decían:

—¡Caramba! El joven a pie y el viejo a caballo.

—¿Qué te parece? —preguntó el buen hombre.

---

village / determinó... he decided

le... he didn't have

peasants / Se... They greeted each other
Saintly
Stop

risas... laughter and jokes

Qué... What do you think

loaded / both

un... a good while

apéate... you get off
De... In this way

---

[2]**y que no... ajenas**   and for him not to be a toy of others' opinions; i.e., for him not to change his mind as he heard contradictory opinions

[3]**Se... comprado.**   They started out preceded by a donkey to be used for carrying their purchases.

[4]**así... pasado**   as soon as they had passed by

[5]**Buen... carga.**   What a foolish pair. The two of them walking and the donkey without a load.

[6]**Jamás... caballo**   We have never seen such a thing. The tired old man walking and the strong young man riding.

—Tienen razón —respondió el joven—, pues quien más ha vivido más acostumbrado está a toda especie de privaciones.[7]

—Pues, monta detrás de mí, a la zaga°.   **a...** behind

El hijo lo hizo, y así siguieron un buen trozo,° hasta que   **un...** a good stretch
tropezaron con un nuevo grupo de campesinos. Se saludaron con
el "¡Santos y buenos días!", y así que hubieron pasado el buen
hombre le dijo a su hijo:

—Detengámonos° un momento y oigamos° lo que dicen.   Let's halt / let's hear
Los campesinos decían:

—Buen par de tontos. Matarán° el burro.   They will kill

—¿Qué te parece? —preguntó el buen hombre.

—Tienen razón —respondió el mozo—, pues tan débil° es el   weak
burro que con nosotros dos sobre los lomos apenas puede dar un
paso.[8]

Paró entonces el buen hombre y volvió el rostro atrás° y le dijo   **volvió...** he turned his head
al joven:

Pues, tú me dirás quién tiene razón y con qué consejo te
quedas. Que de casa salimos los dos a pie y no faltó quien nos
criticara por llevar el burro sin jinete;[9] montaste luego° tú y hubo   afterwards
quien no fue conforme con que cabalgara el mozo[10] mientras
caminaba el viejo; otro halló° mal lo contrario, y por último,   **otro...** another found
desagradó a otro° que los dos nos acomodáramos° en las espaldas   **desagradó...** it displeased
del burro, y estas opiniones las fuiste tomando por tuyas. ¿Qué   another one / **nos...** we
podremos hacer a gusto de° todos? Por lo tanto, hijo, hagamos el   would make ourselves
bien según nuestra conciencia y despreciemos las hablillas de la   comfortable
gente.[11] Así, por parecerme lo justo,[12] yo iré montando y tú   **a...** to please
caminarás. Muy bien, vámonos ya.

---

[7] **pues... privaciones.**   as he who has lived longer is more accustomed to all types
of deprivations.

[8] **con nosotros... paso.**   with both of us on his back he can hardly take a step.

[9] **y no... jinete**   and we didn't lack criticism because the donkey didn't have a
rider

[10] **hubo... mozo**   there were those who didn't agree with the young man riding

[11] **Por lo... gente.**   Therefore son, let's do right according to our conscience and
let's despise people's gossip.

[12] **Así... justo**   Thus, because it seems to me to be the right thing

Ejercicios

A. *Uso de palabras o frases claves.*

Escoja la palabra o frase apropiada para completar la oración y haga todos los cambios gramaticales que sean necesarios.

fuerte	**moraleja**
a pie	**labrador**
cambiar de manera de pensar	**vejez**
montar	**burro**
tropezar con	**enfermedad**

1. Los _____ trabajan en el campo.
2. Cuando vamos a nuestra hacienda, _____ a caballo.
3. Me convenciste, he _____.
4. Los _____ tienen fama de ser animales estúpidos.
5. La _____ de la historia es que no debemos criticar a otras personas.
6. Esta mañana en las tiendas yo _____ Manuel.
7. Los atletas son muy _____.
8. ¿Por qué no vamos _____ hasta la escuela?
9. Hay muchas más _____ en los países pobres.
10. La _____ es la etapa de la vida cuando somos más maduros.

B. *Preguntas sobre la lectura.*

1. ¿Qué quería traspasar el padre al hijo?
2. ¿Por qué no osaba hacerlo?
3. ¿Qué determinó cierto día el padre?
4. ¿Qué dijeron los campesinos que vieron pasar al padre y al hijo caminando y el burro delante?
5. ¿Qué comentaron los campesinos que vieron pasar al hijo montado en el burro y al padre caminando?
6. ¿Cómo reaccionaron los campesinos que vieron pasar al padre montado en el burro y al hijo caminando?
7. ¿Qué dijeron los campesinos que vieron pasar al padre y al hijo montados en el burro?
8. ¿Qué le pregunta el padre al hijo al final?
9. ¿Qué consejo le da el padre al hijo al fin de la historia?
10. ¿Qué decide hacer por fin el padre?

C. *Discusión sobre la lectura.*

1. ¿Normalmente tiene Ud. dificultades para tomar decisiones? Explique su respuesta.
2. ¿Cuándo es inteligente cambiar de manera de pensar?
3. En su opinión, ¿por qué es éste un cuento didáctico?

4. ¿Tiene Ud. algún amigo inseguro? Descríbalo.

5. ¿Cuáles son las características principales de una persona madura?

D. *Composición*   ***Cómo tener una relación ideal con los padres.***

Escriba una breve composición acerca de cuál sería la relación ideal entre padres e hijos. Trate de ofrecer soluciones a diversos problemas que se presentan en una familia; por ejemplo, el rol de los hijos en los conflictos entre los esposos, la búsqueda de independencia, la contribución de los hijos a los trabajos en el hogar, etc.

E. *Actividad comunicativa*   ***Discusión.***

Júntese con un compañero de clase y converse sobre algún conflicto que Uds. tuvieron con sus padres y explique cómo se resolvió.

CAPÍTULO 4
Las mujeres profesionales

Aunque las mujeres ganan terreno[1] en casi todas las profesiones, no siempre les ha resultado fácil, unas veces porque han encontrado la resistencia del machismo, y otras porque han tenido que enfrentar[2] la incomprensión[3] de otras mujeres. Todavía existen sutiles prejuicios que ven la carrera de la mujer como un obstáculo para el matrimonio, menoscabando[4] así su decisión de convertirse en una profesional. Las selecciones que aquí presentamos evidencian que, a pesar de todo,[5] el éxito profesional de la mujer es cada día mayor.

[1]**ganan...** are gaining ground
[2]**enfrentar** to face   [3]**la incomprensión** lack of understanding   [4]**menoscabando** lessening   [5]**a...** in spite of everything

Carrera o matrimonio

VOCABULARIO PRÁCTICO

SUSTANTIVOS

la carrera career
el derecho right
la enfermera nurse
el hogar home
el matrimonio marriage
la meta goal
el reconocimiento recognition
el reto challenge
la soltería bachelorhood; singleness
la supervivencia survival

ADJETIVOS

clave key
largo long
menoscabado lessened

VERBOS

alcanzar to attain; to reach
aportar to contribute

casarse to get married
criar to raise (*children*)
dedicarse a to devote oneself to
encontrarse to find oneself
exigir to demand
posponer to postpone; to delay
procrear to procreate
seguir to pursue (*a career, goal, etc.*)

EXPRESIONES

ante sí before oneself
camino propio his / her own way
casa paterna parental home
contraer matrimonio to get married
el escoger in choosing
en sí mismas in themselves
especie humana human species
no siendo ya not being anymore
poner a un lado to put aside
tan común so common

¿Matrimonio o carrera? Esta es la pregunta clave que se hace la mayoría de las mujeres jóvenes hoy día. Es una pregunta que no tenían que hacerse nuestras abuelas hace dos o tres generaciones, ya que estaban educadas para creer que la meta ideal de sus vidas era casarse, tener un hogar y criar hijos. Estas metas tenían y tienen su origen en la propia naturaleza de la mujer, a la que se le ha dado el privilegio de procrear y mantener la supervivencia de la especie humana.

La mujer de hoy tiene ante sí una serie de alternativas fascinantes que constituyen en sí mismas un reto. Tiene la posibilidad de seguir una carrera o profesión y de dedicarse a ella, no siendo ya el matrimonio el único camino para abandonar la casa paterna. Sin embargo, este hecho tan común en otras sociedades sigue siendo, la mayoría de las veces en los países hispano-americanos, una conquista excepcional.

Hay una realidad que tenemos que aceptar, y es que todavía en Hispanoamérica no se han logrado superar° muchos de los prejuicios existentes, en relación a los diferentes papeles° tradicionales que se le asignan al hombre y a la mujer. Uno de los más fuertes es, sin duda,° aceptar como bueno el hecho de que ambos° miembros del matrimonio trabajen. Entonces, ¿cuáles son las perspectivas de nuestras jóvenes a la hora de tomar una decisión? Analicemos algunas:

no... they have not succeeded in overcoming
roles

sin... without a doubt / **both**

LA CARRERA COMO PRIMERA META

El escoger una carrera no significa solamente entrar en una universidad o asistir a una escuela tecnológica, sino que también implica la determinación de labrarse° un camino propio° y ofrecer su mejor aporte° a la comunidad. El que una mujer siga su vocación,[1] estudie y triunfe en su profesión, no es una concesión, sino un derecho.

to build oneself / **camino...** his / her own way
contribution

VENTAJAS Y DESVENTAJAS

La joven que haya decidido poner a un lado el deseo de casarse temprano para ser médico, enfermera, maestra u ocupar una posición ejecutiva, debe estudiar cuidadosamente esta decisión. El dedicarse a° una profesión le ofrece ventajas tales como° ejercer su vocación, usar sus talentos y alcanzar una estabilidad e independencia económicas que le permitan casarse sin tener que depender del esposo, pero por otro lado,° exige una serie de sacrificios que incluyen largas horas de estudios y de trabajo, no tener diversiones y, en muchos casos, tener que posponer el matrimonio hasta que se terminen los estudios o se alcance° una estabilidad económica.

El... To devote oneself to / **tales...** such as

por... on the other hand

se... one reaches

ESTUDIE BIEN LA DECISIÓN

Si usted se encuentra frente a esa disyuntiva,° trate de no tomar una decisión antes de que haya estudiado concienzudamente° diferentes alternativas.

dilemma
conscientiously

---

[1]**El... vocación** The fact that a woman might follow her vocation

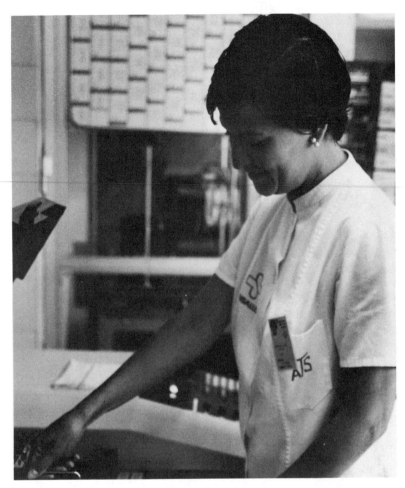

Técnica de laboratorio en un hospital de Córdoba, España

Si después de hacer el análisis todavía piensa que quiere ser una mujer de carrera o una profesional: ¡Adelante!°   Go ahead!

El tener una carrera no significa autocondenarse a la soltería,[2] pero si alcanza su meta, recuerde antes de contraer matrimonio, que el tipo "machista" que la quiere tener entre cuatro paredes,°   walls no es el candidato ideal, porque su futuro esposo, si la quiere hacer feliz, debe estar dispuesto a compartir° con usted su carrera,   **debe...** he should be willing to share las responsabilidades del hogar y el cuidado° de sus hijos, sin que   care se sienta por eso menoscabado.

Adaptado de *Vanidades*

---

[2]**autocondenarse... soltería**   to condemn oneself to single life

Ejercicios

A. *Uso de palabras o frases claves.*

Complete las oraciones usando las siguientes palabras o frases y haga los cambios gramaticales que sean necesarios.

largo	camino propio
ante sí	la meta
especie humana	dedicarse
soltería	ser tan común
casarse	menoscabado

1. Yo _____ cuando tenía veinte años.
2. Al escoger una carrera, usted se hace un _____.
3. En tiempos de nuestras abuelas _____ de la mujer era casarse.
4. La mujer que tiene una profesión no se condena a la _____.
5. Un esposo que quiere a su esposa no se siente _____ por compartir el cuidado de los hijos.
6. El estudio de una profesión requiere _____ horas de sacrificios y estudios.
7. La mujer moderna tiene muchos retos _____.
8. La supervivencia de la _____ depende del privilegio de procrear que tiene la mujer.
9. En los países hispanoamericanos no _____ como en otras sociedades que las mujeres abandonen la casa paterna.
10. La mujer profesional debe escoger entre _____ al hogar o a su profesión.

B. *Preguntas sobre la lectura.*

1. ¿Cuál es la pregunta clave que se hace la mayoría de las mujeres jóvenes hoy día?
2. ¿Cuál era la meta ideal de nuestras abuelas hace dos o tres generaciones?
3. ¿Cuál es el privilegio que la naturaleza ha reservado para la mujer?
4. ¿Qué prejuicios no se han superado todavía en Hispanoamérica?
5. ¿Qué significa para la mujer escoger una carrera?
6. ¿Cuáles son las ventajas de una carrera para la mujer?
7. ¿Qué exigencias le presenta a la mujer de hoy una carrera?
8. ¿Qué debe hacer una mujer antes de tomar una decisión sobre su carrera?
9. ¿Qué tipo de hombre no es el candidato ideal para el matrimonio?
10. ¿Cómo debe ser el esposo de una mujer profesional?

C. *Discusión sobre la lectura.*

1. ¿Cree Ud. que el tener una carrera le da independencia a la mujer? ¿Por qué?
2. ¿Cree Ud. que debe la mujer trabajar y el hombre permanecer en casa? Explique su respuesta.
3. En su opinión, ¿qué debe ser más importante para la mujer, la carrera o el matrimonio? ¿Por qué?
4. ¿Cree Ud. que en un matrimonio el hombre sin profesión se siente inferior a la esposa profesional? ¿Por qué?
5. ¿Cree Ud. que los jóvenes deben posponer el matrimonio hasta que terminen los estudios o alcancen cierta estabilidad económica? Explique su respuesta.

Mujeres ejecutivas

VOCABULARIO PRÁCTICO

SUSTANTIVOS

el afecto   affection
el ascenso   promotion
el cargo   position, job
la confianza   confidence
el desarrollo   development
el equipo   team
el esfuerzo   effort
el éxito   success
el jefe   boss, chief, leader
la jerarquía   hierarchy
el personal   personnel
el poder   power; authority
el puesto   position, job; post
el saboteador   saboteur

VERBOS

aprovechar   to use; to take advantage
comportarse   to behave; to act like
confiar   to entrust; to trust; to confide
demostrar   to prove
entenderse (con)   to reach an
   understanding with
evadir   to avoid; to evade
fracasar   to fail
lograr   to achieve; to obtain; to attain
mandar   to order; to command; to
   send

mantener   to maintain; to support
ocuparse de   to take charge of
probar   to try; to test
surgir   to emerge

ADJETIVOS

atrayente   attractive
capaz   capable, able, competent
ejecutivo   executive
refinado   refined; distinguished

EXPRESIONES

a la vez   at the same time
a base de   on the basis of
de sorpresa   by surprise
dejar sentado   to let everybody know
en la punta de la lengua   on the tip
   of the tongue
estar empapada (de un asunto)   to be
   totally inmersed in a subject matter
ir viento en popa   to do extremely
   well; to prosper
pedir cuentas   to make someone
   accountable
rendir cuentas   to give an account
sembrar dudas   to spread doubts

Mujer profesional hispanoamericana.

Cada día vemos con más frecuencia el caso de la mujer que escala posiciones de importancia, y ya no nos llama la atención ver a mujeres en altos cargos ejecutivos. Por otro lado°, son muchas las que no logran afianzarse° y fracasan en sus aspiraciones. Son las que no supieron enfrentarse a las responsabilidades que su nuevo "status" les presentó. Porque una buena ejecutiva debe tener la habilidad de proyectar una imagen a la vez firme y magnánima,° hacerse respetar por capaz,[1] por ecuánime,° por saber mandar. Como todo en la vida, esto se aprende, y para ello hay reglas que aquí le vamos a presentar.

Por...   On the other hand
to feel secure

generous
calm and composed

---

[1]**hacerse... capaz**   to gain respect for her competence

LAS JERARQUÍAS

En primer lugar, recuerde que pocos son los ejecutivos totalmente independientes, pues con frecuencia tienen a alguien a quien deben rendirle cuentas.[2] Hasta el Presidente de los Estados Unidos tiene el Congreso que puede pedirle cuenta de sus actos. De modo que° en el puesto al que ha llegado con tanto esfuerzo, su éxito dependerá de quien la observe y la defina. Su primera meta por lo tanto es entenderse con él, el Jefe Supremo, para lo cual deberá usted saber exactamente lo que él hace, cuáles son sus funciones, sus problemas y sus metas. Una vez que esté empapada de la filosofía de la empresa,° deje bien sentado que usted sabe lo que está haciendo... y pruébelo.

De...   so that

company

COMPORTARSE EJECUTIVAMENTE

Al principio, sobre todo, lo más difícil es sentirse jefe, no evadir responsabilidades, y poder mantener un aire de tranquila confianza aunque le hagan una pregunta cuya respuesta no tiene en la punta de la lengua. En este caso, no permita que una indecisión suya bloquee° el desarrollo de un proyecto de importancia. Si la pregunta llega de sorpresa y no quiere demostrar su desconocimiento,° diga que inmediatamente se ocupará de eso, consulte los textos necesarios, encuentre la solución, y preséntela sin mayores explicaciones. Cuando tome una decisión, manténgala. Recuerde° que usted quiso este ascenso y lo obtuvo. Si no fuera capaz, no lo hubiera logrado. No trasmita indecisión o sembrará dudas.

block
lack of knowledge

Remember

DELEGAR PODERES

De todas sus responsabilidades, es ésta tal vez la más difícil. Resuelva este problema investigando discretamente al personal que la sigue en importancia, empezando por esa secretaria que tal vez heredó° junto con el espléndido escritorio de nogal.° A base de lo que descubra, decida lo que va a hacer usted y lo que puede confiar a los otros. No, usted no puede hacerlo todo, pues ese puesto no se lo han dado para que demuestre su versatilidad. Las responsabilidades se han hecho para compartirse,° en este caso con la gente de su equipo. Tenga fe° en ellos y trabajarán bien para probarle que tenían razón. Sepa elegir° la persona para cada tarea.° No sea mezqina,° porque no quiere que un colaborador vaya demasiado alto. Si tiene la capacidad, surgirá con o sin su ayuda. Es mejor aprovecharlo y que trabaje para usted.

inherited / walnut

to share
faith
Sepa...   Know how to choose / task
small-minded

---

[2]**alguien... cuentas**   someone to whom they are accountable

VÍSTASE COMO JEFE

Vestirse correctamente no significa sentirse superior. Su imagen debe ser la de una mujer atrayente, refinada y de buen gusto.° No se vista demasiado° para la oficina. Deje los collares de perlas de cinco vueltas° para otras horas, así como las faldas partidas hasta el muslo.° Y evite,° sobre todo, lo que obviamente costó carísimo.

buen...   good taste
No...   Don't dress up too much
collares...   five-strand pearl necklaces
thigh / avoid

SU SECRETARIA

Para que usted pueda triunfar como jefe, es necesario que tenga una buena secretaria, pues de ella dependerá, en gran parte, su éxito. Haga de ella una aliada° y todo irá viento en popa. Pierda su afecto y tendrá un saboteador gratis. Franquéese° con ella desde el principio y acepte que la necesita para cumplir° su misión. Más aun,° dígaselo. Eso la halagará° y trabajará así más contenta. No le dé trabajo diez minutos antes de la hora de salida.° Recuerde que ella también tiene vida privada y quizás un esposo a quien quiere ver después del trabajo.

ally
Be frank
to accomplish
Más...   Even more / **Eso...** That will please her
hora...   quitting time

Adaptado de *Vanidades*

Ejercicios

A. *Uso de palabras o frases claves.*

Complete las oraciones con las palabras o frases siguientes y haga los cambios gramaticales que sean necesarios.

jefe	ascenso
afecto	estar empapada
puesto	ocuparse de
atrayente	capaz
a la vez	dejar sentado

1. Cuando Ud. pierde el _____ de su secretaria, tiene un enemigo.
2. Lo primero que una secretaria debe aprender es lo que su _____ espera de su trabajo.
3. El _____ de presidente de una compañía exige mucha responsabilidad.
4. Una ejecutiva debe vestirse con ropa _____.
5. Si Ud. quiere ganar un _____ a una posición ejecutiva, tiene que trabajar mucho.
6. Los ejecutivos _____ resolver los problemas de sus compañías.
7. Demuestre siempre que como ejecutiva usted _____ de los asuntos de la empresa.

8. Para ser un buen jefe, usted tiene que ser firme y _____ estar segura de lo que dice.

9. _____ entre sus empleados que usted es quien da las órdenes.

10. Demuestre que aunque es mujer, usted es también _____ de mandar.

B. *Preguntas sobre la lectura.*

1. ¿Por qué fracasan algunas mujeres en sus cargos ejecutivos?
2. ¿Qué imagen debe proyectar una mujer ejecutiva?
3. ¿Qué debe hacer una mujer ejecutiva para hacerse respetar?
4. Los ejecutivos, ¿son totalmente independientes?
5. ¿Cuál debe ser la primera meta de una ejecutiva?
6. ¿Por qué no debe una ejecutiva trasmitir indecisión en su trabajo?
7. ¿Qué debe hacer una ejecutiva al tomar una decisión?
8. ¿Por qué debe tener fe una ejecutiva en sus empleados?
9. ¿Cómo debe vestirse una ejecutiva?
10. ¿De quién depende en gran parte el éxito de una ejecutiva?

C. *Discusión sobre la lectura.*

1. Si Ud. fuera una ejecutiva, ¿delegaría poderes en sus empleados? ¿En qué forma lo haría?
2. En su opinión, ¿cuáles son los requisitos para ser una buena ejecutiva?
3. ¿Por qué cree Ud. que es importante que una ejecutiva se empape de la filosofía de la empresa?
4. ¿Cómo cree Ud. que debe comportarse una ejecutiva?
5. Si Ud. no sabe la respuesta a una pregunta que le hacen en su trabajo, ¿qué contesta?

Dos poemas

—SELECCIÓN LITERARIA—

VOCABULARIO PRÁCTICO

SUSTANTIVOS

la almohada pillow
la colina hill
la cuna cradle
la fuente fountain
el hueso bone
el lagar wine press
la luna moon
la margarita daisy
la población town
el polvo powder
la ronda (de niños) children's game
el soneto sonnet
la suavidad softness
la ternura tenderness
la venganza vengeance
la vocación vocation
la yerba grass

VERBOS

acostar to lay down
bajar to descend
levantarse to stand up
quedar to stay; to remain; to be left
soñar to dream
sufrir to suffer
temblar to tremble

ADJETIVOS

azulado bluish
dormido sleeping
fina thin
helado icy; cold
hermoso beautiful
humilde humble
liviano light
preso imprisoned
soleado sunny

Gabriela Mistral

Esta poetisa° nacida° en (1889) en la pequeña población° de Vicuña, Chile,   poetess / born / town
con el nombre de Lucila Godoy Alcayaga, es una de las glorias de las letras
españolas y la primera escritora hispanoamericana en recibir el Premio
Nóbel de Literatura (1945). Su vocación fue la de maestra y educadora, y
en 1922, a invitación de José Vasconcelos, Ministro de Educación de
México, participó en la reforma de la educación de dicho país hasta 1924.
Después representó a Chile en misiones culturales y diplomáticas, y desde
1935 como cónsul en distintos países de Europa y América. Al morir
(1957), era Comisionada de su país en las Naciones Unidas.

A pesar de esa actividad profesional en el campo de la educación y la
diplomacia, su fama internacional la debe° a su obra literaria, principal-   is owed to
mente la poesía, aunque su prosa —ensayos, cuentos, crítica —aparecía
regularmente en los mejores diarios de España y Latinoamérica, cuyos
ingresos le permitían complementar su pequeño sueldo de cónsul. En sus
versos predomina el tema del amor que con el transcurso° de los años pasa   course (*of time*)
de la frustración personal (su novio se suicidó) al amor a Dios, a la
naturaleza, a los niños y a los que sufren, haciéndose más universal y
profundamente humano... Sus libros de poesía, Desolación *(1922; edi-*
ción definitiva 1954), Ternura *(1924),* Tala[1] *(1938),* Lagar° *(1954) y el*   Wine press

---

[1]**Tala** In Chile, this word means cattle grazing. This collection of poems deals
with her love of nature, Man, and America.

último, Recado[2]: *Cantando a Chile (1958) nos permiten recorrer° las distintas fases por las que pasa su atribulada alma.° Tuvo dos pasiones en su vida: los niños, en los que volcó° la frustración de su maternidad, y la poesía.*

nos... to run through
atribulada... distressed soul
en... in whom she turned over

A continuación se ofrecen dos poemas suyos: uno es un soneto[3] del tríptico[4] titulado "Los sonetos de la muerte" y el otro es de la colección "Rondas."[5]

——————— ◆ ———————

Los sonetos de la muerte

[1]

Del nicho° helado en que los hombres te pusieron
te bajaré a la tierra humilde y soleada.
Que he de dormirme en ella° los hombres no supieron,
y que hemos de soñar sobre la misma almohada.

niche

he... I will sleep on it

Te acostaré en la tierra soleada, con una
dulcedumbre° de madre para el hijo dormido,
y la tierra ha de hacerse° suavidades de cuna
al recibir tu cuerpo de niño dormido.

sweetness
ha... will become

Luego° iré espolvoreando° tierra y polvo de rosas,
y en la azulada y leve polvareda de luna,°
los despojos° livianos° irán quedando presos.

Soon afterward / sprinkling
leve... light cloud of moon dust
mortal remains / light

Me alejaré° cantando mis venganzas hermosas,
porque a ese hondor° recóndito° la mano de ninguna
bajará a disputarme tu puñado de huesos.°

Me... I'll move away
profundity / hidden
puñado your fistful of bones

La margarita

El cielo de diciembre es puro
y la fuente maná° divina,
y la hierba llamó temblando
a hacer la ronda en la colina.

fuente... fountain pours

Las madres miran desde el valle
y sobre la alta hierba fina,

---

[2] The word **recado** is used here with the meaning of love for the memories that Chile evoked in her when she was living abroad.

[3] The sonnet is a poem of Italian origin, consisting of fourteen lines of eleven syllables each, grouped into a two quatrains and two tercets.

[4] The word **triptych** is a poetic composition consisting of three poems united by a central theme; *i.e.*, death.

[5] **Ronda** in Chile it is a game in which children form a circle around a flower.

ven una inmensa margarita,
que es nuestra ronda en la colina.

Ven una blanca margarita
que se levanta y que se inclina,°   it bows
que se desata° y que se anuda,°   it unties / it ties
y que es la ronda en la colina.

En este día abrió una rosa
y perfumó° la clavelina,°   it perfumed / wild carnation
y nació en el valle un corderillo°   little lamb
e hicimos ronda en la colina.

Ejercicios

A. *Uso de palabras o frases claves.*

Complete las oraciones usando las siguientes palabras o frases
y haga los cambios gramaticales que sean necesarios.

liviano	acostar
soneto	helado
población	colina
ternura	vocación
soñar	sufrir

1. La _____ donde nació la poetisa era pequeña.
2. Uno de los temas de los _____ es la muerte.
3. La madre muestra _____ hacia su hijo.
4. La autora _____ con un mundo de fantasía.
5. Gabriela Mistral _____ mucho por el suicidio de su
   novio.
6. Los niños hacen su ronda en la _____.
7. María _____ anoche al niño en la cuna.
8. La _____ de María es las letras.
9. Hace mucho frío y los ríos están _____.
10. El polvo de luna es _____.

B. *Preguntas sobre la lectura.*

1. ¿Dónde nació *Gabriela Mistral*?
2. ¿Cuál era su verdadero nombre?
3. ¿Cuál fue su principal vocación?
4. ¿A qué debe la poetisa su fama internacional?
5. ¿Por qué sufrió la poetisa una frustración?
6. ¿Para qué y por quién fue invitada a México?
7. ¿Cómo y dónde representó a su país?
8. ¿Qué nos permiten recorrer sus libros de poesía?

9. ¿A quién le habla la poetisa en el soneto?
10. ¿Qué tipo de escena se describe en el poema "La margarita"?

C. *Discusión sobre la lectura.*

1. ¿Por qué cree Ud. que fue tan importante el Premio Nóbel de Literatura que la poetisa recibió?
2. ¿Por qué piensa Ud. que ella volcó su poesía hacia la naturaleza, hacia Dios, hacia los niños?
3. ¿Qué interpretación da Ud. al verso del soneto que dice: /y que hemos de soñar sobre la misma almohada/?
4. ¿A qué mano cree Ud. que se refiere la poetisa en el último terceto del soneto?
5. ¿Cree Ud. que exista algún simbolismo entre el corderillo y los niños del poema "La margarita"? Explique su respuesta.
6. ¿Considera Ud. que el poema "La margarita" refleja ternura? ¿Por qué?
7. ¿Cuáles son los elementos que ambientan el poema "La margarita"? ¿Por qué?
8. En su opinión, ¿cómo refleja la autora su pasión por los niños?

D. *Composición* ¡*Ud. es el / la jefe(a)!*

Imagínese que Ud. es el / la jefe(a) en un departamento de una gran corporación. En una breve composición describa: (1) La clase de jefe que Ud. trataría de ser. (2) ¿Cómo trataría a sus empleados? (3) ¿A su secretaria? (4) ¿Qué cualidades les exigiría?

E. *Actividad comunicativa* **Debate.**

La clase se dividirá en dos grupos de estudiantes. Un grupo consistirá de las personas que opinan que la mujer casada no debe trabajar si tiene hijos; el segundo grupo consistirá de las personas que opinan que la mujer casada sí puede trabajar al igual que su esposo. Con la ayuda del profesor, los grupos sostendrán un debate exponiendo los argumentos a favor y en contra.

CAPÍTULO 5

La educación

La educación ha sido siempre una constante preocupación para los padres que quieren asegurar el éxito de sus hijos cuando éstos lleguen a ser hombres y mujeres. Hoy el concepto de la educación no responde ni a los mismos principios pedagógicos ni a los mismos valores de la generación de los padres. Otras prioridades y otros enfoques[1] están presentes en el sistema educativo actual en todos los niveles: elemental, secundario y universitario. Además, los adelantos realizados en métodos de aprendizaje y la influencia que en los niños y jóvenes ejerce la televisión son factores de consideración en el proceso educativo integral. Las selecciones que siguen ilustran algunos de esos aspectos.

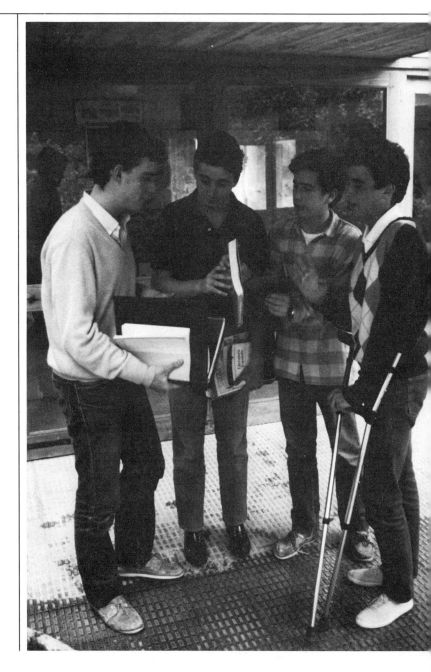

[1]**enfoques** approaches

Lo malo de la televisión

VOCABULARIO PRÁCTICO

SUSTANTIVOS

el afán   eagerness
el analfabetismo   illiteracy
el asunto   subject; matter
el daño   damage
la diversión   amusement
el don   gift
el frasco   glass jar, bottle
el juguete   toy
el llamado   call
el nivel   level
el pensamiento   thought
el promedio   average
el, la televidente   televison viewer
el temor   fear

VERBOS

animar   to encourage
alimentar   to feed
captar   to capture
divertir   to amuse
enfocar   to focus

entregarse   to deliver oneself up into the hands of another
esforzarse   to strive; to exert oneself
librarse   to free oneself
recorrer   to go through
tender   to tend

ADJETIVOS

analfabeto   illiterate
anticuado   old-fashioned
desdeñable   despicable
dispuesto   prepared
griego   Greek
impreso   printed
ruso   Russian

EXPRESIONES

a pie   on foot
dar por resultado   to result
lo malo de   the trouble of
por lo menos   at least
sin embargo   nevertheless
tal vez   maybe
viaje guiado   guided tour

Es difícil librarse de la influencia de la televisión. Si leemos las estadísticas de promedios de Estados Unidos, por ejemplo, a los 20 años una persona ha visto, por lo menos, 20.000 horas de televisión. Lo único que los norteamericanos hacen más que ver televisión, es trabajar y dormir.

Calculemos lo que podría hacerse° con una parte de ese tiempo. Cinco mil horas, se dice,° es lo que un típico estudiante universitario pasa esforzándose para obtener su licenciatura.[1] En

lo... what could be done
se... it is said

---

[1] **licenciatura.**   This degree is roughly equivalent to a master's degree.

10.000 horas, uno puede aprender lo suficiente° para ser astrónomo o ingeniero, o dominar varios idiomas. Si el lector lo quisiera, podría estar leyendo a Homero en el original griego, a Dostoievski en ruso; podría haber recorrido° el mundo a pie, y escrito un libro sobre ello.°

enough

podría... could have gone through
sobre... about it

Lo malo de la televisión es que va contra° la concentración y no nos anima a hacer ningún esfuerzo. Nos vende diversión instantánea. Divierte sólo para divertir, para que el tiempo pase insensiblemente.°

va... it goes against

imperceptibly

La variedad de la televisión se vuelve° un narcótico, no un estímulo. Sus exposiciones seriales° nos obligan a seguirlas. El espectador está como en un perpetuo viaje guiado:° 30 minutos en el museo, 30 en la catedral, luego regreso° al autobús para hacer la siguiente° visita; sólo que en televisión, característicamente, los intervalos son en minutos o segundos. En suma, ver mucha televisión inhibe al ser humano de uno de sus más preciosos dones: la capacidad de enfocar la atención por sí mismo,° en vez de hacerlo pasivamente.

se... becomes
exposiciones... television serials / guided tour

return
following

por... by himself

Captar nuestra atención —y conservarla— es el motivo fundamental de casi todos los programas de televisión. Los programadores viven con el temor constante de perder la atención de los televidentes, y la manera más segura° de evitarlo es hacer que todo sea breve, y no forzar la atención de nadie.

más... more effective

En el caso de las noticias, esta práctica da por resultado una comunicación deficiente y combate la coherencia, haciendo que las cosas acaben por ser aburridas y desdeñables.

El llamado a la atención por breves períodos no es sólo una comunicación deficiente, sino que también va contra la civilización, ya que la televisión tiende a evitar la complejidad, el estímulo visual sustituye al pensamiento, y la precisión verbal es un anacronismo. Tal vez para algunos sea anticuado lo que se nos enseñó° a creer, que el pensamiento es palabras dispuestas en formas gramaticalmente precisas.

lo... what we were taught

En Estados Unidos hay una crisis de analfabetismo. De acuerdo con un estudio, se calcula que unos 30 millones de norteamericanos son "analfabetos funcionales", y no saben leer ni escribir lo bastante bien° para responder a un anuncio en el periódico o comprender las instrucciones impresas en un frasco de medicina. Aunque la televisión no es la única causa de este problema, sí ha contribuido a él y lo ha influenciado.

bastante... well enough

Todo lo que hay en Estados Unidos —la estructura de la sociedad, sus formas de organización familiar, su economía, su lugar en el mundo — se ha vuelto más complejo. Y sin embargo, su instrumento dominante de comunicación, su principal forma de vinculación° nacional, es un instrumento que vende soluciones fáciles a problemas humanos que habitualmente no tienen solu-

bonding

ción. Todo ello está simbolizado por la forma artística en que la televisión ha convertido en parte central de la cultura el anuncio de 30 segundos, ese minúsculo drama del ama de casa° que encuentra la felicidad al escoger la pasta de dientes que más le conviene. ¿Cuándo en la historia humana, tantas personas han dedicado colectivamente la mayor parte de su tiempo libre a un juguete, a una diversión para las masas?

ama... housewife

¿Cuándo en la historia se había entregado toda una nación, masivamente, a un medio° para vender?

medium

A esta sociedad la están alimentando a la fuerza con comida poco nutritiva, y es posible que sus efectos apenas° sean percibidos en nuestros hábitos mentales, nuestro lenguaje, nuestra tolerancia al esfuerzo y nuestro afán de complejidad. Y al mirar al asunto con escepticismo y ojo crítico, no habremos causado ningún daño.[1]

hardly

Adaptado de *Selecciones*

Ejercicios

A. *Uso de palabras o frases claves.*

Complete las oraciones con las palabras o frases siguientes y haga los cambios gramaticales que sean necesarios.

analfabeto	alimentar
don	anticuado
frasco	librarse
griego	tal vez
televidente	lo malo de

1. La civilización occidental tiene su base en el pensamiento _____.
2. Los programas de la televisión tratan de captar toda la atención de los _____.
3. En las sociedades modernas, nos _____ con comidas poco nutritivas.
4. En muchos países hay un gran número de personas _____.
5. Los valores que nos enseñaron nuestros padres, para algunos son _____.
6. _____ ir a la fiesta es que estamos en tiempos de exámenes.
7. En los tiempos actuales no podemos _____ de la influencia de la televisión.
8. Muchas personas nacen con _____ artísticos.

---

[1]**no... daño**   we will not have caused any damage

9. Los perfumes caros vienen en _____ muy pequeños.

10. _____ llegue a ser famoso algún día.

B. *Preguntas sobre la lectura.*

1. Como promedio, ¿cuántas horas de televisión ha visto una persona en los Estados Unidos a los 20 años?

2. ¿Qué es lo que los norteamericanos hacen más, además de ver televisión?

3. ¿Cuántas horas pasa un estudiante universitario típico para obtener su licenciatura?

4. ¿Qué puede uno aprender en 10.000 horas?

5. ¿Qué es lo malo de la televisión?

6. ¿Qué trata de vendernos la televisión?

7. ¿Qué resulta de la variedad de la televisión?

8. ¿De qué orden son los intervalos en televisión?

9. ¿Cómo se inhibe la persona que ve mucha televisión?

10. ¿Cuál es el motivo de los programas de televisión?

11. ¿Con qué temor viven los programadores? ¿Cuál es la manera más segura de evitar esos temores?

12. ¿Qué son los "analfabetos funcionales"?

C. *Discusión sobre la lectura.*

1. ¿Cree Ud. que es fácil librarse de la influencia de la televisión? Explique.

2. En su opinión, ¿es la lectura una actividad más productiva que ver la televisión? ¿Por qué?

3. ¿Por qué cree Ud. que es tan importante para los programadores la brevedad en los episodios o programas televisados?

4. En su opinión, ¿permiten las noticias breves que el televidente las capte con coherencia? Explique su respuesta.

5. ¿Cree Ud. que en Estados Unidos el único responsable de la crisis que representan los "analfabetos funcionales" es la televisión? Explique su opinión.

6. Las soluciones que ofrece la televisión a los problemas de la sociedad en Estados Unidos, ¿son correctas o no? ¿Por qué?

7. ¿Cree Ud. que los efectos de la televisión en nuestra conducta son percibidos claramente? Explique.

Aprenda a aprender más rápidamente

VOCABULARIO PRÁCTICO

SUSTANTIVOS

el ambiente   environment
el aprendizaje   apprenticeship
la clave   code; key
el dato   fact
la grabadora   recorder
el informe   report
el letrero   sign
la llave   key
la mente   mind
la meta   goal
la obra   work
el pasaje   passage
la prueba   test; demonstration
el ruido   noise

VERBOS

aplicar   to apply
aumentar   to increase
avanzar   to advance
colocar   to place
durar   to last
fijar   to fix

incrementar   to increase
intentar   to try; to intend
mejorar   to improve
plantear   to present; to pose
releer   to reread

ADJETIVOS

adecuado   suitable; adequate
destacado   distinguished
eficaz   efficacious; effective
propio   own

EXPRESIONES

a largo plazo   long-term
a corto plazo   short-term
cada vez   every time
de buenas a primera   all of a sudden
echar un vistazo   to have a look at
hablar consigo mismo   to talk to oneself
prenda de vestir   garment
sacar otra vez   to retrieve
tener sentido   to make sense

Por años, los especialistas habían pensado que la capacidad para aprender de una persona era fija. Sin embargo, durante las dos últimas décadas los psicólogos y educadores más destacados han llegado a otra conclusión. Uno de ellos ha dicho: "Cada vez tenemos más pruebas de que la inteligencia humana es susceptible de aumentar. Sabemos que con las técnicas adecuadas, las personas pueden mejorar su capacidad de aprendizaje."

Esas técnicas son bastante simples para que casi cualquier persona pueda, con la práctica, dominarlas.° Hay, de acuerdo con   master them algunos especialistas de Estados Unidos, seis maneras demostradas° de aumentar la capacidad de aprender. Ellas son:

proven

1. *CAPTE° PRIMERO LAS LÍNEAS GENERALES*

Grasp

Cuando usted lea algo que no le sea familiar, no empiece de buenas a primera la lectura. Usted podrá incrementar su comprensión y retención si antes repasa° el material. Vea los subtítulos, los pies de fotografías° y todos los resúmenes° que haya.° En los informes o artículos, lea la primera frase de cada párrafo. En los libros, eche un vistazo al índice y a la introducción.

review

los pies... photo captions / summaries / **que...** you could find

   Esto lo ayudará a fijar en la memoria lo que lea después.

2. *LEA DESPACIO Y HABLE CONSIGO MISMO°*

hable... talk to yourself

Aunque tal vez la lectura rápida sea útil si el material es sencillo, la lectura lenta puede ser mucho más eficaz para asimilar obras complejas,° que plantean dificultades. Hay varias diferencias básicas de cómo estudian los buenos y los malos estudiantes:

obras... complex works

   Los buenos vocalizan, o pronuncian lo que leen, sea en alta voz° o en silencio. Avanzan despacio, escuchando cada palabra que leen. Y cuando se confunden releen el pasaje hasta entenderlo.

alta... out loud

   Los malos lectores, en cambio, siguen adelante aun si no comprenden algo.

3. *APLIQUE MÉTODOS PARA MEJORAR LA MEMORIA*

Estos métodos, llamados mnemotécnicos,° tranforman la información nueva en términos más fáciles de recordar; por ejemplo: ''Más valdrán tus mil jornadas si utilizas naves propias.''[1] (En esa frase las letras iniciales de cada palabra son las de los planetas de nuestro sistema solar, en orden: Mercurio, Venus, Tierra, Marte, Júpiter, Saturno, Urano, Neptuno y Plutón).

mnemonic devices

   La mnemotecnia también puede funcionar con imágenes. El secreto es inventar claves visuales para hacer que algo desconocido tenga sentido.

   Antes, los investigadores la consideraban un artilugio,° pero hoy día la mnemotecnia es un medio eficaz para desarrollar la memoria que permite duplicar y aun triplicar la cantidad de datos nuevos que los sujetos de un experimento pueden retener.

device, gadget

   La investigación de los procesos cognoscitivos° demuestra que tenemos dos tipos de memoria: una a corto plazo y otra a largo

cognitive

---

[1]**Más... propias.**   Your many journeys will be worth a lot more if you use your own ships.

Un grupo de estudiantes estudia en la biblioteca de la Universidad Ibaeta, San Sebastián, España.

plazo. La primera dura de 30 a 60 segundos; la segunda puede durar toda la vida. Posiblemente la mnemotecnia sea la llave que coloca los datos en la memoria a largo plazo y los saca° otra vez. Recuerde: la mente y la memoria son como los músculos: cuanto más los usa, más fuertes se vuelven.°

retrieves them

cuanto... the more you use them, the stronger they become

4. ORGANICE LOS DATOS EN CATEGORÍAS

En estudios realizados en la Universidad de Stanford, se pidió a unos estudiantes que memorizaran 112 palabras, inclusive nombres de animales, prendas de vestir, tipos de transporte y ocupaciones. Para un grupo se dividieron las palabras en esas cuatro categorías, y para un segundo grupo se listaron° al azar. Los que estudiaron el material en categorías organizadas lo hicieron mejor que los otros al recordar un número de palabras dos o tres veces mayor.°

were listed

greater

5. CONCENTRE SU ATENCIÓN

La próxima vez que usted esté frente a datos nuevos que necesite dominar, siga estas recomendaciones del psicólogo Russel Scalpone:

- Establezca un tiempo y un lugar para aprender. Descuelgue° el teléfono y cierre la puerta. Así puede usted crearse su propio ambiente de aprendizaje.

  Take off the hook (i.e., disconnect)

- Protéjase° contra las distracciones. Ponga en su puerta un letrero de "No molestar". Usted tiene derecho a disponer de su propio tiempo.

  Protect yourself

- Siga diversos métodos de aprendizaje. Hacer diagramas y resúmenes, tomar notas y hasta usar una grabadora son técnicas de estudio que pueden mejorar la concentración.

- Supervise su progreso. Estar ocupado no es lo mismo que estar produciendo. Si no progresa en su meta, debido a la tensión o la fatiga, tome un descanso. Los descansos a intervalos regulares pueden mejorar el proceso de aprendizaje.

6. *ENCUENTRE SU PROPIO ESTILO DE APRENDER*

¿Cuál es su estilo? Intente el autoanálisis. Por ejemplo, ¿cuál es su forma de actuar cuando ensambla° un objeto desarmado?° ¿Se concentra mejor por la mañana o por la tarde? ¿En un lugar lleno de ruido o tranquilo?

assemble / unassembled

Cualquiera que sea su estilo personal, la buena noticia es que usted puede aumentar su propia capacidad de aprendizaje y así hacer que su vida sea más plena° y productiva.

full

Adaptado de *Selecciones*

Ejercicios

A. *Uso de palabras o frases claves.*

Complete las oraciones con las palabras o frases siguientes y haga los cambios gramaticales que sean necesarios.

clave	mente
aplicar	dato
destacado	plantear
aumentar	echar un vistazo
eficaz	a corto plazo

1. Antes de ir a clase _____ a la lección en el texto.
2. Para usar efectivamente la memoria, es conveniente inventar _____ visuales.
3. Usando la mnemotecnia podemos duplicar los _____ que podemos retener en la memoria.
4. Cuando usted estudie, _____ los métodos modernos para aprender más rápidamente.
5. Una memoria _____ es la que dura 30 segundos.

6. Hay libros que _____ muchas dificultades a quienes los leen.
7. Hoy día hay muchos hombres y mujeres _____ en el campo de la enseñanza.
8. La _____ es lo que nos ayuda a comprender el mundo que nos rodea.
9. La inteligencia es susceptible de _____ mejorando la capacidad de aprendizaje.
10. Informarse acerca del contenido de una lectura antes de leerla es un método _____ para aumentar la capacidad de aprender.

B. *Preguntas sobre la lectura.*

1. ¿Qué habían pensado por años los especialistas?
2. ¿A qué conclusión han llegado recientemente algunos psicólogos y educadores?
3. ¿Qué pueden mejorar las personas con las técnicas adecuadas?
4. ¿Qué debe hacer Ud. si lee algo que no le es familiar?
5. ¿Cómo puede Ud. incrementar su comprensión y retención?
6. ¿Para qué tipo de obras es más eficaz la lectura lenta?
7. ¿Qué pasos siguen los buenos estudiantes cuando estudian?
8. ¿Cómo se puede mejorar la memoria?
9. ¿Por qué la mente y la memoria son como los músculos?
10. ¿Cómo se considera hoy día la mnemotecnia?
11. ¿Cómo puede Ud crear su propio ambiente para aprender?
12. ¿Qué debe Ud. hacer si siente tensión o fatiga al estudiar?

C. *Discusión sobre la lectura.*

1. En su opinión, ¿es fija o no la capacidad de una persona para aprender? Explique.
2. ¿Está Ud. de acuerdo con que la lectura en alta voz ayuda a asimilar la lectura de obras complejas? ¿Tiene alguna experiencia para fundamentar su opinión?
3. ¿Usa Ud. recursos mnemotécnicos cuando estudia? ¿Por qué?
4. ¿Está Ud. de acuerdo en que las claves visuales facilitan la comprensión de algo desconocido? Explique.
5. ¿Cómo clasifica Ud. la mnemotecnia, cómo un artilugio o como un medio eficaz para desarrollar la memoria? ¿Por qué?
6. En su opinión, ¿cuál es la mejor manera de organizarse para estudiar?

Los ojos del dragón

—SELECCIÓN LITERARIA—

VOCABULARIO PRÁCTICO

SUSTANTIVOS

el ala wing
la alfombra carpet
el aula classroom
la cátedra professorship
el chiste joke
la cola tail
el desafío challenge
la garra claw
la moraleja moral
el pasillo corridor; hallway
la tos cough
el tuteo familiar *"tú"* address

VERBOS

desechar to reject
desprenderse to come off
dibujar to draw
engendrar to generate
mezclarse to mingle; to mix in with others
molestar to bother; to disturb
representar (un papel) to play a role; to act
tapar to cover

ADJETIVOS

fresquito fresh, *i.e.*, without experience

leve slight
ocioso idle
suavizado softened
suplente substitute

EXPRESIONES

a lo mejor perhaps
dar vueltas to pace
de reojo out of the corner of one's eye
después de todo after all
echarse atrás to change one's mind; to go back on something
estar blanco en canas to have all white hair
estar con los nervios de punta to be extremely nervous
faltar al respeto to be disrespectful to someone
juntar fuerzas to pull oneself together
la carrera docente teaching career
tener sudores fríos to be in a cold sweat
tener un nudo en la garganta to feel a lump in the throat

Enrique Anderson-Imbert

Enrique Anderson–Imbert nació en Córdoba, Argentina, el 12 de febrero de 1910. Desde temprana edad mostró su inclinación por las letras, y sus primeros cuentos se publicaron cuando sólo tenía 17 años. Al terminar su doctorado en Filosfía y Letras en la Universidad de Buenos Aires, obtuvo una cátedra° de literatura en la Universidad de Cuyo y luego en la de Tucumán.   professorship

    En 1947 se radica° en los Estados Unidos como profesor de literatura en la Universidad de Michigan. Más tarde, en 1965, se crea para él la primera cátedra de literatura hispanoamericana en la Universidad de Harvard, donde permanece hasta su jubilación° en 1980.   settles down   retirement

    Escritor y crítico literario, entre sus obras de ficción merecen citarse su primera colección de cuentos, El mentir de las estrellas, *1940;* El gato de Cheshire, *1965 (cuentos), y* La botella de Klein, *1975*

(cuentos). La editorial Corregidor publicó en 1982 el tercer volumen de sus narraciones completas, que recoge La botella de Klein *y cuentos inéditos° titulados* Dos mujeres y un Julián.

♦

Al final de la carrera, en la Facultad de Filosofía, nadie se salvaba de rendir "Metodología".[1] Uno de los requisitos de la materia consistía en reemplazar a un profesor y durante dos semanas enseñar lo que se pudiese ante[2] estudiantes del ciclo secundario.° A mí me tocó° un colegio elegante y un compañero me advirtió° que allí los muchachos estaban disciplinados para la agresión.[3]

Fui, pues, a mi primera clase con los nervios de punta. Mi cuerpo era una colección completa de síntomas de miedo: nudo en la garganta, palpitaciones en el corazón, peso en la boca del estómago, sudores fríos, fiebre, náusea, diarrea.

En la sala de profesores sólo encontré a un viejo, blanco en canas, apoltronado° junto a la ventana. Nos saludamos en silencio con una leve inclinación de cabeza, él siguió leyendo el diario y yo, de pie, me puse a repasar mis apuntes.°

De pronto me di cuenta: a pesar de que yo creía estar quieto, mientras leía había estado dando vueltas° sobre la alfombra y probablemente recitando en voz alta las frases con que me iniciaría en la carrera docente. ¿Estaría molestando al viejito? Lo miré de reojo. Ahora el diario le tapaba completamenta la cara.

Once menos diez. Todavía era temprano. Quizás lo más prudente fuera adelantarme unos minutos y echar una ojeada al aula vacía;° aun° el más veterano de los actores no representa su papel sin antes familiarizarse con el escenario ¿no? Por otro lado —y me eché atrás— no era prudente mezclarme con la vida del colegio. Después de todo, los estudiantes eran apenas más jóvenes que yo. Al verme andar de un lado a otro por los pasillos, ocioso,° indeciso, a lo mejor me creían uno de ellos y me faltaban al respeto. Visualicé la humillación: un grandote° del quinto año me toma campechanamente° del brazo y haciendo bailar los dedos ante mi cara[4] para pedirme un cigarrillo me grita con un tuteo capaz de destruir la reputación del más pedante:

—¡Qué plato, che![5] ¿Sabes que hoy tenemos un profesor suplente, fresquito? Si te quieres divertir siéntate en la última fila.

unpublished

ciclo... high school / A... I was assigned / warned me

sprawled

notes

dando... pacing

empty / even

idle
un... a big fellow
jovially

---

[1] **nadie... "Metodología"**   . . . no one escaped from taking "Methodology"

[2] **lo... ante**   whatever was possible in front of

[3] **estaban... agresión**   they were trained to be aggressors

[4] **haciendo... cara**   gesticulating with two fingers in front of my face

[5] **¡Qué... che!**   What a ball we're going to have, my friend!

Junté fuerzas y deseché mi recelo. Abatatarse° en la primera
clase es natural. ¿No dicen que hasta el gran Kant[6] se puso tan
nervioso que casi no pudo hablar? Pero de ahí a imaginarse
escenas embarazosas con estudiantes que no lo reconocen a uno
como profesor… Además, pensé, eso ya debía de haber ocurrido
varias veces en la historia de la educación y por tanto estaban en
contra las probabilidades de que se repitiera. Y si se repetía, ¿qué
había de malo? ¡Si era como un chiste! ¡Vamos! Me resolví,° pues,
a salir de la sala de profesores. Abrí la puerta y vi que por el
corredor, como por una arteria, circulaba caliente y roja la vida
juvenil y me asusté° de ser joven. Retrocedí,° volví a encerrarme°
en la sala de profesores, me apoyé de espaldas° a la puerta y sentí
que el corazón me batía como si acabara de salvarme por un pelo
de un peligro de muerte.[7] Cuando levanté la vista comprobé que
por encima del diario desplegado° los ojos del viejito me estaban
observando. Bajó° el diario y vi que no se reía de mí; su boca
suavizada por la blancura del bigote° y la barba°, empezó a
moverse y entonces advertí° que me estaba diciendo algo:

—Había una vez…

¿Qué? ¿El viejito me iba a contar un cuento? ¡Cómo para
cuentos de hadas estaba yo![8] …

—Había una vez un pintor chino que, sin prisa, pintaba un
vasto muro. Un día, un trazo,° días después, otro; y otro, y otro…
La gente se preguntaba: ¿Qué estará dibujando?° ¿Una cosa?
¿Varias cosas? Hasta que el chino dibujó unos ojos. Entonces se vio
que lo que había estado dibujando era un dragón: y el maravilloso
dragón, ya completo, se desprendió del muro y se fue a su cielo.°

Hubo un silencio.

—¿Le gustó? —me dijo.

—Sí. El cuentito del dragón que se echa a volar°… Muy poé-
tico —y miré el reloj: faltaban cinco minutos para la clase.

—Ese dragón se echó a volar, pero tenga cuidado del otro, del
dragón que una vez formado se le echa encima° y lo devora.

Comprendí que el viejito, no contento con haberse mandado°
un cuento, ahora quería convertirlo en una parábola. Así es cómo
los pedagogos arruinan los cuentos: en vez de dejarlos a solas° los
encajan° en una situación real y los anulan con una moraleja.°

Usted va a dar su primera clase. Usted no tiene experiencia.
Usted es joven. Usted es vulnerable. En cuanto entre en el aula los
muchachos, como el pintor chino, empezarán a pintar un dragón.
Un muchacho le va a preguntar lo que nadie sabe, otro va a discu-

	To be frightened
	Me… I decided
	I became afraid / I turned back / I locked myself
	me… I leaned with my back
	unfolded
	He lowered
	mustache / beard
	I became aware
	Había… Once upon a time
	line
	drawing
	heaven
	se… takes off flying
	se… jumps on you
	haberse… having told
	a… alone
	los… they make them fit into / moral

---

[6] **Kant, Immanuel** (1724–1804) German philospher.

[7] **como… muerte.** as if I had been saved by a hair from certain death.

[8] **Como… yo!** As if I were up to fairy tales!

tirle° su opinión, hay uno a quien siempre se le caen las cosas con
estrépito,° y otro a quien le acomete° un violento acceso de tos o
un súbito deseo de confesarse o un juego de palabras que resulta
escabroso.° No faltará quien tire una tiza al pizarrón… En fin°:
tenga cuidado. Si usted no contrarresta esas provocaciones con
inteligencia, con buen humor, con firmeza,° cada una de ellas va
dejando pintados los sucesivos trazos del dragón. Un desafío no
contestado queda en forma de garra, de cola, de ala, de hocico°…
Hasta que de pronto alguien le falta al respeto con un par de
chistes: son los ojos del dragón. Ya el dragón está completo.
Ahora nada en el mundo podrá salvarlo, amigo.

    Entré en el aula, contemplé desde lo alto del estrado° al
monstruo que engendraría al monstruo y antes de que se le
formase un pelo —para que no se le formase un pelo—con el aire
de un profesor ya fogueado° comencém i clase:

    —Había una vez un pintor chino…

Glosses (right margin):
- to argue with you
- racket; noise / **a…** who gets
- indecent; vulgar / **En…** In short
- firmness
- snout
- lecturing platform
- already experienced

Ejercicios

A. *Uso de palabras o frases claves.*

Complete las oraciones con las palabras o frases siguientes y
haga los cambios gramaticales que sean necesarios.

garra	moraleja
dibujar	mezclarse
dar vueltas	de reojo
chiste	aula
desprenderse	el tuteo

1. Los estudiantes _____ un dragón trazando varias líneas.
2. El dragón del viejito cuando _____ del muro se echó a volar.
3. Los escritores muchas veces tratan de darle una _____ a sus cuentos.
4. Las _____ de los leones son tan poderosas como las de los dragones.
5. El profesor suplente miró _____ al viejito que leía el periódico.
6. El joven profesor, desde lo alto del estrado, contempló a los alumnos que estaban sentados en el _____.
7. Si Ud. quiere que lo respeten como profesor, debe evitar los _____ de los alumnos durante la clase.
8. Nunca se _____ en los asuntos personales de sus alumnos.
9. Cuando una persona está nerviosa porque espera a alguien _____ sobre el piso de la sala de espera.
10. _____ no se debe usar entre profesores y alumnos.

B. *Preguntas sobre la lectura.*

    1. ¿Qué tenían que hacer los estudiantes al final de la carrera?
    2. ¿Por qué había que reemplazar a un profesor?
    3. ¿Cómo se sentía el narrador cuando fue a su primera clase?
    4. ¿Cuáles eran los síntomas del miedo?
    5. ¿Quién era el viejo que encontró en la sala de profesores?
    6. ¿De qué se dio cuenta el narrador?
    7. ¿Por qué quería el narrador familiarizarse con el aula vacía?
    8. ¿Por qué estaba suavizada la boca del viejito?
    9. ¿Qué cuento le contó el viejito al joven profesor?
   10. Según el narrador, ¿cómo arruinan los cuentos los pedagogos?

C. *Discusión sobre la lectura.*

    1. ¿Por qué cree Ud. que la primera clase pone nervioso a los profesores?
    2. ¿Cuál es la relación que establece el cuento entre el joven que se inicia en la carrera docente y un veterano actor?
    3. En su opinión, ¿en qué forma puede ser humillado un profesor por los estudiantes?
    4. ¿Qué cree Ud. que trata el viejo profesor de decirle al joven con el cuento del dragón?
    5. ¿Por qué se habla en el cuento de dos dragones: él que se echa a volar y el otro?
    6. ¿Cree Ud. que el joven profesor es vulnerable? Explique.
    7. ¿Por qué cree Ud. que el joven profesor empieza su clase diciendo: "Había una vez un pintor chino..."?

D. *Composición El / la mejor profesor(a).*

Escriba una breve composición en la que Ud. describe a su profesor(a) preferido. Explique qué cualidades hacen de él / ella un buen profesor. Indique que estrategias utiliza en clase para estimular y enseñar a los estudiantes.

E. *Actividad comunicativa Discusión.*

Con un grupo de compañeros discutan cuáles son sus clases favoritas y cuáles son las más aburridas. Cada estudiante debe expresar su opinión y, al final de la discusión, se puede llevar a cabo una pequeña encuesta para ver qué clases son las más y las menos populares.

CAPÍTULO 6

Conózcase a sí mismo

El hombre moderno, a pesar de[1] los avances[2] logrados en la educación y en el campo de la psicología, no ha podido todavía desarrollar[3] un método que le permita conocerse a sí mismo plenamente.

Atormentado[4] por dos emociones opuestas[5] —sus legítimos deseos de tener éxito[6] y las demandas cada vez más apremiantes[7] de la sociedad— el hombre de hoy resulta muchas veces víctima de un falso sentido de su estimación personal y de tensiones que le producen frustraciones y le impiden triunfar en sus propósitos.

Las selecciones escogidas[8] nos ayudan a comprender más estos sentimientos y a aprender cómo sobrevivir con las tensiones y frustraciones que son parte de la vida moderna.

[1]**a...** in spite of [2]**los avances** advances [3]**desarrollar** to develop
[4]**Atormentado** Tormented
[5]**opuestas** contrary [6]**tener...** to be successful [7]**apremiantes** urgent
[8]**escogidas** selected

¿Sabe Ud. relajarse?

VOCABULARIO PRÁCTICO

SUSTANTIVOS

la cólera anger
la empresa company
la prueba test
el salto jump
la salud health
la señal sign
el ser (*human*) being
la uña nail

ADJETIVOS

encargado in charge
inesperado unexpected
imprescindible essential,
  indispensable

VERBOS

agitarse to become agitated or
  excited
alcanzar to be sufficient

añadir to add
apresurarse to hurry
ausentarse to absent oneself
caer to fall
ejercer to exert
relajarse to relax
resultar to turn out
rodear to surround
sostener to hold

EXPRESIONES

a menos que unless
a partir de ahora from now on
ataque al corazón heart attack
caerse bien o mal to like or not to
  like (*someone*)
en contra against
en serio seriously
llevar a cabo to carry out

La tensión, la presión que ejerce la vida compleja de las ciudades modernas sobre los ciudadanos (agitarse, estar siempre de prisa),° más el agobio° de trabajar en una atmósfera altamente competitiva... todo conspira en nuestro tiempo contra la salud de las personas, especialmente las que ocupan una posición de responsabilidad dentro de° sus empresas.

    En una investigación reciente llevada a cabo en el Hospital Henry Ford de la ciudad de Detroit, de 1.000 ejecutivos examinados, más del 30% presentaba señales de ''condiciones físicas anormales'' que podían relacionarse directa o indirectamente con el estilo de vida que llevaban. En este grupo, casi ninguno° de

estar... to be always in a hurry
burden

dentro... within

casi... almost none

Hombre durante una boda° en Valencia.   wedding

los hombres sabía cómo relajarse, cómo no permitir que la tensión
los avasallara,° cómo "descansar" aun en medio del tropel° diario   dominate / bustle
de sus vidas.

    A estas tensiones, que han llegado a considerarse de cierta
manera "normales", esto es, que forman parte de la sociedad en
que vivimos, las mujeres tienen que añadir las tensiones que se
originan en el hogar, o sea,° las tensiones por que su condición de   o... that is
"persona encargada" de que todo marche perfectamente a tiempo.

    No todos poseemos la capacidad de "desentendernos"° unos   turning everything off
minutos al día para que entre nuevo oxígeno a nuestros cuerpos. Y
a menos que° aprendamos a hacerlo, podemos estallar° cualquier   a... unless / explode
día en una forma inesperada: un ataque al corazón o una explo-
sión de cólera.° Por eso resulta importante saber cuál es nuestra   anger

verdadera aptitud de "ausentarnos" unos minutos de la existencia. Esta prueba° lo ayudará a determinar su capacidad para relajarse.   test

PREGUNTAS

(A partir de ahora, conteste *Sí* o *No*.)

1. Cuando Ud. habla o piensa, ¿necesita hacer algo con las manos, aunque sea sostener un cigarrillo? Sí___   No___
2. Le resulta imposible o muy difícil adormilarse° si decide echar una siesta?° Sí___   No___   to become sleepy
echar...   to take a nap
3. ¿Se levanta por las mañanas sintiendo rígidos el cuello, la espalda o los brazos? Sí___   No___
4. ¿Se muerde° las uñas?° Sí___   No___   **Se...**   Do you bite / nails
5. ¿Le intranquilizan° las visitas que no espera?° Sí___   No___   **Le...**   Do they make you
uneasy / you expect
6. Mientras duerme, ¿se despierta a veces con un salto?° Sí___ No___   jump, leap
7. ¿Padece de hipo° o de bostezos° incontrolables? Sí___ No___   **Padece...**   Do you suffer from
the hiccups / yawns
8. ¿Habla Ud. más de prisa que sus amigos? Sí___   No___
9. ¿Comienza cada día con la sensación de que el tiempo no va a alcanzarle para todas las cosas que tiene que hacer? Sí___ No___
10. De las personas que lo rodean, ¿son más numerosas las que le caen mal o las que le caen bien? Sí___   No___

RESPUESTAS

Por cada respuesta que haya contestado Sí, póngase 4 puntos. Sume° todos los puntos y a continuación podrá leer el resultado de la prueba.   Add

Evaluación

Entre 36 y 40 puntos.   Ud. está tan tenso como la cuerda° de un violín. Aprender a relajarse es para Ud. absolutamente imprescindible.° Dedique algunos minutos cada día a practicar algún método de relajación.   string

essential, indispensable

Entre 20 y 28.   Ud. vive como si la existencia fuera una carrera de automóviles, siempre a toda velocidad. Analice sus actividades y trate de encontrar maneras de adquirir un ritmo de vida más lento.°   slow

Entre 8 y 16 puntos.   Este es el grupo normal, donde caen° las personas que toman la vida en serio,° pero sin matarse° a cada paso. Hay cosas que lo irritan, hay ocasiones en las que se   they fall
en...   seriously / **sin...**
without killing themselves

apresura,° pero por regla general sabe adaptarse a la corriente, sin tratar de remar° en contra.

se... you hurry
to row

Entre 0 y 4 puntos. Una de dos: o Ud. es una persona insensible, o es uno de esos seres afortunados que pueden relajarse y dormir como un gatito.°

kitten

Adaptado de *Vanidades*

Ejercicios

A. *Uso de palabras o frases claves.*

Escoja la palabra o frase apropiada para completar la oración y haga todos los cambios gramaticales que sean necesarios.

ataque al corazón	**a partir de ahora**
salud	**cólera**
apesurarse	**relajarse**
empresa	**imprescindible**
inesperado	**sostener**

1. _____ tienes que tratarme con más consideración.
2. _____ tú, o no llegarás a tiempo.
3. El año pasado mi papá sufrió un _____.
4. Ayer me pasó algo _____; estaba muy sorprendida.
5. El Sr. Ramírez es el dueño de una _____ bastante grande.
6. Esperanza siempre está tensa, no sabe _____.
7. Durante el juego de básquetbol, el instructor del equipo tuvo una explosión de _____.
8. Es _____ estudiar mucho para esta prueba. Será muy difícil.
9. No hay nada más importante que tener buena _____.
10. Nosotros _____ que Mirta actuó de una manera incorrecta.

B. *Preguntas sobre la lectura.*

1. Según el autor, ¿qué efectos negativos tiene la vida moderna en el hombre de hoy?
2. Dentro de las empresas, ¿qué personas son particularmente susceptibles a la presión?
3. ¿Cuál fue el resultado de la investigación hecha a ejecutivos en Detroit?
4. ¿Qué son tensiones normales?
5. ¿Qué otras tensiones tienen las mujeres?
6. ¿Qué tenemos que aprender a hacer?
7. ¿Cómo nos ayudará esta prueba?

8. ¿Qué debe hacer si Ud. obtiene 38 puntos en la prueba?
9. ¿Qué debe hacer si Ud. obtiene 24 puntos en la prueba?
10. ¿Qué tipo de persona son las personas que obtienen 12 puntos en la prueba?

C. *Discusión sobre la lectura.*

1. ¿Qué tipo de trabajo piensa Ud. que produce más tensión?
2. ¿Cuándo tiene Ud. dificultades para dormir?
3. ¿Le gusta a Ud. echar una siesta? ¿Por qué? ¿Lo hace a menudo?
4. ¿Tiene Ud. amigos que son nerviosos? ¿Qué hacen? ¿Qué les aconseja Ud.?
5. ¿Qué cree Ud. de una persona que se muerde las uñas?
6. ¿En qué situaciones siente Ud. más presión?
7. ¿Cuál es su manera favorita de relajarse?
8. ¿Le caen a Ud. bien[1] o mal la mayoría de las personas que lo rodean? ¿Por qué?

---

[1]There is a very important distinction between the use of **gustar** and **caer bien (mal)** when referring to people. For a native speaker, the statement **me gusta Carmen,** *I like Carmen,* means that the speaker feels romantically attracted to Carmen. If he likes Carmen because she has a nice personality or is a likable person, the speaker says: **Me cae bien Carmen.** In a negative statement, one says **Me cae mal Carmen** or **No me cae bien Carmen.** Both mean *I don't like Carmen.*

El orgullo, ¿es su punto débil?

VOCABULARIO PRÁCTICO

SUSTANTIVOS

la confianza confidence
la debilidad weakness
la disculpa apology
la equivocación mistake
el espejo mirror
la fortaleza strength
el orgullo pride
la piel skin
el sabor taste; flavor
el significado meaning
la trampa trap

ADJETIVOS

débil weak
herido hurt; wounded
nacido born

propio own
orgulloso proud
propenso prone, inclined to
redondo round

VERBOS

ahogar to drown
atrapar to trap
ceder to give in
encerrarse to lock oneself up
inhibir to inhibit

EXPRESIONES

al menos at least
ante otros in front of others
de sí mismo of oneself

¿Se considera Ud. una persona orgullosa? Antes de responder, piénselo cuidadosamente, pues° la palabra orgullo tiene varios significados. Para algunas personas, es un sentimiento positivo que les da fortaleza, apoyo moral.° Para otras, es todo lo contrario... una debilidad.

as

apoyo... moral support

El diccionario define así la palabra:

Orgullo: (1) Exceso de estimación de sí mismo y de sus propios méritos, por lo cual° se cree uno superior a los demás.° (2) Sentimiento legítimo de la estimación propia, nacido° de causas nobles.

por... for which reason / los... the rest / born

Obviamente, la primera definición tiene una connotación negativa. Y es que, aunque vivimos en la época de "estimación propia", expresada de esta forma tiene sabor a pedantería.°

pedantry

La segunda definición nos parece más justa. Sin embargo, es la más peligrosa, pues puede convertirse en un arma de doble filo.° Veamos por qué.

arma...   double-edged sword

Casi nadie toma en serio eso de sentirse superior a los demás; al menos,° no en el sentido que menciona el diccionario. Sin embargo, pasemos a la segunda definición. Ese "...sentimiento legítimo de la estimación personal..." es real en la mayoría de las personas. Esa estimación propia de que hablamos es básica para tener un enfoque sano y positivo de la vida. Y es que todo depende de cómo interpretamos ese sentimiento en la realidad. Y de eso depende también que el orgullo sea algo positivo o negativo.

al...   at least

Algunas personas aparentan vivir en una especie de "armadura"° a lo "caballeros de la mesa redonda,"° que las impide acercarse a otros de una manera natural. Estas personas toman el orgullo como un escudo° para su debilidad.

armor / caballeros...   Knights of the Round Table
shield

En realidad, tienen poca estimación personal o una idea tan vaga de quiénes son, que se sienten heridas° a cada momento. Cualquier crítica o comentario les duele°... porque creen reconocer ese "defecto mencionado" como un defecto suyo. Y es que quienes usan el orgullo como coraza,° caen en la más estéril de las trampas: la inflexibilidad emocional.

hurt

les...   it hurts them

armor

Esta inflexibilidad atrapa a la persona orgullosa en su papel y cada vez la ahoga° más, alejando° a los que antes eran sus amigos.

it suffocates / distancing

La persona segura se siente cómoda dentro de su "propia piel.°" En otras palabras, se acepta como es: con sus virtudes, defectos y posibilidades. Esto le da la maravillosa libertad de ser flexible e ir por la vida sin actitudes cerradas que la inhiban. Entonces Ud. será un ser receptivo siempre en evolución.

skin

Hasta ahora nos hemos referido a "esas personas" o a "los orgullosos"... pero es hora que nos miremos objetivamente en este espejo, y nos dirijamos a Ud. y le preguntemos: ¿Se considera Ud. una persona orgullosa positiva o negativa? Sea una persona honesta, y contéstese estas preguntas:

¿Se encierra° en su torre° para no ceder a otras personas? ¿No le gusta hacer concesiones? ¿ Piensa Ud. que si admite una equivocación, pierde fuerza ante otros? ¿Algunas veces no ha pedido disculpas por no rebajarse?° ¿Ha perdido una relación por su orgullo? Si puede contestar afirmativamente la mayoría de las preguntas, cambie su actitud. De vez en cuando, todos pecamos de orgullosos en el mal sentido de la palabra. No somos perfectos. Sin embargo, cuando esta condición se vuelve una característica de nuestra personalidad que controla nuestra vida, sí es peligrosa. ¡Evítela! Y podrá ser feliz.

Se...   Do you lock yourself up / tower

to lower oneself

Adaptado de *Buenhogar*

Ejercicios

A. *Uso de palabras o frases claves.*

Escoja la palabra o frase apropiada para completar la oración y haga todos los cambios gramaticales que sean necesarios.

orgullo	**equivocación**
piel	**ceder**
encerrarse	**débil**
herido	**sabor**
al menos	**espejo**

1. Antier° Elisa _____ en su cuarto y estudió cuatro horas.
2. Juanito es una persona _____ de carácter.
3. _____ después de equivocarse me pidió perdón.
4. Lourdes es rubia y tiene la _____ muy blanca.
5. El _____ de este arroz con pollo es estupendo.
6. No es malo admitir una _____.
7. Juan Antonio es narcisista, se mira constantemente en el _____.
8. Hay personas que usan el _____ como un escudo para su debilidad.
9. Me has _____ con esas palabras que me has dicho.
10. A veces es más inteligente _____ que tratar de ganar.

Antier = anteayer day before yesterday.

B. *Preguntas sobre la lectura.*

1. ¿Cuál es la diferencia entre la primera y la segunda definición de orgullo?
2. ¿Qué tipo de connotación tiene la primera definición?
3. ¿Por qué es más peligrosa la segunda definición?
4. ¿Qué es necesario para tener un enfoque sano de la vida?
5. ¿Qué les ocurre a las personas que aparentan vivir en una "armadura"?
6. ¿Qué atrapa a la persona orgullosa en su papel?
7. ¿Cómo debe sentirse una persona segura de sí misma?
8. ¿Qué debemos hacer para contestar correctamente las preguntas del último párrafo?

C. *Discusión sobre la lectura.*

1. ¿Tiene Ud. algún amigo orgulloso? Descríbalo.
2. Explique por qué es bueno tener orgullo positivo.
3. ¿Conoce Ud. a alguna persona que se crea superior a los demás? ¿En qué sentido es esto diferente al orgullo positivo?
4. Cuando Ud. se equivoca, ¿lo admite? Dé un ejemplo.
5. ¿Quiénes son más propensos al orgullo, los débiles de carácter o los que tienen confianza en sí mismos?

Jaque mate en dos jugadas

—SELECCIÓN LITERARIA—

VOCABULARIO PRÁCTICO

SUSTANTIVOS

el asesinato murder
el corazón heart
la huella trace
el malestar discomfort
el mayordomo butler
el sobrino nephew
el trago gulp; drink
el veneno poison

ADJETIVOS

comprometedor compromising
encantador charming
holgazán lazy
leve slight
tacaño stingy

VERBOS

adueñarse to take possession
advertir to notice
arrojar to throw away
asesinar to murder
despachar to send away
enamorarse to fall in love
envenenar to poison
matar to kill

EXPRESIONES

ataque cardíaco heart attack
cerrar el paso to block one's way
echarse a caminar to begin walking
estar a cargo to be in charge

Isaac Aisemberg

Isaac Aisemberg nació en 1919 en la Argentina. Estudió leyes° pero se ha dedicado a la literatura, al periodismo° y al cine. Además, es profesor y vice-rector° de la Escuela de Periodismo del Círculo de la Prensa° de Buenos Aires.

law
journalism
vice-president / **Círculo...** Press Club

Aisemberg se especializa en las narraciones policiales, género que es muy popular en el mundo hispano. Además de sus cuentos, Aisemberg ha publicado cinco novelas: Tres negativos para un retrato, *1949;* Manchas en el río Bermejo, *1950;* La tragedia de los cinco círculos, *1951;* No hay rosas en la tumba del marino, *1985; y* Es más tarde de lo que crees, *1985.*

"Jaque mate en dos jugadas"° ha sido traducido a diecisiete idiomas. Esta versión del cuento fue publicada en la antología de El cuento policial argentino, *1986.*

Jaque... Checkmate in two moves

———————— ◆ ————————

Yo lo envenené. En dos horas liberado.° Dejé a mi tío Néstor a las veintidós.° Me ardían la mejillas. Me quemaban los labios.[1] Luego me serené° y eché a caminar.

free
10 P.M.
me... I calmed down

Me sentía contento. Liberado. Hasta Guillermo resultaba socio beneficiario en el asunto. ¡Pobre Guillermo! ¡Tan tímido, tan mojigato!° Era evidente que yo debía pensar y obrar° por ambos — desde el día en que nuestro tío nos llevó a su casa. Nos encontrábamos perdidos en el palacio. Era un lugar seco,° sin amor, únicamente el sonido metálico de las monedas.

prudish / to act

arid

———————————

[1] **Me... labios.** My cheeks were burning. My lips were hot.

—Tenéis que acostumbraros al ahorro. ¡Al fin y al cabo,° algún día será vuestro! —bramaba.° Pero ese famoso y deseado día se postergaba, pese a que tío sufría del corazón. [2]

Guillermo se enamoró un buen día. A nuestro tío no le agradó la muchacha.

—Le falta cuna°..., ¡puaf! —sentenció.

Inútil fue que Guillermo se prodigara en encontrarle méritos. [3] El viejo era terco° y caprichoso.

Conmigo era un carácter contra otro. Se empeñó en doctorarme en bioquímica. ¿Resultado? Un perito° en póquer y en carreras de caballos.° Mi tío para esos vicios no me daba ni un centavo. Debí exprimir la inventiva para birlarle algún peso. [4]

Uno de los recursos° era aguantarle° sus interminables° partidas de ajedrez.° Cuando estaba en posición favorable alargaba el final, sabiendo de mi prisa por ir al club. Gozaba con mi infortunio saboreando su coñac. [5]

Un día me dijo con aire de perdonavidas:° —Observo que te aplicas en el ajedrez. Eso me demuestra° dos cosas: que eres inteligente y un perfecto holgazán.° Sin embargo, tu dedicación tendrá su premio.° Soy justo. Pero, a falta de diplomas, [6] de hoy en adelante tendré de ti anotaciones de las partidas. Llevaremos libretas° con las jugadas para cotejarlas.° ¿Qué te parece?

Aquello podría resultar° un par de cientos de pesos, y acepté. Desde entonces, todas las noches, la estadística. Estaba tan arraigada la manía en él, [7] que en mi ausencia° comentaba las partidas con Julio, el mayordomo.°

Ahora todo había concluido. Cuando uno se encuentra en un callejón sin salida,° el cerebro° trabaja, busca, rebusca,° escarba.° Y encuentra.

El veneno, ¿cómo se llamaba? Aconitina. Varias gotitas° en el coñac mientras conversábamos. Mi tío esa noche estaba encantador. Me perdonó la partida. [8]

—Haré un solitario —dijo. —Despaché a los sirvientes. [9] Puedes irte.

El veneno surtía un efecto lento, a la hora, o más, según el

Al... After all /
he would roar

Le... She is not well-bred

stubborn

expert
carreras... horse racing

means / suffer through / endless
partidas... chess games

con... in a forgiving tone
it proves
good-for-nothing
reward
notebooks
to compare them
Aquello... That could mean

absence
butler

callejón... dead-end alley / brain / it searches again / it pokes
little drops

---

[2] **pese... corazón.**   although our uncle had a heart condition.

[3] **Inútil... méritos.**   It was useless for Guillermo to point out her good qualities.

[4] **Debí... peso.**   It took all my ingenuity to get a cent out of him.

[5] **Gozaba... coñac.**   He relished my misery while savoring his cognac.

[6] **a... diplomas**   since you don't have a degree

[7] **Estaba... él**   Chess was such an obsession for him

[8] **Me... partida.**   He excused me from playing chess [that night].

[9] **Despaché... sirvientes.**   I gave the servants the night off.

sujeto. [10] El resultado: la apariencia de un pacífico ataque cardíaco, sin huellas comprometedoras.° El doctor Vega suscribiría° el certificado de defunción. ¿Y si me descubrían? ¡Imposible!

Pero, ¿Y Guillermo? Sí. Guillermo era un problema. Lo hallé° en el hall. Descendía la escalera, preocupado.

—¿Qué te pasa? —le pregunté.

—¡Estoy harto!° —me replicó.

—Es que el viejo me enloquece.° Desde que le llevas la corriente en el ajedrez, se la toma conmigo. [11] Y Matilde…

—¿Qué sucede con Matilde?

—Matilde me lanzó un ultimátum: o ella o tío.

—Opta por ella.

Me miró desesperado. El pobre tonto° jamás buscaría el medio de resolver su problema.

—Yo lo haría —siguió entre dientes°—, pero, ¿con qué viviríamos? Ya sabes como es el viejo…es implacable. ¡Me cortaría los víveres!°

—Tal vez las cosas se arreglen de otra manera…insinué. —¡Quién te dice!

Sus labios se curvaron con una mueca amarga.° —No hay escapatoria.° Pero yo hablaré con el viejo sátiro.° ¿Dónde está ahora?

Me asusté. Si el veneno resultaba rápido…

—Está en la biblioteca —exclamé—, pero déjalo en paz. Acaba de jugar la partida de ajedrez, y despachó a la servidumbre.° Consuélate en un cine o en un bar.

Se encogió de hombros.° —Lo veré en otro momento. Después de todo…

—Después de todo, no te animarías, ¿verdad? —gruñí. [12]

Me clavó la mirada. [13]

Miré el reloj: las once y media de la noche. El veneno ya comenzaría a surtir efecto.° Primero, un leve malestar.° Mi tío refunfuñaba una maldición para la cocinera. [14] El pescado indigesto. ¡Qué poca cosa es todo!

La noche estaba húmeda. A lo lejos° luces verdes, rojas, blancas. Los automóviles se deslizaban chapoteando en el asfalto. [15]

huellas… compromising evidence / he would sign

I found

fed up

me… he drives me crazy

fool

entre… between his teeth

allowance

mueca… bitter grimace
escape / lecher

servants

Se… He shrugged

surtir… to take effect / discomfort

A… In the distance

---

[10] **El… sujeto.** The poison would act slowly, after an hour or more, depending on the subject.

[11] **Desde… conmigo.** Since you let him have his way in the chess game, he's started to pick on me.

[12] **Después… gruñí.** After all, you wouldn't have the nerve, right? I growled.

[13] **Me… mirada.** He glared at me.

[14] **Mi… cocinera.** My uncle would be growling some complaint about the cook.

[15] **Los… asfalto.** Cars were gliding over the wet pavement.

Decidí regresar. Otra vez por la larga avenida y después crucé la Plaza de Mayo. El reloj me volvió a la realidad. Las once y treinta y seis. Si el veneno era eficaz,° ya estaría todo listo. Ya sería dueño° de millones. Ya sería libre. Ya sería... ya sería asesino.°

Yo, ¡asesino! Las rodillas me flaquearon.° Las manos transpiraban.° El frasquito de aconitina en el bolsillo° llegó a pesarme° una tonelada. Era un insignificante cuentagotas° y contenía la muerte. Lo arrojé° lejos.

Yo, asesino. Esto sería un secreto entre mi tío Néstor y mi conciencia. Recordé la descripción del efecto del veneno: "En la lengua, sensación de hormigueo y embotamiento,[16] que se inicia en el punto de contacto para extenderse° a toda la lengua, a la cara y todo el cuerpo".

Entré en un bar. Un tocadiscos atronaba con° un viejo *ragtime*. "En el esófago y en el estómago, sensación de ardor° intenso. Millones. Billetes° de mil, quinientos, de cien. Póquer. Carreras. Viajes. "Sensación de angustia, de muerte próxima,° enfriamiento profundo generalizado, trastornos sensoriales, debilidad muscular, contracturas, impotencia de los músculos".[17]

Habría quedado solo. En el palacio, con sus escaleras° de mármol. Frente al tablero de ajedrez.° Allí el rey negro, la dama° y la torre.° Jaque mate.

Pedí un coñac. Por la vidriera° la caravana que pasa, la misma de siempre. El tictac° del reloj cubría todos los rumores,° hasta los de mi corazón. La una.

"Hay alteración del pulso e hipotensión° que se derivan de la acción sobre el órgano central, llegando, en su estado° más avanzado, al síncope cardíaco.°" Bebí el coñac de un trago.°

A las dos y treinta de la mañana regresé a casa. Al principio no lo advertí° al agente de policía hasta que me cerró el paso.° Me asusté.

—¿El señor Claudio Álvarez?

—Sí, señor... —respondí humildemente.°

—Pase usted... —indicó.

—¿Qué hace usted aquí? —me animé a farfullar.[18]

—Dentro tendrá la explicación —fue la respuesta. Varios individuos de uniforme se habían adueñado° del palacio. Guillermo no estaba presente.

Julio, el mayordomo, amarillo y espectral, trató de hablarme. Uno de los uniformados le selló los labios con un gesto, avanzó hacia mí y me inspeccionó como a un cobayo.[19]

---

efficient

owner / murderer

Las... My knees weakened.

they were sweating / pocket / llegó... it seemed to weigh bottle with a dropper
I threw

to spread

atronaba... it boomed out
burning
Bills

muerte... impending death

stairs

tablero... chess board / queen
rook

window
ticking / noises

lowered blood pressure
stage
síncope... cardiac arrest / **de...** in one gulp

no... I didn't notice him / **me...** he blocked my way

humbly

se... they had taken over

---

[16] **En... embotamiento**   On the tongue, a tingling sensation and numbness

[17] **trastornos... músculos.**   sensory disorders, muscular weakness, contractions, paralysis.

[18] **me... farfullar.**   I managed to jabber.

[19] **Uno... cobayo.**   One of the men in uniform, silencing him with a gesture, walked towards me and inspected me as if I were a guinea pig.

—Usted es el mayor de los sobrinos, ¿verdad?

—Sí, señor... —murmuré

—Lamento° decírselo, señor. Su tío ha muerto. Asesinado... —anunció. La voz era calma, grave. —Yo soy el inspector Villegas, y estoy a cargo° de la investigación.

—¡Dios mío! —articulé anonadado°—. ¡Es inaudito!°

Las palabras sonaron a huecas,° a hipócritas. (¡Ese dichoso veneno dejaba huellas![20] ¿Pero cómo... cómo?)

—¿Puedo verlo? —pregunté.

—Por el momento, no. Quiero que me conteste algunas preguntas.

—Como usted disponga... —accedí azorado.[21]

Lo seguí a la biblioteca. Tras él se deslizaron suavemente dos acólitos.[22]

—Explíquenos qué hizo esta noche... —dijo.

—Cenamos los tres, juntos como siempre. Guillermo se retiró a su habitación. Mi tío y yo jugamos nuestra habitual partida de ajedrez. Me despedí de mi tío y salí. En el vestíbulo me topé con Guillermo.[23] Cambiamos unas palabras y me fui.

—Y ahora regresa.

—Sí... —le respondí al inspector.

—¿Y los criados?°

—Mi tío deseaba quedarse solo. Los despachó después de cenar.

—Lo que usted manifiesta concuerda° en gran parte con la declaración del mayordomo. Cuando él regresó, hizo un recorrido por la casa.° Notó la puerta de la biblioteca entornada° y luz adentro. Entró. Allí halló a su tío frente a un tablero de ajedrez, muerto. La partida interrumpida... De manera que jugaron una partidita, ¿eh?

Una sensación de angustia me recorría con la velocidad de un buscapiés.° En cualquier momento estallaría la pólvora.° ¡Los malditos° solitarios de mi tío!

—Sí, señor... —admití.

No podía desdecirme.° Eso también se lo había dicho a Guillermo. Y probablemente Guillermo al inspector Villegas. Porque mi hermano debía de estar en alguna parte. El sistema de la policía: aislarnos,° dejarnos solos, inertes, indefensos, para pillarnos.°

—Tengo entendido que ustedes llevaban un registro de las jugadas.° ¿Quiere mostrarme su libretita de apuntes,° señor Álvarez?

I am sorry

estoy... I'm in charge

overwhelmed / unbelievable

hollow

servants

it coincides

hizo... he checked the house / *ajar*

firecracker / **estallaría...** the powder would explode
cursed

contradict myself

to isolate us
to catch us

games / **libretita...** notebook

---

[20] **Ese... huellas.** That damned poison left traces.

[21] **Como... azorado.** "Whatever you say," I agreed dazedly.

[22] **Tras... acólitos.** Two assistants slipped in silently behind him.

[23] **En... Guillermo.** In the hall I ran into Guillermo.

—¿Apuntes?

Sí, hombre —el policía era implacable—, deseo verla, como es
de imaginar.° Debo verificarlo todo, amigo, lo dicho y lo hecho por
usted. Si jugaron como siempre…

Las lágrimas° comenzaron a quemarme° los ojos. Miedo.° Un
miedo espantoso.° Como debió sentirlo tío Néstor cuando aquella
sensación de muerte próxima… Me empujaban.° El silencio era
absoluto, pétreo.° Dos ojos, seis ojos, ocho ojos, mil ojos.

Me tenían. Jugaban con mi desesperación. Se divertían con mi
culpa.°

De pronto el inspector gruñó:° —¿Y?

Una sola letra, ¡pero tanto!°

—¿Y? —repitió—. Usted fue el último que lo vio con vida. Y,
además, muerto. El señor Álvarez no hizo anotación alguna esta
vez.

—¡Basta!° —grité finalmente en una voz que no era la mía. —Si
lo saben, ¿para qué lo preguntan? ¡Yo lo maté! ¡Lo odiaba con toda
mi alma! ¡Estaba cansado de su despotismo! ¡Lo maté! ¡Lo maté!

—¡Cielos!° —dijo el inspector—. Se produjo más pronto de lo
que yo esperaba. Ya que se le soltó la lengua,° ¿dónde está el
revólver?

—¿Qué revólver?

El inspector Villegas no se inmutó.°—¡Vamos, no se haga el
tonto° ahora! ¡El revólver! ¿O ha olvidado que lo liquidó de un tiro
en la mitad del frontal? ¡Qué puntería!²⁴

como…	as you might imagine
tears / to burn / Fear
horrible
Me…	They were pushing me
stony
guilt
he growled
pero…	but it meant so much
Enough
Heavens
Ya…	Seeing you've loosened your tongue
no…	his expression didn't change
no…	don't play dumb

Ejercicios

A. *Uso de palabras o frases claves.*

Escoja la palabra o frase apropiada para completar la oración y
haga todos los cambios gramaticales que sean necesarios.

comprometedor	echarse a caminar
asesinar	enamorarse
sobrino	trago
estar a cargo	encantador
huella	ataque cardíaco

1. Yo _____ por primera vez cuando tenía 16 años.
2. Claudio se tomó el coñac en dos _____.
3. Los dos _____ odiaban a su tío.

---

²⁴**O… puntería.** "Or have you forgotten that you shot him right in the middle of
the forehead? What a marksman!"

4. Carmen es una persona _____.
5. El criminal salió de la casa sin dejar ninguna _____ del robo.
6. Ángela y Julio _____ de la organización de la fiesta.
7. Anoche después de la cena nosotros _____ por el parque para hacer un poco de ejercicio.
8. Mi abuelo Luis murió de un _____.
9. El inspector no sabía que Guillermo había _____ a su tío Néstor.
10. Con tus indiscreciones, me has puesto en una posición _____.

B. *Preguntas sobre la lectura.*

1. ¿Por qué se sentía el narrador contento?
2. ¿De qué enfermedad sufría el tío Néstor?
3. ¿Qué se le ocurrió a Guillermo un día?
4. Según el tío, ¿qué dos cosas le demuestran la habilidad del sobrino° para jugar al ajedrez?   nephew
5. ¿Cómo fue que el narrador envenenó° al tío?   he poisoned
6. ¿Por qué escogió° ese veneno para matar al tío?   he chose
7. ¿Qué ultimátum le dio Matilde a Guillermo?
8. ¿Cuál sería el primer efecto del veneno?
9. ¿Qué hizo el narrador con el frasco de aconitina?
10. ¿Qué hizo el narrador en el bar?
11. ¿A qué hora volvió a la casa y con quién se encontró?
12. ¿Quiénes se habían adueñado del palacio?
13. ¿Quién es el inspector Villegas?
14. ¿Qué le dice Claudio al inspector con respecto a los criados?
15. ¿Quién había hecho declaraciones al inspector antes de Claudio?
16. ¿Por qué piensa el inspector que Claudio asesinó a su tío?
17. ¿Por qué confiesa Claudio que mató a su tío Néstor?
18. ¿Qué sorpresa recibimos al final del cuento?

C. *Discusión sobre la lectura.*

1. En su opinión, ¿quién fue realmente el autor del asesinato del tío Néstor? ¿Por qué?
2. ¿En qué sentido es hipócrita Claudio?
3. ¿Piensa Ud. que es tacaño° el tío Néstor? Explique.   stingy
4. ¿Qué tipo de persona es Claudio?
5. ¿Por qué Claudio y Guillermo no se van de la casa del tío?
6. ¿Qué otras soluciones pacíficas había al problema de Claudio y Guillermo?

D. *Composición* **La personalidad de mis amigos.**

Escriba una breve composición explicando cuáles son los aspectos de la personalidad de sus amigos que más le gustan y cuáles son los que más le molestan.

E. *Actividad comunicativa.*

En grupos de tres o cuatro estudiantes se debe discutir cuáles son las mejores formas de llegar a conocer mejor a nuestros amigos. Luego un miembro de cada grupo presentará las conclusiones del grupo al resto de la clase.

CAPÍTULO 7

La tecnología

El avance que el hombre ha logrado, desde el final de la Segunda Guerra Mundial al presente, en su deseo de resolver los problemas que más le conciernen en cuanto a la alimentación y bienestar propios, es difícil de apreciar a primera vista. La ciencia y su aplicación tecnológica en este siglo, particularmente a partir de su segunda mitad, ha acumulado más conocimientos y ha logrado más conquistas que en todos los siglos que nos precedieron juntos.

La era nuclear que se abrió con la trágica explosión de Hiroshima, desencadenó[1] una reacción en el campo de las investigaciones en la cual todavía estamos envueltos. La conquista del espacio y el desembarco[2] del hombre en la luna abrieron un campo infinito para el científico.

Como consecuencia, la industria, la agricultura y el comercio han hecho llegar al hombre común los beneficios derivados de esos avances; y al mismo tiempo que se han facilitado los goces materiales, la ciencia también se ha preocupado de la supervivencia humana y está logrando, cada vez con más éxito, producir más alimentos que en un futuro ayudarán a resolver el problema del hambre en muchas regiones hoy día subdesarrolladas.[3] Ejemplos de esos avances son las selecciones que aparecen a continuación.

[1]**desencadenó** it unleashed
[2]**desembarco** landing
[3]**subdesarrolladas** underdeveloped

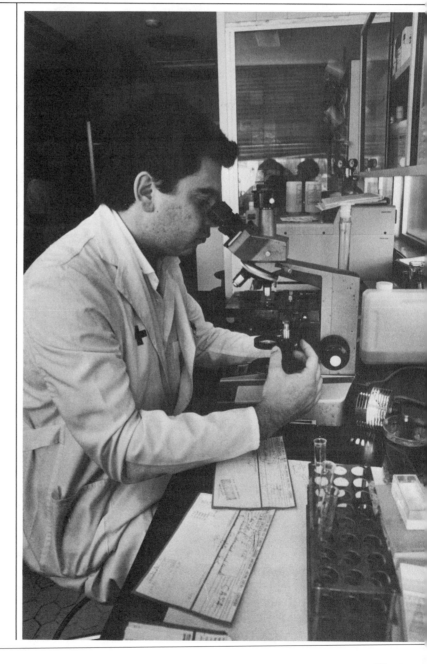

La tecnología del futuro

VOCABULARIO PRÁCTICO

SUSTANTIVOS

el adelanto advancement
la agricultura agriculture
la conducta behavior
el conocimiento knowledge
la faz face
el goce enjoyment
el microondas microwave oven
la supervivencia survival
el toque touch

ADJETIVOS

cuidado care
insospechado unsuspected
portátil portable
precisada forced

superados surpassed

VERBOS

alargar to prolong
citar to mention
comprobar to prove
desechar to reject
disminuir to diminish
vislumbrar to glimpse

EXPRESIONES

de fabricación casera homemade
en gran escala on a large scale
es de suponer it is assumed
es de esperar it is expected
hoy día nowadays

Los años finales del siglo pasado fueron extraordinarios en el campo de las invenciones y algunas de ellas como el fonógrafo de Edison, el telégrafo de Marconi y el aeroplano de los hermanos Wright, cambiaron de un modo absoluto la conducta del hombre. Frente a esas conquistas uno podría pensar que esos adelantos jamás serían superados. Sin embargo, buena parte de aquellas invenciones han sido perfeccionadas y han nacido otras tanto o más importantes aún. ¡Todas ellas permiten decir que el futuro ya ha comenzado!

Es cierto. Vivimos ya en el mañana. Comprobémoslo mirando a nuestro alrededor. Pensemos cómo se reproducen en el televisor esas imágenes en colores todas las noches tras el simple toque de un botón, o cómo el teléfono nos permite escuchar voces que pueden viajar miles de kilómetros en segundos. Y qué decir de la calculadora portátil que cabe en el bolsillo de nuestra camisa… En

Un profesor usando la computadora.

realidad la verdadera conquista de la ciencia es que ésta no muere ni cesa de acumular conocimientos y proyectarlos sobre la humanidad con una sabiduría de siglos, mientras que nosotros, los mortales, tenemos que comenzar desde el principio cada vez que nacemos. ¿Continuarán la ciencia y la tecnología actual avanzando cada vez más, o estaremos llegando al final de las posibilidades inventivas? ¿Cómo se resolverá ese futuro que nos espera y que es cada vez más complejo? Estas preguntas han provocado una polémica en los países más próximos a ese futuro. Unos están en contra del desarrollo tecnológico en gran escala y favorecen un regreso a los tiempos más simples, cuando esa tecnología tenía una "faz" humana. Otros mantienen que en la complejidad de la tecnología que nos rodea, no hay cabida° para inventos simples, alegando° que una computadora electrónica o un "robot" no son productos de fabricación casera, ya que para ello se requiere capital y organización.

    El regreso a los tiempos más simples se considera una quimera, porque ¿cuántos de nosotros estaríamos dispuestos a desechar las comodidades del desarrollo en gran escala? ¿Cuántos renunciaríamos al automóvil, al refrigerador, al horno de microondas, o a la rapidez y comodidad de los aviones supersónicos?

    Lo cierto° es que éstos y otros avances científicos permiten a las naciones modernizarse y, como consecuencia, la higiene y el

room
alleging

Lo... The truth

cuidado médico alargarán la vida y disminuirán la mortalidad infantil. La población mundial aumentará y la inventiva° tecnológica se verá precisada a resolver el problema de la alimentación de los pueblos. Hoy día los satélites han hecho posible la comunicación a través de las pantallas de televisión o del teléfono. Al mismo tiempo la ciencia médica ha avanzado lo suficiente para anticipar el sexo de un niño por nacer, y es de esperar que en el futuro ella pueda llegar a la cura del cáncer y del *SIDA*.[1] Estos y otros muchos inventos y descubrimientos se pueden vislumbrar desde la base de los conocimientos existentes. Y es de suponer que de las investigaciones actuales surgirán nuevas realidades científicas insospechadas hoy día. Quizás estas sorpresas se realicen con el desarrollo de los viajes espaciales, cuando el universo se acerque más a nuestras ventanas.

inventiveness

Adaptado de *Hombre*

Ejercicios

A. *Uso de palabras o frases claves.*

Complete las oraciones usando las palabras o frases siguientes y haga los cambios gramaticales que sean necesarios.

agricultura	supervivencia
hoy día	comprobar
portátil	toque
alargar	en gran escala
precisado	faz

1. Con el _____ de un botón, puedo cambiar fácilmente los canales en mi televisor.
2. La producción de más alimentos es esencial para la _____ de la raza humana.
3. La tecnología ha avanzado tanto que su aplicación ha perdido su _____ humana.
4. Los altos niveles de producción en la _____ se deben al desarrollo de la ciencia.
5. La ciencia electrónica nos permite tener radios _____ que podemos llevar en nuestro bolsillos.
6. El alumno que estudia una lengua extranjera está _____ a aprender su vocabulario.
7. Para que el público pueda adquirir los nuevos artículos, es necesario que la industria los produzca _____.

---

[1] *SIDA*   are the initials in Spanish of "acquired immune deficiency syndrome" or AIDS.

8. Cuando las naciones se modernizan, el promedio de vida se _____.

9. Si miramos a nuestro alrededor, _____ que el futuro ha llegado ya.

10. _____ en la industria automóvil, los "robots" hacen la mayor parte del trabajo.

Usando cada una de las palabras o frases siguientes, escriba una oración completa en español. Haga todos los cambios gramaticales que sean necesarios.

es de esperar	**desechar**	**superado**
adelantos	**microondas**	**conducta**

B. *Preguntas sobre la lectura.*

1. ¿Por qué en los años finales del siglo pasado hubo cambios en la conducta del hombre?
2. ¿Cómo han sido superadas las invenciones de ese siglo?
3. ¿Cuál es la verdadera conquista de la ciencia?
4. ¿Por qué un "robot" no es un producto de fabricación casera?
5. ¿Por qué se considera el regreso a los tiempos más simples una quimera?
6. ¿Por qué son beneficiosos para la nación los avances científicos?
7. ¿Cuáles avances alargarán la vida en el futuro?
8. ¿Qué han hecho posible los satélites hoy día?
9. ¿Qué puede anticipar la ciencia médica?
10. ¿Cómo se acercará más el universo a nuestras ventanas?

C. *Discusión sobre la lectura.*

1. En su opinión, ¿afectarán las computadoras el poder creativo del hombre? ¿Por qué?
2. ¿Piensa Ud. que es posible detener o controlar el avance científico y tecnológico actual? Explique.
3. ¿Cree Ud. que debemos regresar a los tiempos en que la tecnología tenía una faz humana? Explique.
4. Para evitar la contaminación atmosférica, ¿estaría Ud. dispuesto a renunciar a la comodidad de los automóviles como medio de transporte? Explique.
5. ¿Dónde cree Ud. qué debemos invertir más dinero, en las investigaciones tecnológicas o en las investigaciones sobre la salud? Explique.

Lo que comeremos en el siglo que viene

VOCABULARIO PRÁCTICO

SUSTANTIVOS

la fábrica factory
los guisantes peas
el invernadero greenhouse
el pavo turkey
el riego irrigation
el sabor taste
la salchicha sausage
la uva grape
el vino wine

VERBOS

bastar to be enough
carecer to lack
criar to raise
encargar to order

ADJETIVOS

adecuada suitable
cercana nearby
lácteo milky
nutritivo nutritious
perjudicial harmful
saludable healthy

EXPRESIONES

buen paladar good-tasting
¡buen provecho! enjoy your meal!
mientras tanto meanwhile
ni siquiera not even
pleno invierno mid-winter

Es el año 2001 y es hora de comer en casa de los González. El menú de hoy está compuesto de guisantes, patatas, carne asada,° vino para los mayores° y leche para el niño. Todo parece muy normal, pero lo cierto es que la carne no es carne en realidad. Está hecha de harina de soja,° que contiene muchas proteínas y de sabor° casi imposible de diferenciar del de la verdadera carne. Y aunque nos hallamos en pleno invierno, las verduras° son frescas: proceden de una "fábrica" cercana, es decir, de un invernadero automático donde varias computadoras regulan° la luz, la temperatura y el riego por aspersión° con sustancias nutritivas y en el que se pueden cultivar hortalizas° durante todo el año. El vino, de buen paladar, nada tiene que ver con la uva porque está hecho de suero,° derivado lácteo° que hasta hace poco desechaban los fabricantes de queso. Por último, la leche es de vaca y aunque tiene un

roasted
grown-ups

harina... soybean flour
taste
vegetables

control
riego... sprinkler watering system
vegetable gardens

whey, serum / dairy product

sabor idéntico al de la leche común carece, casi por completo, de las nocivas° grasas animales.

 ¿Le suena° esto a ciencia-ficción? Pues bien, estos alimentos son ya una realidad. ¡Y nos esperan cosas más exóticas!

 ¿Qué comeremos en el futuro? Para empezar, más carnes vegetales. Hoy podemos comprar varios sustitutos de jamón, tocino,° carne de ternera° y salchicha, todos a base de harina de soja.

 Es más barato —y más conveniente desde el punto de vista ecológico— utilizar directamente un kilo de harina de soja, abundante en proteínas, que transformarlo a través del ganado vacuno,° que necesita hasta cuatro kilogramos de forraje° para producir uno de carne. Y acaso sea también más saludable. Una adecuada combinación de productos vegetales contiene todas las proteínas, carbohidratos, grasas, vitaminas y minerales necesarios para la salud, sin las perjudiciales grasas y el colesterol de los productos animales.

 Ni siquiera el pollo ha escapado a los nuevos métodos. Dada la preferencia, cada vez mayor, por las aves de corral° de cierto peso (cuesta menos criar pocas aves grandes que muchas pequeñas), los pollos del siglo XXI serán quizá del tamaño de un pavo y —no lo dude— los pavos parecerán avestruces.°

 No menos revolucionarias son las llamadas "fábricas de vegetales," gigantescos invernaderos situados cerca de los mercados con cosechas a lo largo de todo el año, adaptables tanto al frío del Ártico como al calor del desierto, que pueden producir hortalizas en cantidades muy superiores a las cultivadas por medios naturales.

 En cuanto a la compra de los alimentos, en el futuro los podremos encargar desde nuestra casa mediante terminales de computadoras conectadas telefónicamente con almacenes° automatizados. Bastará preparar un programa con nuestros menús para la semana, con los ingredientes y la cantidad necesaria de ellos determinada por la computadora, y nos serán entregados en nuestros hogares.

 Y mientras tanto, sírvase un filete de carne de soja, prepare la ensalada de verduras de la "fábrica de vegetales", brinde por el siglo XXI con vino de suero, y ¡buen provecho!

Adaptado de *Selecciones*

---

harmful

Le... Does it sound

bacon / veal

ganado... cattle / fodder

aves... fowls

ostriches

grocery stores

Ejercicios

A. *Uso de palabras o frases claves.*

Complete las oraciones con las palabras o frases siguientes y haga los cambios gramaticales que sean necesarios.

bastar	**invernadero**
buen paladar	**ni siquiera**
carecer	**nutritivo**
carne asada	**saludable**
criar	**vino**

1. En el siglo XXI los _____ no estarán hechos de uvas.
2. Gracias a los _____ podemos tener vegetales todo el año.
3. Me gusta la _____ pero que esté bien cocida.
4. En el futuro, para comprar sus alimentos, _____ tener el menú programado en la computadora del almacén.
5. Los que _____ ganado vacuno, lo alimentan con forraje.
6. Si Ud. tiene _____ posiblemente notará la diferencia entre la leche de vaca y la que no lo es.
7. La tecnología moderna está presente en todas las actividades de la agricultura y _____ las aves de corral han escapado de ella.
8. Hoy día Ud. puede comprar quesos que _____ de grasas animales.
9. La harina de soja es un alimento muy _____.
10. Si Ud. quiere mantenerse _____ coma muchas frutas y vegetales en sus comidas.

Usando cada una de las palabras o frases siguientes, escriba una oración completa en español y haga todos los cambios gramaticales que sean necesarios.

encargar	**uva**
harina de soja	**pleno invierno**
pavo	**lácteo**
cercano	**mientras tanto**

B. *Preguntas sobre la lectura.*

1. ¿De qué se compone el menú en casa de los González?
2. ¿Cómo es el sabor de la carne hecha con harina de soja?
3. ¿A pesar de que es de vaca, de qué carece la leche?
4. ¿Qué combinación contiene todas las proteínas y carbohidratos?
5. Además de la uva, ¿con qué otro producto se puede hacer el vino?
6. ¿Qué tipos de carnes vegetales comeremos en el futuro?

7. ¿Qué contiene una adecuada combinación de productos vegetales?
8. ¿Cómo serán los pollos en el siglo XXI?
9. ¿Qué son las "fábricas de vegetales"?
10. ¿Cómo podremos encargar los alimentos desde nuestra casa en el futuro?

C. *Discusión sobre la lectura.*

1. ¿Cree Ud. que es una buena idea cultivar vegetales en invernaderos? ¿Por qué?
2. Si Ud. tuviera que escoger entre un vino a base de uvas y uno a base de suero, ¿cuál escogería y por qué?
3. En su opinión, ¿por qué los productos vegetales son más saludables que los productos animales?
4. ¿Cuál es el principio económico que justifica la producción de pollos más grandes?
5. ¿Cuál sería su reacción, si al comer en un restaurante de lujo el filete fuera de harina de soja y el vino de suero?

El telefilme

— SELECCIÓN LITERARIA —

VOCABULARIO PRÁCTICO

SUSTANTIVOS

el cartel   billboard, poster
la comparsa   costumed group
el escenario   stage
la humanidad   mankind
la madrugada   dawn
la maldad   evil
la maravilla   wonder, marvel
los mayores   elders
el noticiario   newsreel
el periodismo   journalism
la primicia   first showing; preview
el receptor   receiver

VERBOS

angustiar   to distress, to disturb
desplegar   to display
emplear   to use
entregarse   to give oneself to
girar   to revolve
iluminarse   to light up
perderse   to miss (*an event*)
reunir   to gather together
sumergir   to submerge

superar   to surpass; to excel

ADJETIVOS

acogido   received
ajeno   foreign, out of place
carente   lacking
escabroso   harsh, rough
gigantesco   gigantic
grosero   rude, impolite
imprescindible   indispensable
irrespetuoso   disrespectful
pegado   stuck together
seco   dry

EXPRESIONES

a través de   by means of
en torno a   around
escrita a mano   hand-written
guión cinematográfico   movie script
hacer gala de   to take pride in
   something; to show off
poner en guardia   to be alert
redactor en jefe   editor–in–chief
todo el mundo   everybody

Joaquín Esteban Perruca

Joaquín Esteban Perruca se ha destacado en España por su extensa labor en el campo del periodismo donde ha colaborado en numerosos diarios y revistas, y en particular en el noticiario No-Do *como redactor en jefe.*

Ha cultivado la literatura en sus distintas manifestaciones y ha escrito novelas, cuentos y guiones cinematográficos. Su primera novela El silencioso clamor de las estrellas, *la publicó en 1969, siendo bien acogida por la crítica como una novedad en el campo de la "ciencia-ficción."*

Su interés por los temas universales que preocupan y angustian al hombre de hoy tales como la corrupción moral, la confusión ideológica, el imperio de la máquina y la degradación de la naturaleza, quedan literariamente tratados en su colección Cuentos del último día *de donde se toma el titulado "El telefilme" que presentamos a continuación.*

Los carteles, de dimensiones colosales, cubrían las vallas publicitarias° de todas las grandes ciudades de la Tierra.

vallas...   billboards

Su diseño era muy simple: una agenda abierta por una fecha, el primero de enero, y en la hoja, escrita a mano, una frase: "Historia de la Humanidad." Debajo,° en letras rojas, la siguiente leyenda: "Recuerde que ese día tiene usted una cita importante... ¡Acuda a ella!"

Below

No era preciso° más. Todo el mundo sabía que en dicha fecha se proyectaría por la "World Television System" el telefilme más fabuloso de todos los tiempos...

necessary

Los medios informativos° venían ocupándose° del tema desde hacía meses. Se trataba de un "programa monstruo" de seis horas de duración que había costado miles de millones y reunía a las estrellas más conocidas° y admiradas de la telepantalla.° El rodaje° había durado varios años y los equipos de filmación° habían recorrido prácticamente todos los países de la Tierra. Tres mil escenarios naturales,° ochocientos decorados,° cientos de figurantes,° miles de comparsas y millones de "extras" completaban el balance de "la mayor superproducción jamás soñada."°

medios...   media / venían...
  they were dealing with

better-known / television screen
  / shooting
equipos...   film crews

escenarios...   locations / scene
  settings
extras

jamás...   ever dreamed

Los que habían tenido la suerte de contemplar las primicias° de este alarde,° ofrecidas por la "World Television System", en sesión privada, a un reducido grupo de personalidades de todo el mundo —críticos, historiadores, sociólogos y políticos— habían sido los primeros en rodear el asunto de un aire de polémica.

previews
display

En una cosa estaban todos de acuerdo: Técnicamente, la producción era una maravilla. Se habían empleado los más modernos medios —imagen tridimensional, color natural, sonido plurifónico— y el espectador,° desde el primer momento, recibía la impresión de verse incorporado a la acción, sumergido en ella como uno de los miles y miles de figurantes y de "extras"... "El televidente —había escrito uno de los críticos— vive la aventura del hombre de las cavernas, odia con Nerón,[1] ama con Eloísa,[2] sube al cadalso° con María Antonieta[3] y se entrega a todos los placeres del hombre actual, desde el vértigo de la velocidad hasta las drogas y el sexo..."

viewer

scaffold

Así era,° efectivamente. Pero a partir de este punto empezaban las discrepancias. Unos aseguraban que el telefilme era irrespetuoso y grosero, lleno de anécdotas escabrosas° y carente de nobleza.

Así...   So it was

salacious

[1]Roman emperor (37–68 A.D.) famous for his cruelty and despotism, who was responsible for the burning of Rome.

[2]French woman (1101–1164), famous for her love for Abelardo (1079–1142), her philosophy teacher, who was the forerunner of scholasticism.

[3]Queen of France (1755–1793) and wife of Louis XVI (1754–1793). She and her husband were both guillotined during the French Revolution.

Otros, principalmente historiadores y sociólogos, protestaban airadamente° de lo que calificaban un *pastiche* insustancial, sin auténtico contenido histórico, y la Iglesia Católica, a través de la Congregación para la Doctrina de la Fe,[4] había puesto en guardia a los fieles sobre "un telefilme que hace gala de una amoralidad sin límites y ha sido concebido con arreglo a° un materialismo ajeno a toda idea trascendente del mundo y de la vida."

Pero todo esto hacía que la expectación fuera aún mayor y nadie quisiera perderse programa tan atractivo.

El telefilme empezaría a trasmitirse, simultáneamente y para todo el mundo, a las doce horas del primero de enero (meridiano de Greenwich), a través de cuatro de los setenta satélites de comunicaciones de la Tierra. La "World Television System" había insistido en que el programa se repetiría en fechas° sucesivas y en horas diversas con objeto de adaptarlo mejor a las diferencias horarias° del planeta, pero nadie, ni en Asia ni en Australia, ni siquiera en las islas del Pacífico, quería perderse las primicias. Por eso, lo mismo en la medianoche del Japón que en la madrugada° de América, las gentes permanecían pegadas al receptor° o llenaban las salas de los telecines,° esperando que fueran las doce horas del meridiano de Greenwich.

Nadie, nadie permanecía indiferente... Ni siquiera los niños. Los viejos prejuicios° del pasado habían desaparecido y desde muy pequeños° participaban, con los mayores, de todo aquello que ofrecía la vida, que era mucho, pues la "civilización del ocio"° había hecho de la Tierra una especie de *kermesse.*°

Todo tipo de tarea laboral quedó en suspenso. Aparte de que el primero de enero era fiesta en todo el mundo y de que la mayoría de los servicios estaban dotados de automatismo, allí donde era imprescindible° la presencia de un hombre (en las centrales de control a distancia,° en los hospitales, en los transportes colectivos°...) se había instalado un televisor pequeño o grande, tridimensional o sencillo.

Por las calles, en las plazas y en todos los lugares públicos, se veían gigantescas pantallas parabólicas, y en los hogares, familiares y amigos esperaban en la telesala,° con todos los circuitos conectados, que llegara el ansiado° momento.

Así, pues, cuando todas las pantallas del mundo se iluminaron simultáneamente y a través de complicados mecanismos se materializaron,° grandiosos, imagen y sonido, la Tierra se vio paralizada de repente y los hombres quedaron inmersos en lo divino.

angrily

con... according to

dates

diferencias... time differences

dawn
television set
T.V. viewing theaters

prejudices
early age
idleness
carnival

indispensable
centrales... remote control headquarters
transportes... public transportation

television viewing room
long-awaited

became a reality

---

[4]**La... Fe** An office within the Catholic church whose members are cardinals, bishops and prelates, and whose principal goal is propagating the faith.

En lo divino, sí. Porque aquello superaba por completo a cuanto se les había dicho... La historia del hombre se desplegaba ante sus ojos y ellos la comprendían... Comprendían el sentido más profundo de todas las acciones, la maldad de los hombres, el porqué de sus crímenes... Comprendían, por fin, lo que jamás habían comprendido: que todo giraba en torno a un árbol seco, hecho Cruz en el Gólgota y a un árbol misterioso[5] que existió en el Paraíso...

Luego, en un instante, la música se extinguió, cesó la imagen y se hizo un silencio absoluto. El cielo y la tierra habían vuelto a la nada° de su origen. Cada uno estaba solo ante sí mismo y a sus ojos se desplegaba, pujante° y temerosa,° su propia vida.

Entonces comprendieron que había llegado el juicio.°

(margin notes:) nothingness / powerful / fearful / the Last Judgment had come

Ejercicios

A. *Uso de palabras o frases claves.*

Complete las oraciones con las palabras o frases siguientes y haga los cambios gramaticales que sean necesarios.

escenario	a través de
la maldad	angustiar
el noticiario	carente
sumergir	grosero
emplear	primicia

1. Todas las noches vemos el _____ en la televisión.
2. Es difícil, a veces, poder entender _____ del ser humano.
3. Para que un programa de televisión pueda verse en todas las partes del mundo, hay que _____ varios satélites de comunicación.
4. En Hollywood usan muchos _____ para los filmes.
5. El submarino se _____ en el mar antes de ser visto por el barco enemigo.
6. Los Juegos Olímpicos se trasmitirán _____ del canal especial de deportes.
7. El hombre se _____ porque no encuentra solución a sus problemas.
8. Hoy día hay muchos filmes que tienen escenas _____.
9. Hay programas de televisión _____ totalmente de interés para el televidente.
10. Los críticos y periodistas son los que tienen la oportunidad de ver las _____ de un nuevo filme.

---

[5] **árbol misterioso**   Reference to the tree of life in Paradise.

Usando cada una de las palabras o frases siguientes, escriba una oración completa en español y haga todos los cambios gramaticales que sean necesarios.

desplegar	**irrespetuoso**
girar	**poner en guardia**
guión cinematográfico	**seco**

B. *Preguntas sobre la lectura*

1. ¿Qué cubrían los carteles de dimensiones colosales?
2. ¿Cómo era ese diseño?
3. Según los medios informativos, ¿qué clase de programa se preparaba?
4. ¿Quiénes habían contemplado las primicias en sesión privada?
5. ¿Qué impresión recibía el espectador desde el primer momento?
6. ¿Qué aventura vive el televidente?
7. ¿Qué opinión tenían unos y otros sobre el telefilme?
8. ¿Por qué nadie quería perderse un programa tan atractivo?
9. ¿Por qué en la medianoche del Japón la gente permanecía pegada al receptor?
10. ¿De qué participaban los niños?
11. ¿Qué se veía en los lugares públicos?
12. ¿Qué pasó cuando todas las pantallas del mundo se iluminaron?
13. ¿Qué comprendían los hombres por fin?
14. ¿Adónde habían vuelto el cielo y la tierra?

C. *Discusión sobre la lectura.*

1. ¿Por qué cree Ud. que los carteles estaban en todas las ciudades?
2. ¿Piensa Ud. que ese telefilme era el más fabuloso de todos los tiempos? Explique.
3. En su opinión, ¿por qué los críticos rodearon el asunto del telefilme con un aire de polémica?
4. ¿Qué cree Ud. que significa la referencia a Nerón, a Eloísa y a María Antonieta en el cuento?
5. ¿Por qué cree Ud. que la Iglesia Católica había puesto en guardia a los fieles?
6. En su opinión, ¿por qué los hombres quedaron inmersos en lo divino?
7. ¿Cree Ud. que los televidentes llegaron a comprender la historia que se desplegaba ante ellos? Explique.
8. En su opinión, ¿a qué juicio se refiere el cuento?

D. *Composición*   **La ciudad del futuro.**

Imagínese cómo será la ciudad donde usted vive dentro de 100
años. Describa en una breve composición los cambios que
habrán ocurrido. Mencione, entre otros aspectos, ¿qué
cambios tecnológicos se habrán efectuado? ¿Qué medios de
transporte se usarán? ¿Cómo serán las viviendas? ¿Los
supermercados? ¿Los centros comerciales? ¿Qué oportunidades de empleo habrá?

E. *Actividad comunicativa.*

En un grupo de tres o cuatro estudiantes se discutirá la
posibilidad de vida extraterrestre en el universo. Cada miembro del grupo debe primero expresar su opinión al respecto, y
luego se argumentará sobre la validez o invalidez de los con-
ceptos expresados.

CAPÍTULO 8

El bienestar físico

Uno de los problemas más agobiantes[1] que enfrenta el hombre o mujer modernos es la falta de bienestar físico, debido[2] a factores que están relacionados con las actividades personales y la escasez de tiempo que produce el ritmo de vida actual. Vivimos en constantes tensiones provocadas por el trabajo y nuestras obligaciones. En ocasiones sentimos un cansancio cuyas causas ignoramos, pero que están en íntima relación con esas tensiones. Esto produce, a menudo, un estado físico y mental que nos convierte en seres infelices. Y si a ello agregamos el efecto de la contaminación de las aguas potables[3] o de la atmósfera, nos damos cuenta de la necesidad de vigilar nuestra salud física.

Si usted lee las selecciones que aparecen a continuación, así como el cuento "Noble campaña", obtendrá algunas ideas y consejos, así como una visión general de los problemas que el hombre de hoy confronta en la vida moderna.

[1]**agobiantes** overwhelming [2]**debido** due [3]**potables** drinkable

Un paso sencillo hacia la salud: No se deje dominar por las prisas

VOCABULARIO PRÁCTICO

SUSTANTIVOS

el anfitrión host
el cansancio fatigue
la cita appointment, date
el comportamiento behavior
la ira anger
el logro achievement
el retraso delay
el riesgo risk

VERBOS

acudir a to attend
charlar to chat; to talk
distraerse to entertain oneself
medir to measure
oprimir to press; to push; to oppress
precipitarse to rush (*oneself*)

sostener to hold
superar to overcome, to surpass
tratar to deal

ADJETIVOS

agobiante overwhelming
contraproducente self-defeating
debido due
prefijado prearranged

EXPRESIONES

aflojar el paso to slacken the pace
ataque cardíaco heart attack
estar de acuerdo to agree
hacer cola to stand in line
tomar en serio to take seriously
valer la pena to be worthwhile

Aquel hombre estaba evidentemente impaciente y tenso. Tenía una mano cerrada en puño,° y en la otra sostenía dos paquetes de cigarrillos. Oprimió el botón de su piso en el ascensor° al que acababa de entrar no una ni dos, sino *seis* veces. Vio entonces otro ascensor en frente, murmuró° algo no muy agradable en voz baja y se precipitó hacia él, en el preciso momento en que se cerraban las puertas del que antes ocupaba.

Mientras lo observaba, comprendí que aquel individuo era lo que los cardiólogos llaman una persona "Tipo A," es decir, precipitada, agresiva, impaciente y fácilmente irascible: un blanco, perfecto para un ataque cardíaco. Seguramente ninguna persona "Tipo A" querría convertirse en otra de personalidad "Tipo B,"

en... in a fist
elevator

he muttered

más contemplativa y tranquila. Sin embargo, las personas "Tipo A," en su mayoría estarán de acuerdo en que muchos aspectos de su comportamiento resultan contraproducentes a nivel personal y social, y desearían cambiarlo. Pero, ¿cómo hacer el cambio de A a B? A continuación se ofrecen algunas orientaciones que pueden ser útiles para los que quieran hacer el cambio.

EVALÚE SU PERSONALIDAD

- Haga inventario de los objetivos de su vida, cómo utiliza el tiempo, qué es lo importante para usted y para sus seres queridos.° Concéntrese en lo que vale la pena *ser* y no en lo que vale la pena *poseer*.

  seres...   loved ones

- No mida su vida en cantidades: número de clientes, número de grupos sociales a los que pertenece y número de logros. Piense más en función de la calidad.
- No trate de ser una superpersona que además de ejercer una ocupación de gran responsabilidad, insiste en controlar también su hogar, ser el perfecto anfitrión, participar en todos los asuntos de la comunidad y criar hijos perfectos.
- Reserve algunos momentos para usted solo. Acuda a un concierto, visite un museo, lea un libro que lo incite a pensar. O, sencillamente, siéntese tranquilo a contemplar el cielo.

Un grupo de amigos conversa en la Plaza Mayor de Salamanca, la más bella de España.

AFLOJE EL PASO

- Calcule siempre más tiempo del que piensa que va a necesitar para llegar a alguna parte o para hacer algo.
- Siempre que tenga que esperar o hacer cola, lleve algo para leer. O distráigase no haciendo nada. Estudie las personas que lo rodean. Divague.° Piense en alguien a quien usted ama. Piense en su vida. Entable° una conversación.
- No sature de citas su agenda, ni cree° límites innecesarios de tiempo al concertar° entrevistas para horas demasido específicas.
- Por las mañanas, levántese quince minutos antes, para no tener que comenzar el día con prisa.
- Aunque trabaje con un límite de tiempo prefijado, tómese breves descansos periódicos para charlar con el vecino, mirar por la ventana... cualquier cosa que lo ayude a aliviar la tensión.

Wander
Start
ni... nor create
to arrange

TRANQUILÍCESE°

Calm down

- No malgaste° la ira en cosas triviales, como el retraso de un tren, la ineptitud de un camarero o la insistencia molesta° de un vendedor.
- Evite el contacto con personas que lo pongan nervioso. Si tiene que seguir tratándolas, no las tome en serio.
- Hágase amigo de una persona del Tipo B. Su comportamiento puede servirle de modelo a usted. Finalmente, recuerde que la prisa habitual y la hostilidad competitiva excesiva son las dos formas de conducta que más se relacionan con el riesgo de sufrir un ataque cardíaco. Piense cuáles son las situaciones que lo molestan, y use su inteligencia y sentido del humor para superarlas.

waste
bothersome

Adaptado de *Selecciones*

Ejercicios

A. *Uso de palabras o frases claves.*

Complete las oraciones con las palabras o frases siguientes y haga los cambios gramaticales que sean necesarios.

aflojar el paso	oprimir
agobiante	prefijado
el riesgo	sostener
el cansancio	valer la pena
hacer cola	ira

1. En la vida _____ trabajar para obtener lo que uno quiere.
2. No deje que la _____ domine su temperamento.
3. Cuando se hacen las cosas con prisa, se corre _____ de equivocarse.
4. _____ puede ser un síntoma de que su salud no anda bien.
5. Si Ud. entra en un ascensor, no _____ todos los botones a la vez.
6. La falta de dinero es un problema _____ que enfrentan las familias pobres.
7. Para aliviar las tensiones, se le aconseja que _____.
8. Cuando esté convencido que tiene razón, _____ su punto de vista.
9. El público _____ para comprar las entradas para el cine.
10. Los exámenes estaban _____ para el mes próximo.

Usando cada una de las palabras o frases siguientes, escriba una oración completa en español y haga todos los cambios gramaticales que sean necesarios.

anfitrión	precipitarse
cita	superar
retraso	contraproducente
acudir a	tomar en serio

B. *Preguntas sobre la lectura.*

1. ¿Cómo sabemos que el hombre estaba impaciente y tenso?
2. ¿A quiénes consideran los cardiólogos personas de "Tipo A"?
3. ¿Cómo podría cambiar una persona de "Tipo A" a una de "Tipo B"?
4. ¿Cómo podemos evaluar nuestra personalidad?
5. ¿Por qué debe reservar algunos momentos para Ud. solo?
6. ¿Cómo podemos aflojar el paso para evitar las tensiones?
7. ¿Por qué son convenientes breves descansos para charlar con el vecino?
8. ¿Qué debe hacer Ud. con personas que lo ponen nervioso?
9. ¿Cómo se puede evitar comenzar el día con prisa?
10. ¿Cuáles son las dos formas de conducta que se relacionan con el ataque cardíaco?

C. *Discusión sobre la lectura.*

1. En su opinión, ¿cómo afectan las tensiones a la salud?
2. ¿Por qué cree Ud. que las personas agresivas, impacientes e irascibles son candidatos al ataque cardíaco? Explique.

3. ¿Cree Ud. que es importante saber utilizar efectivamente el tiempo? ¿Por qué?

4. En su opinión, ¿qué es más conveniente, medir la vida desde el punto de vista de la calidad o de la cantidad? Explique.

5. En su opinión, ¿qué es mejor para relajar las tensiones, leer un libro o escuchar música? Explique.

6. ¿Está Ud. de acuerdo que el tener sentido del humor puede ayudar a evitar un ataque cardíaco? ¿Por qué?

7. Si Ud. quisiera aliviar sus tensiones, ¿cómo lo haría?

Pasatiempos: Pasaporte para la salud

VOCABULARIO PRÁCTICO

SUSTANTIVOS

el aburrimiento boredom
el bordado embroidery
el descanso rest
la ebanistería cabinet-making
la filatelia stamp collecting, philately
las labores sewing
el oficio trade; craft
el pasatiempo hobby
el placer pleasure
un rato short time

ADJETIVOS

abrumado weary; overwhelmed
aconsejable advisable
curativo curative
destacado outstanding

saludable healthy
tenso tight; tense

VERBOS

agobiar to overwhelm
aserrar to saw
clavar to nail
evitarse to avoid
quitar to take away
relajar to relax
rodear to surround
soportar to endure

EXPRESIONES

sea el que sea whatever it may be
una vez que once

¿Está usted cansado de la vida? ¿Lo agobia el ritmo de sus actividades? Si es así, quizá sea hora de que se busque un pasatiempo.

Un pasatiempo es un pasaporte para la salud; y quizá sea la pausa que lo ayude a ganar la carrera de la vida y vivir más años con mayor salud y felicidad.

Lo importante no es tanto el tema escogido como el cambio que supone en su vida. Si la filatelia mantiene a un banquero en su despacho hasta muy tarde y no lo permite relajar sus músculos tensos tras largas horas de trabajo, difícilmente será un pasatiempo saludable para él. Sin embargo, para un carpintero que se ha pasado todo el día clavando y aserrando, la filatelia puede ser una excelente diversión.

Cuando elija un pasatiempo, decídase por uno que equilibre sus hábitos de vida. Sea el que sea, debe permitirle salir del abu-

Remero° en el puerto de San Sebastián, España.   Rower

rrimiento e introducirlo en el mundo del interés y curiosidad por todo lo que lo rodea.

Muchas de las enfermedades originadas por la prisa y la preocupación podrían aliviarse e inclusive evitarse, si tuviéramos un pasatiempo. El agua, por ejemplo, tiene la facultad de relajar los nervios. Es indudable que gran parte del placer que la generalidad de la gente encuentra en la pesca procede de la observación de las tranquilas aguas.

Y no diga que no tiene tiempo. Pocos hombres en la historia han soportado mayores responsabilidades de gobierno que Winston Churchill y, sin embargo, él siempre encontraba un rato libre para dedicarse a su pasatiempo. Abrumado por la preocupación y con el ceño fruncido° después de una belicosa° sesión parla-   **ceño...** frowning / belligerent

mentaria, suavizaba° la expresión y relajaba los músculos cuando   *he would soften*
salía a pintar.

Hoy, destacadas autoridades médicas conceden valor curativo
a los pasatiempos. Algunos hospitales tienen departamentos de
terapia ocupacional donde los pacientes aprenden artes y oficios
como el repujado del cuero,° labores, pintura, ebanistería y   **repujado...** leather embossing
bordado. Estas actividades pueden hacer más que la medicina
para revitalizar y calmar los nervios.

Algunas advertencias: un pasatiempo que le quite horas de
sueño o lo canse° demasiado no es aconsejable. Tampoco uno que   *makes you tired*
sea lucrativo en exceso. Puede que sea bueno que le deje algún
beneficio económico, pero existe el peligro de que, una vez que
haga su aparición el dinero, el pasatiempo deje de constituir un
descanso y se transforme en un negocio.

El pasatiempo debe ser para la mente lo que una hamaca° es   *hammock*
para el cuerpo: un relajante.°   *relaxant*

Adaptado de *Selecciones*

Ejercicios

A. *Uso de palabras o frases claves.*

Complete las oraciones con las frases o palabras siguientes y
haga los cambios gramaticales que sean necesarios.

relajar	**una vez que**
ebanistería	**placer**
clavar	**bordado**

1. Después de un día de mucha tensión en su trabajo, el jefe
   _____ sus nervios con un pasatiempo.
2. Para _____ los carpinteros usan un martillo.
3. _____ Ud. practique un pasatiempo, podrá apreciar sus
   ventajas para eliminar las tensiones.
4. _____ es un trabajo que hay que realizar con madera.
5. La camisa tenía un _____ con las iniciales de su dueño.
6. No permita nunca que su pasatiempo deje de ser un
   _____ para convertirse en un negocio.

Usando cada una de las palabras o frases siguientes, escriba una
oración completa en español y haga todos los cambios gramaticales que sean necesarios.

filatelia	**oficio**
abrumado	**pasatiempo**
sea el que sea	**saludable**
aburrimiento	**rodear**

B. *Preguntas sobre la lectura.*

1. Si Ud. está cansado de la vida, ¿qué debe hacer?
2. ¿A qué lo ayudan los pasatiempos?
3. ¿Para quién puede ser una excelente diversión la filatelia?
4. ¿Qué debe permitirle un pasatiempo?
5. ¿Qué facultad tiene el agua?
6. ¿Qué hacía Winston Churchill después de una belicosa sesión parlamentaria?
7. ¿Cuáles son algunos tipos de terapia ocupacional?
8. ¿Cuál es el peligro cuando en el pasatiempo hace su aparición el dinero?

C. *Discusión sobre la lectura.*

1. ¿Cree Ud. que un pasatiempo es en realidad un pasaporte para la salud? ¿Por qué?
2. ¿Está Ud. de acuerdo en que la filatelia no es un pasatiempo recomendable para un banquero y sí lo es para un carpintero? ¿Por qué?
3. ¿Cuál es el tipo de pasatiempo que Ud. considera más relajante? Explique.
4. En su opinión, ¿qué es más relajante, nadar en una piscina o escuchar música al lado de la chimenea? ¿Por qué?
5. ¿Tiene Ud. algún pasatiempo? Descríbalo.

Noble campaña

— SELECCIÓN LITERARIA —

VOCABULARIO PRÁCTICO

SUSTANTIVOS

el abono   fertilizer
el abrazo   embrace; hug
el borracho   drunkard
el brindis   toast
el (la) cuentista   short-story writer;
   story-teller
la hilera   row; line
el olor   smell
la orilla   river bank
la patria   fatherland, nation
el sitio   place
la tribuna   platform

ADJETIVOS

moreno   dark
propicio   favorable
repartido   distributed
sospechado   noticed; suspected
vacío   empty
vicioso   addict

VERBOS

acercarse   to approach; to come near
agregar   to add
oler   to smell
repartir   to distribute
sobresalir   to excel; to stand out
vestirse   to get dressed

EXPRESIONES

a lo mejor   perhaps, maybe
a pesar de   in spite of
acabar con   to finish with
canción de moda   hit song
ganar un sitio   to get a place
hacer notar   to make a point
iba y venía   (he / she) would come
   and go

Gregorio López Fuentes

Gregorio López Fuentes (1895–1966) nació en la ranchería° de El Mamey,   hamlet
en el estado de Veracruz, México. Sobresalió en las letras mexicanas como
cuentista y novelista, cuyas narraciones están marcadas por un ambiente
rural. Se inició en la vida literaria cultivando la poesía modernista, pero
luego derivó hacia su verdadera vocación, la prosa narrativa. Escribió
novelas cuya temática gira alrededor de la Revolución Mexicana, entre las
que sobresalen Tierra *(1932) y* ¡Mi general! *(1934).* El indio *(1935),*
considerada su mejor novela y ganadora del Premio Nacional de Literatura
de ese año, ha sido traducida a varios idiomas. También se destacó como
cuentista, cuya colección Cuentos campesinos de México *(1940) es*
muy conocida.

   El cuento que se ofrece a continuación está tomado de la colección El
cuento veracruzano *y refleja la preocupación del autor por el tema del*
campesino y la gente humilde de México.

El pueblo se vistió de domingo° en honor de la comisión venida de la capital de la República: manta morena,° banderas, flores, música. De haberse podido,° hasta se hubiera purificado el aire, pero eso no estaba en las manos del Presidente Municipal.° El aire olía así porque a los ojos de° la población pasa el río, un poco clarificado ya: es el caudal° que sale de la ciudad, los detritus° de la urbe,° las llamadas aguas negras...°

Desde que llegó la comisión, más aun, desde que se anunció su visita, se supo del noble objeto de ella: combatir el alcoholismo, el vino que, según los impresos° repartidos profusamente° entonces, constituye la ruina del individuo, la miseria de la familia y el atraso° de la patria.

Otros muchos lugares habían sido visitados ya por la misma comisión y en todos ellos se había hecho un completo convencimiento.° Pero en aquel pueblo el cometido° resultaba mucho más urgente, pues la región, gran productora de pulque,° arrojaba,° según decían los oradores,° un mayor coeficiente de viciosos.

Dos bandas de música de viento° recorrieron las calles, convocando a un festival en la plaza. El alcalde° iba y venía dando órdenes. Un regidor° lanzaba cohetes° a la altura,° para que se enteraran del llamado° hasta en los ranchos distantes. Los vecinos acudían° en gran número y de prisa, para ganar° un sitio cerca de la plataforma destinada a las visitas y a las autoridades.

El programa abrió con una canción de moda. Siguió el discurso° del jefe de la comisión antialcohólica, quien, conceptuosamente, dijo de los propósitos del Gobierno: acabar con el alcoholismo. Agregó que el progreso es posible únicamente entre los pueblos amigos del agua,° y expuso el plan de estudio, plan basado naturalmente en la economía, que es el pedestal de todos los problemas sociales: industrializar el maguey[1] para dar distinto uso a las extensas tierras destinadas° al pulque.

Fue muy aplaudido.° En todas las caras se leía el convencimiento.

Después fue a la tribuna una señorita declamadora,° quien recitó un bellísimo poema, cantando la virtud del agua en sus diversos estados físicos...

¡Oh, el hogar° donde no se conoce el vino! ¡Si hay que embriagarse,° pues a embriagarse, pero con ideales!

Los aplausos se prolongaron por varios minutos. El Presidente Municipal —broche de oro[2]— agradeció a los comisionados° su

se...	wore its Sunday clothes
manta...	dark drapery
De...	If it could have been done
Presidente...	President of the Municipal Council
a...	close to
	river flow / waste
	city / sewer waters
	pamphlets / abundantly
	backwardness
	persuasion / goal
	liquor made from the agave plant
	produced / speakers
bandas...	wind-instrument bands
	mayor
	alderman / rockets, fire-crackers / **a...** towards the sky
se...	they knew the call were coming / to get
	speech
pueblos...	people that love water
	used for
Fue...	He was applauded loudly
	orator (*i.e.,* one who recites poetry dramatically)
	home
	to get drunk
	commissioners

---

[1] **maguey**   Century plant (agave), from which **pulque** is made.

[2] **El... oro**   The President of the Municipal Council concluded the ceremony with an eloquent speech

visita y, como prueba de adhesión a la campaña antialcohólica —dijo enfáticamente— no había ni un solo borracho,° ni una pulquería° abierta, en todo el pueblo.

drunkard

tavern

A la hora de los abrazos,° con motivo de tan palpable resultado, el funcionario dijo a los ilustres visitantes que les tenía preparado un humilde ágape.° Fue el mismo Presidente Municipal quien guió a la comitiva° hacia el sitio del banquete, una huerta,° de su propiedad situada a la orilla del río. A tiempo que llegaban, él daba la explicación de la fertilidad de sus campos: el paso de las aguas tan ricas en limo,° en abono° maravilloso y propicio a la verdura.

A... When the time came for congratulatory embraces

banquet

group / orchard

slime; mud / fertilizer

No pocos de los visitantes, en cuanto se acercaban al sitio del banquete, hacían notar que el mal olor sospechado desde antes en todo el pueblo, iba acentuándose° en forma casi insoportable°...

it was intensifying / intolerable

—Es el río —explicaban algunos vecinos—. Son las mismas aguas que vienen desde la ciudad, son las aguas negras, sólo que por aquí ya van un poco clarificadas.

—¿Y qué agua toman aquí?

—Pues, quien la toma,° la toma del río, señor... No hay otra. Un gesto de asco° se ahondó° en las caras de los invitados.

quien... the one who drinks it

disgust / it settled

—¿No se muere la gente a causa de alguna infección?

—Algunos... Algunos...

—¿Habrá aquí mucha tifoidea?°

typhoid fever

—A lo mejor:° sólo que tal vez la conocen con otro nombre, señor...

A... Perhaps

Las mesas, en hilera,° estaban instaladas sobre el pasto,° bajo los árboles, cerca del río.

aligned by rows / pasture; grass

—¿Y esa agua de los botellones° puestos en el centro de las mesas, es del río?

big jars

—No hay otra, señor... Como ustedes, los de la campaña antialcohólica, sólo toman agua... Pero también hemos traído pulque... Perdón, y no lo tomen como una ofensa, después de cuanto° hemos dicho contra la bebida... Aquí no hay otra cosa...

everything

A pesar de todo, se comió con mucho apetito. A la hora de los brindis, el jefe de la comisión expresó su valioso hallazgo:°

discovery

—¡Nuestra campaña antialcohólica necesita algo más efectivo que las manifestaciones° y que los discursos: necesitamos introducir el agua potable° a todos los pueblos que no la tienen...!

demonstrations

drinkable

Todos felicitaron al autor de tan brillante idea, y al terminar la comida, los botellones del agua permanecían intactos, y vacíos los de pulque...

Ejercicios

A. *Uso de palabras o frases claves.*

Complete las oraciones con las palabras y frases siguientes y haga los cambios gramaticales que sean necesarios.

abrazo	**destacarse**
vacío	**moreno**
vicioso	**hilera**
borracho	**vestirse**
olor	**brindis**

1. Para asistir a un baile, las muchachas _____ elegantemente.
2. Los _____ a veces sufren de alcoholismo.
3. En el aula hay cuatro _____ de sillas para los estudiantes.
4. En el banquete el presidente hizo un _____ para celebrar la victoria.
5. Muchos escritores _____ escribiendo cuentos.
6. Las personas que toman bebidas alcohólicas todos los días se vuelven _____.
7. La chica que estaba en el banquete tenía el pelo _____.
8. Las botellas de pulque estaban _____ al terminar el banquete.
9. Los amigos se saludaron con un _____.
10. El _____ de las aguas negras se notaba desde lejos.

Usando cada una de las palabras o frases siguientes, escriba una oración completa en español y haga los cambios gramaticales que sean necesarios.

orilla	**repartido**
patria	**ganar un sitio**
cuentista	**sobresalir**
oler	

B. *Preguntas sobre la lectura.*

1. ¿Cómo se vistió de domingo el pueblo?
2. ¿Por qué olía así el aire?
3. ¿Cuál era el noble objeto de la comisión?
4. ¿Por qué resultaba en aquel pueblo el cometido mucho más urgente?
5. ¿A qué convocaban las bandas de música de viento?
6. ¿Para qué lanzaba el regidor cohetes?
7. ¿Por qué acudían los vecinos en gran número y de prisa?
8. ¿En qué se basaba el plan de estudio del jefe de la comisión?
9. ¿Qué hizo la señorita declamadora?

10. ¿Cuál es la prueba de adhesión a la campaña antialcohólica?
11. ¿Dónde tuvo lugar el ágape?
12. ¿Qué notaron los visitantes al acercarse al sitio del banquete?
13. ¿De dónde toman el agua los habitantes del pueblo?
14. ¿Cómo y dónde estaban instaladas las mesas del banquete?
15. ¿Qué dijo el jefe de la comisión a la hora de brindar?

C. *Discusión sobre la lectura.*

1. ¿Por qué cree Ud. que no estaba en las manos del Presidente Municipal purificar las aguas?
2. En su opinión, ¿qué es más peligroso, el alcoholismo que la comisión intenta combatir o las aguas negras del río?
3. ¿Cree Ud. que existe alguna relación entre el problema de las aguas y la producción de pulque? Explique.
4. ¿Cuál es, en su opinión, la razón por la cual la gente del pueblo no se muere de infección de las aguas?
5. ¿Por qué cree Ud. que al final del cuento los botellones de agua estaban intactos?

D. *Composición.*

Escriba una breve composición indicando las actividades y los hábitos que Ud. sigue para mantenerse en forma y para relajarse. Explique por qué prefiere estas actividades a las otras. Indique con qué frecuencia las hace y qué lo / la llevó a practicarlas por primera vez.

E. *Actividad comunicativa.*

Con un(a) compañero(a) de clase discutan el tipo de actividad física que ambos siguen para mantener sus cuerpos y su salud en buenas condiciones.

CAPÍTULO 9

El buen comer

De los grandes placeres que Dios les ha dado a los humanos, no hay duda que la comida es uno de los más importantes.

Pocas culturas aprecian más el buen comer que la hispana. Cualquier viajero[1] por España o Hispanoamérica podrá disfrutar de la deliciosa variedad de platos que ofrecen sus distintas regiones.

Sin embargo, si comemos demasiado, engordaremos,[2] y ya se sabe[3] que hoy día todo el mundo quiere estar en la línea.[4] La primera lectura nos explica cómo comer para no ganar peso.[5]

[1]**viajero** traveller [2]**en gordaremos** we will get fat [3]**ya** everybody already knows [4]**estar...** to be thin [5]weight

Las preguntas más comunes sobre la dieta

VOCABULARIO PRÁCTICO

SUSTANTIVOS

el alimento   food
el azúcar   sugar
el familiar   relative
la gordura   fatness
la grasa   fat
el peso   weight
la piel   skin
la sangre   blood
el sobrepeso   overweight

ADJETIVOS

aconsejable   advisable
dañino   harmful
delgado   thin

demasiado   too much, excessive
saludable   healthy

VERBOS

fumar   to smoke
lucir   to look
padecer   to suffer

EXPRESIONES

estar en la línea   to be thin
goma de mascar   chewing gum
fuerza de voluntad   will power
hacer dieta   to go on a diet
por su cuenta   on your own
todo lo contrario   on the contrary

Es raro encontrar a una persona que no se encuentre preocupada por problemas de exceso de peso. La razón es que a todos nos gusta lucir delgados y saludables. Entonces, ¿por qué es tan difícil mantenernos en la línea?

Hay varias causas por las que engordamos casi sin darnos cuenta. Una dieta con muchos carbohidratos y grasas nos dará más colorías de las que necesitamos. El comer entre comidas nos llevará a ingerir° más alimentos de lo normal. Además, la edad que Ud. tenga y los factores hereditarios podrán determinar cuál es su propensión a la gordura.

°to ingest

A continuación encontrará las preguntas más comunes que se hacen las personas preocupadas por su peso, con las respuestas dadas por los expertos.

P.   ¿Es la gordura hereditaria?
R.   No necesariamente. Ud. podrá tener una disposición genética

Una familia comiendo en Madrid.

a la gordura, pero de Ud. depende si sufre de sobrepeso como algunos de sus familiares.

P.   ¿Puede cualquier persona hacer una dieta?

R.   Sí, pero siempre bajo supervisión médica. Hay dietas que son perjudiciales° para ciertas personas.   harmful°

P.   ¿Por qué se prohibe tomar ciertas bebidas alcohólicas dulces durante la dieta?

R.   Por dos razones. La primera, porque las bebidas dulces tienen un alto contenido calórico. La segunda, porque las bebidas alcohólicas pueden afectar el sistema nervioso central e intoxicar la sangre.

P.   ¿Es peligroso tomar mucha agua durante el día?

R.   Todo lo contario. Tomar de seis a ocho vasos° de agua al día   glasses°
ayuda a eliminar las toxinas del organismo.

P.   ¿Es aconsejable desayunarse con dos huevos todos los días?

R.   No. Las yemas° de los huevos contienen un alto nivel de   egg yokes°
colesterol, mientras que las claras° son más ricas en sodio. Ud.   egg whites°
no debe comer más de cuatro huevos a la semana.

P.   ¿Es la goma de mascar una buena forma de distraer la atención de la comida?

R.   No. La goma de mascar contiene azúcar que engorda o endulzadores° artificiales que pueden ser dañinos° a la salud.   sweeteners° / harmful°

P.   ¿Es recomendable tomar agua durante las comidas?

R.   Sólo un vaso de agua. Demasiada° agua con las comidas   Too much
       embota° el gusto° y disuelve los jugos gástricos.   it dulls / taste
P.   ¿Es verdad que engordamos tan pronto dejamos de fumar?
R.   No. Solamente engordaremos si para sustituir el cigarrillo
       comemos más.
P.   ¿Debemos comer siempre a las mismas horas?
R.   No necesariamente. Puede haber flexibilidad en las horas de
       comer.
P.   ¿Es verdad que el ejercicio estimula el apetito?
R.   No. Todo lo contrario. El ejercicio disminuye el apetito porque
       la sangre abandona el área del estómago y se dirige a los
       músculos que Ud. está ejercitando.
P.   ¿Cuál es el ejercicio más seguro?
R.   El caminar.
P.   ¿Por qué razón se debe evitar comer la piel° del pollo?   skin
R.   La piel del pollo tiene un alto contenido de grasa y de sal.
P.   ¿Es cierto que el colesterol es perjudicial para la salud?
R.   Sí. Un nivel muy alto de colesterol en la sangre es perjudicial
       para la salud, especialmente en personas que padecen° de   they suffer
       tensión alta.
P.   ¿Queman los hombres más calorías que las mujeres?
R.   Efectivamente.° Los hombres tienen más estructura muscular   True
       y por eso consumen dos veces más calorías que las mujeres,
       cuyos cuerpos tienen mayor cantidad de tejido adiposo.°   **tejido**... fatty tissue
P.   ¿Es posible cambiar el metabolismo del cuerpo?
R.   La mayoría de las personas que sufren de exceso de peso
       tienen un metabolismo normal que se ha alterado por los
       excesos en el comer. Aunque es difícil, el metabolismo sí
       puede ser cambiado.
P.   ¿Es la obesidad causada por problemas hormonales?
R.   No. Los problemas hormonales son sólo responsables de un
       cinco por ciento de los casos de obesidad.

Adaptado de *Buenhogar*

Ejercicios

A. *Uso de palabras o frases claves.*

Escoja la palabra o frase apropiada para completar la oración y
haga todos los cambios gramaticales que sean necesarios.

dañino	**hacer dieta**
delgado	**sangre**
goma de mascar	**fumar**
alimento	**fuerza de voluntad**

1. El pollo sin piel es un buen _____.
2. Mucho colesterol en la _____ es malo para la salud.
3. Es _____ comer huevos todos los días.
4. Las personas que no pueden seguir una dieta, no tienen _____.
5. Si deseas ponerte _____ tienes que comer menos.
6. No engordaremos necesariamente si dejamos de _____.
7. La _____ contiene azúcar o endulzadores.
8. Mi papá está muy gordo, tiene que _____.

Escriba una oración completa en español usando cada una de las palabras o frases siguientes y haga todos los cambios gramaticales que sean necesarios.

todo lo contario	**familiar**
padecer	**peso**
estar en la línea	**demasiado**
azúcar	**lucir**

B. *Preguntas sobre la lectura.*

1. ¿Cuál es una de las preocupaciones más frecuentes de la personas?
2. ¿Qué factores influyen en la gordura de una persona?
3. ¿Qué nos dará más calorías de las que necesitamos?
4. ¿Qué nos hará ingerir más alimentos de lo normal?
5. ¿Qué dos cosas determinan su propensión a la gordura?
6. ¿Por qué hay dietas que no son buenas?
7. ¿Por qué razones se prohibe tomar bebidas alcohólicas cuando hacemos dieta?
8. Cuando hacemos dieta, ¿cuántos vasos de agua debemos tomar al día?
9. ¿Cuántos huevos debemos comer a la semana?
10. ¿Por qué engordan las personas que dejan de fumar?
11. Las personas que sufren de tensión alta, ¿qué deben evitar?
12. ¿Quiénes queman más calorías, los hombres o las mujeres? ¿Por qué?
13. ¿Qué causa el 95 por ciento de los casos de obesidad?

C. *Discusión sobre la lectura.*

1. ¿Ha hecho Ud. dieta alguna vez? Explique.
2. ¿Cree Ud. que la gordura es hereditaria? ¿Por qué?
3. Si Ud. decide hacer dieta, ¿iría a un médico primero? ¿Por qué?
4. ¿Cuánto líquido toma Vd. en un día típico?

5. ¿Cuántas veces a la semana come Ud. huevos? ¿Por qué?
6. ¿Qué líquido prefiere Ud. tomar cuando come?
7. ¿Cuándo tiene Ud. más hambre, por la mañana, a la hora del almuerzo o por la noche? ¿Por qué?
8. ¿Está Ud. de acuerdo con la lectura en que el ejercicio más seguro es el caminar? Si no, ¿qué otro ejercicio prefiere?

Arroz con pollo

VOCABULARIO PRÁCTICO

SUSTANTIVOS

el aceite oil
el ají pepper
el ajo garlic
el azafrán saffron
el caldo broth
la cazuela saucepan
la cebolla onion
el fuego heat; fire
la fuente platter
el grano grain
el guisante pea
la hoja leaf
la lata can
el pedazo piece
la pimienta pepper
la pizca dash; pinch (*of seasonings*)
la receta recipe
la taza cup
el limón lemon

ADJETIVOS

blando soft; tender
listo ready
mediano medium

picado minced
sabroso tasty

VERBOS

adobar to marinate
adornar to garnish
añadir to add
calentar to heat
cocinar to cook
cortar to cut
dorar to brown
hervir to boil
revolver to stir
tapar to cover

EXPRESIONES

aceite de oliva olive oil
al fuego lento at slow heat
al fuego mediano at medium heat
de vez en cuando once in a while
diente de ajo garlic clove
hoja de laurel bay leaf
salsa de tomate tomato sauce
vino blanco seco dry white wine

El plato más común en el mundo hispano es el arroz con pollo. En cualquier casa de las islas del Caribe, de Centro o Sur América, o de España, se come regularmente esta deliciosa combinación de arroz y pollo porque es simple y barata. A continuatión le ofrecemos una de las mejores recetas.

RECETA

Ingredientes

1 pollo de 3 libras	1 lata de 8 onzas de guisantes
1 cebolla mediana	1 lata de 4 onzas de pimientos
1 ají verde	$1/2$ taza de vino blanco seco
2 dientes de ajo	3 cucharadas de aceite de
2 tazas de arroz	oliva
1 lata de 6 onzas de jugo	2 cucharadas de sal
de limón	$1/8$ de cucharadita de pimienta
1 lata de 8 onzas de salsa	1 hoja de laurel
de tomate	una pizca de azafrán o bijol
2 tazas de caldo de pollo	para colorear

1. Corte el pollo en pedazos, póngalo en un recipiente° y adóbelo   container
   con el jugo de limón y el ajo picado en pedazos muy pequeños.
2. Caliente el aceite y dore los pedazos de pollo en una cazuela.
3. Añada la cebolla y el ají verde bien picados, la mitad del jugo de limón y el ajo picado, y cocine todo unos cinco minutos a fuego mediano revolviendo de vez en cuando.
4. Añada la salsa de tomate, sal, pimienta, hoja de laurel, azafrán o bijol, el vino y el caldo de pollo. Deje que todo se cocine unos cinco minutos más.
5. Lave el arroz con agua y añádaselo a la cazuela. Cuando todo vuelva a hervir, tape la cazuela y baje el fuego a lento durante unos 25 minutos.
6. Cuando el grano de arroz esté abierto y blando, el arroz con pollo estará listo.
7. Póngalo en una fuente y adórnelo con los guisantes y los pimientos.
8. Da para cuatro o cinco personas.

Ejercicios

A. *Uso de palabras o frases claves.*

Escoja la palabra o frase apropiada para completar la oración y haga todos los cambios gramaticales que sean necesarios.

almorzar	**limón**
vino seco blanco	**receta**
revolver	**de vez en cuando**
aceite de oliva	**cortar**

1. Cuando tengo sed, me preparo un refresco con agua, azúcar y _____.
2. El _____ es saludable para cocinar.
3. Mi _____ favorita de arroz con pollo la encontré en un libro de cocina.
4. _____ deseo volver a ver a mi ex novio.
5. ¿Te gusta _____ la carne en pedazos pequeños?
6. En esta escuela los estudiantes _____ a las doce del día.
7. Cuando cocines el ajo, la cebolla y el ají, debes _____ todo a menudo.
8. A mis padres les gusta mucho tomar _____ con las comidas.

Escriba una oración completa en español con cada una de las siguientes palabras o frases y haga todos los cambios gramaticales que sean necesarios.

blando	**hoja**	**sabroso**	**caldo**
cenar	**salsa de tomate**	**pimienta**	**dorar**

B. *Preguntas sobre la lectura.*

1. ¿Por qué el arroz con pollo es el plato más común en el mundo hispánico?
2. ¿Cuáles son algunos de los ingredientes principales del arroz con pollo?
3. ¿Con qué se adoba el pollo?
4. ¿Cómo se debe picar el ajo, la cebolla y el ají verde?
5. ¿Qué tipo de aceite se usa en esta receta?
6. ¿Con qué otros líquidos se añade el vino?
7. ¿Cuándo se pone el arroz en la cazuela?
8. ¿Cuándo está listo el arroz con pollo?
9. ¿Con qué se adorna el arroz con pollo en la fuente?

C. *Discusión sobre la lectura.*

1. ¿Qué platos de comida hispana has comido y cuál te gusta más?
2. ¿Qué te gusta cocinar? ¿Por qué?
3. ¿Cuál es tu comida favorita?
4. ¿Qué desayunas usualmente?
5. ¿Qué te gusta almorzar?
6. ¿Qué cenas?

La gula

—SELECCIÓN LITERARIA—

VOCABULARIO PRÁCTICO

SUSTANTIVOS

el asado roast
la barra bar
el calamar squid
el cordero lamb
el cuidado care
el chilindrón stew
el chiste joke
la gallina hen
la gula gluttony
el marisco shellfish
la obra work
el pájaro bird
el pescado fish
el pulpo octopus
la salsa sauce
la ternera veal
la vianda food

ADJETIVOS

andaluz Andalusian, of the Spanish
  region of Andalucía
aragonés Aragonese, of the Spanish
  region of Aragón

bilbaíno person from the city of
  Bilbao, Spain
capaz capable
distinto different
frito fried
jugoso juicy
magistral superb
sencillo simple
vasco Basque, of the Spanish Basque
  region

VERBOS

constituir to constitute
cubrir to cover
encontrar to find
regatear to dicker or haggle over

EXPRESIONES

materia prima raw material
pecado capital deadly sin
ya se sabe everybody already knows

Fernando Díaz–Plaja

*Aunque Fernando Díaz–Plaja ha publicado más de 50 libros, la obra que
más fama le ha dado es* El español y los siete pecados capitales. *En ese
libro Díaz-Plaja narra magistralmente° cómo reaccionan los españoles ante
la soberbia,° la avaricia, la lujuria,° la ira,° la gula,° la envidia° y la
pereza.° La selección a continuación viene del capítulo sobre la gula y nos
describe las zonas gastronómicas de España y otros aspectos interesantes
de la comida española.*

————— ◆ —————

superbly

arrogance / lust / wrath /
  gluttony / envy / laziness

La geografía de la gula en España es tan variada como su
topografía. En términos generales, diferentes regiones tienen dis-
tintas° especialidades: la de las salsas iría desde Galicia al Pirineo
aragonés. La de los asados cubriría Castilla la Nueva, Castilla la
Vieja y León. Navarra y Aragón sería la tierra de los chilindrones;
Cataluña la de los pescados; el antiguo reino de Valencia, la de los
arroces; y la zona de los fritos° sería la de Andalucía.

different

fried fish and seafood

Los más amantes de la comida son los vascos; los menos, los
andaluces; la comida jugosa de la zona de Levante° se transforma
en los sencillos platos de Salamanca y de la región de Extremadura.

East

A la cabeza de la cocina española está la vasca. Nadie les regatea esa primacía que nace con la materia prima: carnes de tierras ricas de humedad, y el pescado —quizás el mejor del mundo— del mar Cantábrico. Los vascos elaboran su comida con mucho cuidado y cuando se sientan a la mesa lo hacen con seriedad casi religiosa. Sólo en Guipúzcoa hay 35 sociedades° gas-   clubs
tronómicas con 2.500 socios.°   members

Hay dos tipos de chistes que se dicen sobre los vascos: el primero, sobre su desconfianza;° el segundo, sobre su apetito   distrust
gigantesco. El más conocido probablemente es el del bilbaíno, al que sus amigos le presentaron una serie de posibilidades gastro-nómicas mientras le preguntaban la cantidad que sería capaz de devorar. El vasco contestó que podría comerse una ternera, un par de corderos, tres docenas de gallinas…

—¿Y pajaritos?

—¿Pajaritos? —el hombre miró alrededor con aire de
pasmo— :° ¿Pajaritos? ¡Todos!   astonishment

Los andaluces prefieren pasar horas en una barra llena de
tapas° que sentarse ante una mesa colmada° de viandas. La   hors d'oeuvres / filled
variedad de las tapas españolas es increíble. Es usual encontrar en una barra platos de calamares, de huevos, de pulpos, de sardinas,
de patatas, de carnes, de fiambres,° de mariscos, tapas que consti-   cold cuts
tuyen una comida normal en muchos países europeos y america-nos.

Ejercicios

A. *Uso de palabras o frases claves.*

Escoja la palabra o frase apropiada para completar la oración y haga todos los cambios gramaticales que sean necesarios.

gula	pecado capital
regatear	jugoso
ya se sabe	encontrar
chiste	frito
capaz	pájaro

1. Hay siete _____, y esta selección habla de uno de ellos.
2. El Sr. Aguilar dice unos _____ horribles.
3. Veo muchos _____ volando.
4. La definición de _____ es exceso de comer y beber.
5. Cuando vamos a México, no nos gusta _____ cuando vamos de compras.
6. Los pescados _____ tienen mucha grasa.
7. _____ que hay muchos restaurantes buenos en España.
8. Nos gusta la carne muy _____.

9. Ellos son _____ de cualquier cosa.
10. Anoche yo _____ a Rosa comiéndose un cordero asado en un restaurante del centro de Madrid.

Escriba una oración completa en español con cada una de las siguientes palabras o frases y haga todos los cambios gramaticales que sean necesarios.

calamar	andaluz
sencillo	gallina
salsa	obra
barra	vianda

B. *Preguntas sobre la lectura.*

1. ¿Cuántos libros ha publicado Díaz–Plaja?
2. ¿Cómo se llama el libro más famoso que ha escrito?
3. ¿Cuáles son los siete pecados capitales?
4. ¿Dónde está la región de la salsa?
5. ¿Qué parte cubre la región de los asados?
6. ¿Qué región se especializa en chilindrones?
7. ¿Cuál es la tierra de los pescados?
8. ¿Dónde se encuentra el mejor arroz?
9. ¿Por qué es famosa Andalucía?
10. ¿Quiénes aman más la comida en España?
11. ¿Por qué es famosa la cocina vasca?
12. ¿Cómo elaboran la comida los vascos?
13. ¿Cómo se sientan a la mesa los vascos?
14. ¿Qué tipos de sociedades gastronómicas hay en Guipúzcoa?
15. ¿Qué dos tipos de chistes se dicen sobre los vascos?
16. Describa en sus propias palabras° el chiste del bilbaíno.   **sus...**   your own words
17. ¿Qué prefieren hacer los andaluces en vez de sentarse a la mesa a comer?
18. ¿Qué tipos de tapas encontramos en los bares de España?

C. *Discusión sobre la lectura.*

1. ¿Qué prefiere Ud. comer: carne, pescado o marisco? Explique su respuesta.
2. ¿Ha comido Ud. cordero alguna vez? Si no, ¿le gustaría hacerlo? ¿Por qué?
3. ¿Se considera Ud. un glotón? Explique su respuesta.
4. ¿Ha probado° alguna tapa española? Si no, ¿cuál le gustaría probar?   tried

D. *Composición* **Su receta favorita.**

Escriba una breve composición en la que describe cuál es su plato favorito y explique, en forma de receta, cómo cocinarlo. Si no sabe hacerlo, puede consultar un libro de cocina y dar la versión en español para su composición.

E. *Actividad comunicativa* **Los mejores restaurantes.**

Con otro(a) compañero(a) de clase, conversen sobre algunos de los restaurantes en su comunidad y traten de llegar a un acuerdo sobre cuáles son los mejores y por qué. Al final de la conversación, uno de los estudiantes presentará sus conclusiones a la clase.

CAPÍTULO 10

Los deportes

La práctica de deportes por parte del hombre es un hecho tan antiguo[1] como su existencia. La caza,[2] por ejemplo, aparece en los testimonios milenarios de las pinturas rupestres,[3] que junto a la pesca[4] constituyen, quizás, las dos manifestaciones más primitivas del hombre, donde se mezclan la necesidad de la supervivencia[5] con el placer[6] deportivo.

A medida que[7] la civilización fue progresando, la idea de mantener la plenitud[8] de las facultades mentales a través del ejercicio físico, es decir, de los deportes, fue arraigándose[9] cada vez más. Y en el decursar[10] de los siglos, los tipos de deportes se han aumentado y también el interés por los mismos.

Hoy día los deportes tienen una triple misión: ayudan a la salud y al bienestar físico, relevando al hombre de las tensiones que la vida moderna crea; son, en muchos casos, verdaderas profesiones lucrativas; y en otros, la afición[11] que por ellos se siente es superior al reto[12] que su peligro[13] supone.

Las selecciones que siguen recogen[14] esas variantes.

[1]**antiguo** old [2]**caza** hunting [3]**pinturas...** cave paintings [4]**pesca** fishing [5]**supervivencia** survival [6]**placer** pleasure [7]**A...** As [8]**plenitud** fullness [9]**arraigándose** taking root [10]**decursar** passing [11]**afición** fondness [12]**reto** challenge [13]**peligro** danger [14]**recogen** they collect

La técnica y el éxito de trotar

VOCABULARIO PRÁCTICO

SUSTANTIVOS

el calambre cramp
el equipo equipment
la etapa stage
el hecho fact
la lesión injury; wound
la molestia discomfort
la nalga buttock
la rodilla knee
la seguridad safety
el tobillo ankle

ADJETIVOS

alterno alternate
lastimado hurt; injured
torcido twisted

VERBOS

descargar to discharge; to unload
evitar to avoid
llevar (ropa) to wear
oprimir to oppress
respirar to breathe
sudar to sweat
trotar to jog; to trot

EXPRESIONES

a diario daily
a prisa quickly; swiftly
al aire libre outdoors
de lo contrario otherwise
hacia adelante forward
tales como such as
última moda latest fashion

Trotar es una forma divertida° de mantenernos en perfectas condi-   *entertaining*
ciones físicas. Pero en ningún momento debe tomarse como un
deporte competitivo. Además, hay que seguir una serie de reglas
básicas para evitar problemas que se presentan con frecuencia,
tales como tobillos torcidos,° rodillas lastimadas,° lumbago,[1] etc.   **tobillos...** twisted ankles /
                                           rodillas... hurt knees

    Según los expertos fisioterapistas, "Lo ideal es trotar cinco
kilómetros en días alternos, pero siguiendo una técnica adecuada
porque de lo contrario, los beneficios no serán los mismos."
¿Puede cualquier persona empezar a trotar regularmente? Para

---

[1]**lumbago** Rheumatic pain in the loins and the lower back.

contestar esta pregunta, analicemos detenidamente los argumentos a favor y en contra de este nuevo deporte que cada día es más popular.

LA VENTAJA DE TROTAR

Es un hecho que las personas que padecen de deficiencia circulatoria mejoran notablemente trotando a diario, porque este ejercicio ayuda a la circulación sanguínea. Además tonifica° los   it tones
músculos y endurece los muslos, las piernas y las nalgas. Como se realiza al aire libre, se respira un aire más puro, que mejora° la   it improves
oxigenación y beneficia la piel y nos sentimos mucho más livianos°   light
físicamente, porque trotando descargamos toda la agresividad y las tensiones que a veces nos oprimen.

LA IMPORTANCIA DE PREPARAR EL CUERPO PARA TROTAR

Es esencial preparar el cuerpo° acondicionando los músculos para   body
que tengan más flexibilidad si queremos evitar lesiones al trotar. Esto puede llevarse a cabo en dos etapas:° la primera, trotando   stages
despacio o caminando a prisa por 10 o 15 minutos; la segunda, haciendo algunos ejercicios gimnásticos por cinco o seis minutos.

Tres troteadores cerca del puerto de San Sebastián, España.

TROTE CON SEGURIDAD

Un par de zapatos que se adapte a las peculiaridades de su pie y una ropa apropiada que le permita sudar eliminando las toxinas de su cuerpo, es el equipo° más importante que usted necesita para trotar. No corra con *jeans* muy ajustados° porque pueden entorpecer° la circulación sanguínea.° Para su seguridad personal, si piensa trotar de noche, lleve una cinta° en la frente°, una gorra° u otro objeto fosforescente en lugar bien visible, para evitar accidentes de tránsito.

equipment
tight
to obstruct / **circulación...**
   blood circulation
band / forehead / cap

LESIONES QUE PUEDE SUFRIR

Las más comunes que se producen cuando se trota, son las siguientes:

- Dolores° en el cuerpo durante el período de entrenamiento.
- Frecuentes calambres. Cuando esto ocurra respire profundamente y contraiga° los músculos del abdomen.
- Torcedura° de tobillos, aunque hoy no es tan común debido a zapatos mejor diseñados para trotar.
- Rodillas lastimadas.° Esto es tan frecuente que hasta se habla de una "rodilla de trotar".° El origen de esta molestia° es que en muchas ocasiones la rodilla gira° en una posición inadecuada.

Pains

contract

Twisting

injured
rodilla...   jogging knee
   discomfort
rotates

TROTE DE MANERA ADECUADA PARA SENTIRSE BIEN

No hay ninguna forma de trotar que pueda definirse como la correcta. Los puntos de gravedad y la condición de los músculos varían de persona a persona. Pero existen ciertas reglas generales que conviene que usted esté enterado° de ellas.

aware

- Mantenga el cuerpo erguido°, ligeramente inclinado hacia delante y la cabeza en alto.°
- Los brazos deben seguir la tendencia normal del movimiento, con los codos° doblados° y las manos cerradas.
- Compruebe que las caderas,° rodillas y pies no estén en posición forzada.
- La velocidad nunca debe ser exagerada.

erect
en...   upright

elbows / bent

hips

Se habla de una "velocidad de conversación" como la ideal. Es decir, una velocidad que le permitiría conversar con otra persona que también se encontrará° trotando junto a usted.

Un último consejo° si usted es mujer. No abandone su apariencia personal mientras trote. Póngase lápiz labial° para que los labios no se agrieten. Y recójase° el pelo. De lo contrario, se le

se...   would find
   himself/herself
advice
lápiz...   lipstick
tie back

enredará° mucho con el aire y al peinarlo° sufrirá las con-   se... it will become tangled /
secuencias.   al... on combing it

Adaptado de *Vanidades*

Ejercicios

A. *Uso de palabras o frases claves.*

Complete las oraciones con las palabras o frases siguientes y haga todos los cambios gramaticales que sean necesarios.

lápiz labial	**seguridad**
lastimado	**al aire libre**
descargar	**rodilla**
sudar	**a prisa**
etapa	**torcido**

1. Él hoy no puede trotar. Tiene las rodillas _____.
2. Si usted quiere evitar los tobillos _____ cuando empiece a trotar, siga las reglas básicas.
3. Entre los que trotan se habla con frecuencia de una _____ de trotar.
4. Caminando _____ ayuda a preparar el cuerpo para trotar.
5. Cuando tengo muchas tensiones las _____ haciendo ejercicios físicos.
6. Respiramos mejor si hacemos los ejercicios _____.
7. Cuando una persona _____ elimina las toxinas del cuerpo.
8. Las muchachas que trotan deben ponerse _____.
9. Para acondicionar su cuerpo para cualquier ejercicio, debe usted hacerlo por _____.
10. Si usted trota de noche, lleve cintas fosforescentes en la frente para su _____ personal.

Usando cada una de las palabras o frases siguientes, escriba una oración completa en español y haga todos los cambios gramaticales que sean necesarios.

circulación sanguínea	**llevar a cabo**
de lo contrario	**tobillo**
alterno	**trotar**
equipo	**a diario**

B. *Preguntas sobre la lectura.*

1. ¿Por qué hay que seguir reglas básicas al trotar?
2. ¿Cuál es la distancia ideal para trotar en un día?
3. ¿A qué ayuda el ejercicio de trotar?

4. ¿Qué efectos produce el trotar en los músculos?
5. ¿Qué descargamos cuando trotamos?
6. ¿Por qué se debe preparar el cuerpo antes de comenzar a trotar?
7. ¿Cuál es el equipo más importante que uno necesita para trotar?
8. Si Ud. piensa trotar de noche, ¿qué debe llevar para su seguridad personal?
9. ¿Qué debemos hacer cuando se producen calambres?
10. ¿Cuáles son algunas de las lesiones que se producen más comúnmente cuando se trota?

El béisbol: Pasión dominicana

VOCABULARIO PRÁCTICO

SUSTANTIVOS

la costa coast, shore line
el guante baseball glove
el juego (de pelota) baseball
el lanzador pitcher
la locura frenzy, madness
el muro fence, wall
la novena baseball team
el pedazo piece
la seña sign

VERBOS

arrojar to throw
batear to bat; to hit
calentar to warm up
cargar to load
entrenarse to train
lanzar to throw, to pitch
partir to break
subir to climb, to get in
tirarse de to jump off

trepar to climb

ADJETIVOS

antillano West Indian (*native to the Antilles*)
cargado loaded
dominicano Dominican (*from the Dominican Republic*)
estadounidense American (*from the United States*)

EXPRESIONES

al compás de to the rhythm of
las ligas mayores baseball major leagues
las ligas menores baseball minor leagues
ponerse a la par de to catch up with someone
saltar por encima to jump over

En Punta Garza, con el agua por los tobillos,[1] Cruzibal batea pedruscos coralinos° hacia el mar. El bate, madero arrojado a la costa por las olas,[2] se le parte,° y el joven lanza el pedazo que le queda hacia el sol poniente° y se vuelve sonriendo hacia San Pedro de Macorís. Recoge el guante que ha dejado en la playa y se dirige a la ciudad. Al igual que° otros muchachos de los Estados Unidos

pedruscos... rough pieces of coral stones
se... gets broken
sol... setting sun

Al... Just as

---

[1]**con... tobillos** at ankle deep water

[2]**madero... olas** a piece of timber which has been thrown on the shore by the waves

Juego de béisbol durante la Serie Mundial del Caribe° en Matzalán, México.   Caribbean

y de la cuenca del Caribe,° Cruzibal juega al béisbol. En su caso,   **cuenca...** Caribbean basin
sin embargo, este deporte no es sólo un pasatiempo de verano,
porque cuando la Serie Mundial cierra la temporada° de béisbol en   season
los Estados Unidos, ésta comienza en las naciones del Caribe. En
el invierno, bajo el cielo° tropical y al compás de la salsa y el   sky
merengue, allí se juegan algunos de los mejores juegos de pelota°   **juegos...** baseball games
del mundo.

     Es posible que los infantes de marina° estadounidenses   **infantes...** marine recruits
introdujeran el gusto por el béisbol durante la ocupación a
principios° de este siglo,° pero la gente de la región lo adoptó   **a...** at the beginning / century
como deporte nacional y lo juega con un apasionamiento° casi de   passion
locura, desde la región de Barquisimeto en Venezuela, hasta
Cuba, Puerto Rico, la República Dominicana, y partes de México y
la América Central.

     En los últimos 25 años la República Dominicana ha dado más
jugadores a las ligas mayores de los Estados Unidos que ningún
otro país latinoamericano. Si la República Dominicana es el epicen-
tro del béisbol en el Caribe, San Pedro de Macorís es la Meca.° En   the center *(fig.)*
proporción a su población, esta ciudad de unos 100.000 habi-
tantes, ha dado más jugadores a las grandes ligas que ninguna
otra ciudad del mundo. En este momento hay casi 20 jugadores de
allí en las ligas mayores y más de 100 en las menores.°   minor leagues

Cruzibal hace señas a un camión cargado de caña de azúcar[3] que viene con un grupo de jóvenes que se dirigen al estadio Tetelo Vargas. Sube al camión y saluda a sus amigos. Al pasar por el campo de pelota público, los muchachos se tiran del camión. Por los alrededores hay grupos de jóvenes y niños que juegan alguna variedad de este deporte. Cruzibal se une a los que juegan cerca de un campo de fútbol. Después de batear, trepa por una palma y se encarama° en el muro que da° al jardín central.

se... he climbs upon / faces

No está solo. Otros 50 jóvenes sentados en el muro vitorean° a los jugadores de las Estrellas de San Pedro o de las Águilas de Santiago que están calentando° el brazo para el juego de esa noche. En el jardín derecho,° Juan Jiménez entrena a los lanzadores. Pedro González, que jugó en un tiempo con los Yanquis° de Nueva York y con los Indios de Cleveland, y ha dirigido las novenas San Pedro y los Bravos de Atlanta, dice a uno de los fanáticos:° "¿Ve usted a estos muchachos? Tal vez alguno llegue a las grandes ligas. Tony Fernández, el extraordinario jugador del Toronto, vive del otro lado de ese muro y se subía en él todas la noches. Todavía salta por encima del muro cuando viene a jugar. Cuando los muchachos lo ven, saben que ellos también podrán tener éxito."

they cheer

warming up

jardin... right field

Yankees

fans, enthusiasts

González fue uno de los dominicanos que entró en las grandes ligas en la década de 1960, después que Cuba dejó de participar en el béisbol profesional estadounidense al triunfar la revolución de 1959. Antes de eso, la mayoría de los latinoamericanos que jugaban en las grandes ligas eran de Cuba, que fue donde se organizaron las primeras y mejores ligas antillanas. El resto de la región se puso a la par de la isla en las décadas de 1930 y 1940.

Aunque en la primera mitad del siglo XX en las grandes ligas jugaban cubanos blancos, en ellas se impedía° la participación de jugadores negros y mulatos. En 1947 la integración racial llegó a las ligas y permitió la entrada de peloteros hispanos de todas las razas. Primero llegaron los cubanos, y después ingresaron en ellas peloteros dominicanos, puertorriqueños, mexicanos, venezolanos y hasta algunos nicaragüenses, panameños y colombianos. Hoy día, el 10% de los jugadores de las grandes ligas son latinoamericanos.

se... prevented

Adaptado de *Américas*

---

[3]**hace... azúcar**   signals a truck loaded with sugar cane

Ejercicios

A. *Uso de palabras o frases claves.*

Complete las oraciones con las siguientes palabras o frases y haga todos los cambios gramaticales que sean necesarios.

costa	entrenarse
antillano	al compás de
muro	trepar
la novena	tirarse de

1. El madero fue llevado a la _____ por las olas.
2. El jugador del Toronto se subía todos los días al _____.
3. Pedro González ha dirigido varias _____ de béisbol.
4. Al pasar por el estadio los muchachos _____ el camión.
5. Los lanzadores _____ bajo la supervisión de Juan Jiménez.
6. Hay muchos jugadores de las islas _____ en las grandes ligas de béisbol.
7. En la cuenca del Caribe se juega béisbol _____ la salsa.
8. Cuando terminó de batear, Cruzibal _____ por una palma.

Usando cada una de las palabras o frases siguientes, escriba una oración completa en español y haga todos los cambios gramaticales que sean necesarios.

alrededor	encaramarse	guante	locura
cuenca	entrenar	lanzar	pedazo

B. *Preguntas sobre la lectura.*

1. ¿Qué hace Cruzibal al comienzo de la lectura?
2. ¿Cómo es el bate de Cruzibal?
3. ¿Qué deporte juega Cruzibal?
4. ¿Cuándo comienza la temporada de béisbol en la cuenca del Caribe?
5. ¿Quiénes introdujeron el gusto por el béisbol en la República Dominicana?
6. ¿Qué ciudad portuaria ha dado más jugadores a las grandes ligas?
7. ¿Adónde se dirige el camión cargado de caña al que sube Cruzibal?
8. ¿Qué hacen los muchachos al pasar por el campo de pelota público?

9. ¿Antes de 1959, de qué nacionalidad era la mayoría de los jugadores latinoamericanos que jugaban en las grandes ligas?

10. ¿Qué cambio hubo en las grandes ligas en 1947?

C. *Discusión sobre la lectura.*

1. ¿Por qué piensa Ud. que es tan popular el béisbol en Hispanoamérica?

2. En su opinión, ¿por qué es importante para los jóvenes dominicanos el ejemplo del pelotero Tony Fernández?

3. ¿Por qué cree Ud. que Cuba dejó de participar en el béisbol profesional estadounidense al triunfar la revolución de 1959?

4. ¿Cómo influyó la discriminación racial en el béisbol?

5. ¿Qué posición le gusta jugar cuando juega béisbol?

6. ¿Cuál es su equipo favorito de béisbol? ¿Por qué?

El Gallego y su cuadrilla

—SELECCIÓN LITERARIA—

VOCABULARIO PRÁCTICO

SUSTANTIVOS

el alcalde mayor
el ayuntamiento city council
la camiseta undershirt
la capa cape
la chuleta chop, cutlet
la corrida bullfight
la franja stripe
el gallego Galician, person from
Galicia

asomarse to stick one's head out
clavar to stab; to nail
desdoblar to unfold

ADJETIVOS

afortunado lucky
duro hard
encerrado locked up

EXPRESIONES

andar juntos to be together
andarse con más ojo to be more
careful
cara de pocos amigos a sullen look
dar muerte to kill
ser natural de to be a native of
torear de luces to wear a bullfighter's
costume

...quined

...Cela

...provincia de La Coruña, en la
...vive en Palma de Mallorca.[1]
...6–1939), alcanzó fama° como   **alcanzó...** he became famous
...familia de Pascual Duarte.
...velas, entre las que se destacan
...Camilo, 1936. En 1989, Cela

...raciones cortas y cuentos. El
...ado de la colección ''Fauna
...del autor por captar, a través
...onajes, la esencia misma del
...za de la región en que vive.

...ands, a group of three islands
...coast of Spain. They include,
...era.

...the Iberian Peninsula which
...rancia and the Gata ranges in
Fauna carpetovetónica in this

En la provincia de Toledo, en el mes de agosto, se pueden asar las chuletas sobre las piedras del campo o sobre las losas° del empedrado,° en los pueblos.

La plaza está en cuesta° y en el medio tiene un árbol y un pilón.° Por un lado está cerrada con carros, y por el otro con talanqueras.° Hace calor y la gente se agolpa° donde puede; los guardias tienen que andar bajando° mozos° del árbol y del pilón. Son las cinco y media de la tarde y la corrida va a empezar. El Gallego dará muerte a estoque° a un hermoso novillo–toro° de don Luis González, de Ciudad Real.

El Gallego, que saldrá° de un momento a otro por una puertecilla que hay al lado de los chiqueros,° está blanco como la cal.° Sus tres peones° miran para el suelo, en silencio. Llega el alcalde al balcón del ayuntamiento, y el alguacil°, al verle, se acerca a los toreros. —Que salgáis.°

En la plaza no hay música; los toreros, que no torean de luces, se estiran° la chaquetilla° y salen. Delante van tres: el Gallego, el Chicha y Cascorro. Detrás va Jesús Martín, de Segovia.

Después del paseíllo,° el Gallego pide permiso y se queda en camiseta. En camiseta torea mejor, aunque la camiseta sea a franjas azules y blancas, de marinero.°

El Chicha se llama Adolfo Dios; también le llaman Adolfito. Representa tener unos cuarenta años y es algo bizco,° grasiento° y no muy largo.° Lleva ya muchos años rodando por las plazuelas° de los pueblos, y una vez, antes de la guerra, un toro le pegó semejante cornada,[3] en Collado Mediano, que no le destripó de milagro.[4] Desde entonces, el Chicha se anduvo siempre con más ojo.

Cascorro es natural de Chapinería, en la provincia de Madrid, y se llama Valentín Cebollada. Estuvo una temporada, por esas cosas que pasan, encerrado en Ceuta, y de allí volvió con un tatuaje° que le ocupa todo el pecho° y que representa una señorita peinándose su larga cabellera y debajo un letrero que dice: "Lolita García, la mujer más hermosa de Marruecos. ¡Viva España!" Cascorro es pequeño y duro° y muy sabio° en el oficio.° Cuando el marrajo° de turno se pone a molestar y a empujar más de lo debido, Cascorro lo encela° cambiándole los terrenos,° y al final siempre se las arregla° para que el toro acabe pegándose° contra la pared o contra el pilón o contra algo.

—Así se ablanda,° dice.

Glossary (right margin):

stone slabs
cobblestone streets
en... slope
drinking fountain for cattle
parapets / **se...** crowds together
bringing down / young men

bullfighter's sword / young bull

he will come out
bull pen
blanco... pale as limestone / bullfighter's assistants
mounted officer
Que... Come out.

stretch / small jacket

procession that signals the opening of a bullfight

de... like a sailor's

algo... somewhat cross-eyed / greasy
tall / small bullfight rings

tattoo / chest

tough / wise / trade
cunning bull
lo... entices him (*the bull*) / **cambiándole...** changing positions in the field
se... he manages / **el toro...** the bull ends up hitting himself
se... [the bull] quiets down

---

[3]**le... cornada** gave him such a goring
[4]**no... milagro** it was a miracle that the bull did not disembowel him

Jesús Martín, de Segovia, es puntillero.[5] Es largo y flaco y con cara de pocos amigos. Tiene una cicatriz° que le cruza° la cara de lado a lado, y al hablar se ve que es algo tartamudo.°

El Chicha, Cascorro y Jesús Martín andan siempre juntos, y cuando se enteraron de que al Gallego le había salido° una corrida, se le fueron a ofrecer.° El Gallego se llama Camilo, que es un nombre que abunda algo en su país. Los de la cuadrilla, cuando le fueron a ver, le decían: —Usted no se preocupe, don Camilo; nosotros estaremos siempre a lo que usted mande.[6]

El Chicha, Cascorro y Jesús Martín trataban de usted al matador° y no le apeaban° el tratamiento: el Gallego andaba siempre de corbata° y, de mozo, estuvo varios años estudiando farmacia.

Cuando los toreros terminaron el paseíllo, el alcalde miró para el alguacil, y el alguacil le dijo al de los chiqueros:° —Que le abras.°

Se hubiera podido oir el vuelo de un pájaro.° La gente se calló, y por la puerta del chiquero salió un toro colorao,° viejo, escurrido,° corniveleto.° La gente, en cuanto el toro estuvo en la plaza, volvió de nuevo a los rugidos.° El toro salió despacio, oliendo° la tierra, como sin ganas de pelea.° Valentín lo espabiló° desde lejos, y el toro dio dos vueltas a la plaza, trotando como un borrico.°

El Gallego desdobló la capa y le dio tres o cuatro mantazos° como pudo. Una voz se levantó sobre el tendido:°

—¡Que te arrimes, esgraciao!°

El Chicha se acercó al Gallego y le dijo:

—No haga usted caso, don Camilo, que se arrime su padre. ¡Qué sabrán! Este es el toreo antiguo, el que vale. El toro se fue al pilón y se puso a beber. El alguacil llamó al Gallego al burladero° y le dijo:

—Que le pongáis las banderillas.°

El Chicha y el Cascorro le pusieron al toro, a fuerza de sudores,° dos pares cada uno. El toro, al principio, daba un saltito° y después se quedaba como si tal cosa.° El Gallego se fue al alcalde y le dijo:

—Señor alcalde, el toro está muy entero,° ¿le podemos poner dos pares más?

El alcalde vio que los que estaban con él en el balcón le decían que no con la cabeza. —Déjalo ya. Anda, coge el pincho° y arrímate,° que para eso° te pago.

---

[5]**puntillero**   member of the bullfighter's team who delivers the fatal blow to the bull

[6]**nosotros… mande.**   we will always be ready to do what you tell us.

Glosses (right margin):

scar / crosses
stutterer

le…   he had been offered
se…   they volunteered to help him

bullfighter / **no…**   they did not cease
tie

al…   person in charge of the bullpen
Que…   Open the door
Se…   The silence (*fig.*) was total.
red
gaunt / with horns pointed upwards
bellowing
smelling / **como…**   as if he didn't want to fight / enticed
small donkey
matador's pass with the cape stands
Que…   Get close, you good-for-nothing bum

narrow doorway on the side of the bullring

barbed darts which are thrust into the neck of the bull

a…   with much difficulty / small jump
como…   as if nothing had happened
strong

sword

get close / **para…**   that's why

El Gallego se calló, porque para trabajar en público hay que ser muy humilde y respetuoso. Cogió los trastos,° brindó al respetable° y dejó su gorra de visera° en medio del suelo, al lado del pilón.

Se fue hacia el toro con la muleta° en la izquierda y el toro no se arrancó.° La cambió de mano y el toro se arrancó antes de tiempo.°

El Gallego salió por el aire° y, antes de que lo recogieran, el toro volvió y le pinchó el cuello.° El Gallego se puso de pie y quiso seguir. Dio tres muletazos más, y después, como echaba mucha sangre,° el alguacil le dijo:

—Que te vayas.°

Al alguacil se lo había dicho el alcalde, y al alcalde se lo había dicho el médico. Cuando el médico le hacía la cura, el Gallego le preguntaba:

—¿Quién cogió el estoque?°

—Cascorro.

—¿Lo ha matado?

—Aún no.

Al cabo de un rato, el médico le dijo al Gallego:

—Has tenido suerte, un centímetro más y te descabella.°

El Gallego ni contestó. Fuera se oía un escándalo fenomenal. Cascorro por lo visto no estaba muy afortunado.°

—¿Lo ha matado ya?

—Aún no. Pasó mucho tiempo, y el Gallego, con el cuello vendado,° se asomó un poco a la reja.° El toro estaba con los cuartos traseros° apoyados en el pilón, inmóvil, con la lengua fuera, con tres estoques clavados en el morrillo° y en el lomo;° un estoque le salía un poco por debajo, por entre las patas.° Alguien del público decía que a eso no había derecho,° que eso estaba prohibido. Cascorro estaba rojo° y quería pincharle más veces. Media docena de guardias civiles° estaban en el redondel,° para impedir que la gente bajara...

cape and sword	
brindó... made an offer to the spectators / visored cap	
bullfighter's killing cape	
no... it did not rush forward	
antes... before (the bullfighter) was ready	
salió... was thrown in the air	
le... gored him in the neck	
como... as he was bleeding a lot	
Que... leave (the bull ring)	
bullfighter's sword	
te... (the bull) would have killed you	
lucky	
bandaged / fence	
cuartos... hind quarters	
hump / back	
legs	
no... they had no right to do that	
red *(with embarrassment)*	
guardias... Spanish police / bull ring	

Ejercicios

A. *Uso de palabras o frases claves.*

Complete las oraciones con las palabras o frases siguientes y haga todos los cambios gramaticales que sean necesarios.

andarse con más ojo	encerrado
arrimarse	gallego
asar	la corrida
asomarse	plaza
clavar	trajes de luces

1. En el medio de _____ del pueblo hay un árbol y un pilón.
2. Cuando hace mucho calor se pueden _____ las chuletas en el empedrado de los pueblos.
3. El autor del cuento, que nació en la región de la Coruña, es _____.
4. Los toreros de la cuadrilla del Gallego torean sin llevar _____.
5. Cuando el Gallego _____ a la reja tenía el cuello vendado.
6. El matador _____ el estoque en el morrillo del toro.
7. A los toros los tienen _____ en el chiquero antes de la corrida.
8. Desde la corrida en que recibió la cornada que le pegó el toro, el Chicha _____.
9. Con el paseíllo comienza _____.
10. Cuando el torero _____ al toro, su vida está en peligro.

Usando cada una de las palabras o frases siguientes escriba una oración completa en español y haga todos los cambios gramaticales que sean necesarios.

ayuntamiento	la capa
estoque	matador
mantazo	camiseta
desdoblar	cuadrilla

B. *Preguntas sobre la lectura.*

1. ¿En qué provincia de España se desarrolla este cuento?
2. ¿Cómo es la plaza donde tiene lugar la corrida?
3. ¿Por qué cree Ud. que el Gallego "está blanco como la cal"?
4. ¿Por qué no hay música en la plaza?
5. ¿Por qué el Gallego torea en camiseta?
6. ¿Quiénes son el Chicha, Cascorro y Jesús Martín?
7. ¿Qué hizo el Gallego cuando desdobló la capa?
8. ¿Qué le pasó al Gallego cuando el alcalde le dijo que se arrimara?
9. ¿Cuántos y dónde tenía clavados los estoques el toro?
10. ¿Qué impedían media docena de guardias?

C. *Discusión sobre la lectura.*

1. ¿Qué cosas trágicas hay en el cuento?
2. ¿Qué cosas cómicas hay en el cuento?
3. ¿Qué opina Ud. de las corridas de toros?
4. ¿Qué piensa Ud. que es necesario para ser torero?
5. ¿Piensa Ud. que el Gallego es valiente? ¿Por qué?

D. *Composición*   **Su deporte favorito.**

En una breve composición describa cuál es su deporte favorito.
Indique, entre otras cosas, qué lo llevó a aprenderlo, cuántas
veces por semana lo practica, qué tipo de vestimenta o equipo
es necesario para practicarlo, y qué ventajas tiene sobre otros
deportes.

E. *Actividad comunicativa*   **Una experiencia deportiva.**

En grupos de tres o cuatro estudiantes, cada partícipe debe
relatar una experiencia adquirida mientras aprendía un
deporte específico. Esta experiencia del estudiante debe ser la
más dramática (por ejemplo: aprendiendo paracaidismo), la
más peligrosa (por ejemplo: aprendiendo a esquiar por
primera vez), o la más interesante (por ejemplo: aprendiendo a
torear). Al final de cada relato los miembros del grupo deberán
hacerle preguntas al estudiante que describa su experiencia,
intentando averiguar detalles que no quedaron claros u omi-
siones en el relato. Al final, el relato más interesante se
presentará a toda la clase.

CAPÍTULO 11

Hispanos famosos

En las siguientes selecciones hemos escogido a tres hispanos que se han destacado[1] en campos totalmente diferentes pero igualmente importantes. Ricardo Montalbán es mundialmente conocido porque su arte ha sido difundido[2] por Hollywood a todos los rincones[3] del globo. Óscar Arias, presidente de Costa Rica y amigo de los Estados Unidos, recibió el Premio Nóbel de la Paz por su labor de mediador en el difícil conflicto que existe en Centro América. Carmen Laforet está considerada por los críticos una de las mejores escritoras españolas. Todos, de una manera u otra, han dado prestigio a sus respectivas profesiones.

[1]**destacado** excelled [2]**difundido** spread [3]**rincones** corners

Ricardo Montalbán: ¿Amante latino?

VOCABULARIO PRÁCTICO

SUSTANTIVOS

el bailarín dancer
la cinta film
el deber duty
el encanto charm
el infierno hell
la hombría manliness
la pantalla screen
el personaje character
el principio beginning
el rostro face
la simpatía congeniality

ADJETIVOS

equivocado mistaken
hogareño domestic

inconfundible unmistakable
pleno full, complete
seductor seductive, charming
sencillez simplicity

VERBOS

comportarse to behave
fundar to establish

EXPRESIONES

ajetreo social social bustle
bien parecido good-looking
de veras truly
estar dispuesto to be willing
tener en cuenta to take into account

"Aquélla era la época gloriosa de Hollywood, donde se le daba gran importancia a las comedias románticas y musicales. Los personajes de las mismas no eran reales, sino que todo se desarrollaba° en una especie de fantasía; pero el público disfrutaba de ese género° e idealizaba a los actores y actrices."

se... it unraveled
genre

Comentando sobre su apariencia en aquellas cintas, Ricardo confiesa que ni aun° durante aquellos años a él le gustaba verse en la pantalla.

ni... not even

"Todos idealizamos nuestra apariencia y nuestra forma de comportarnos. La realidad no es tan hermosa como la imagen mental que nos creamos," sonríe, añadiendo: en mi carrera ha habido muy pocos instantes en que he quedado satisfecho con mi trabajo, para poder decir: 'esta escena me quedó bien.'° Esos momentos críticos, en los que un actor logra expresarse de veras° como lo haría el personaje, para mí han sido muy raros."

me... it came out well
truthfully

Ricardo Montalbán, actor de cine y televisión.

Cuando se le pregunta sobre la serie "Fantasy Island," que fue tan popular, contesta:

"A mí me da gran satisfacción haber triunfado en la televisión norteamericana. Para un actor siempre es importante tener trabajo. Mucho más si éste tiene prestigio profesional y el espectáculo se convierte en uno de los favoritos del público."

Además de sus intervenciones fílmicas,° Montalbán ha hecho teatro en todo el país, incluso en Broadway, donde triunfó con la obra "Don Juan en el infierno," de George Bernard Shaw.

intervenciones... appearances in movies

Ricardo impresiona por su extraordinaria personalidad, que logra expresar a través de las imágenes que se proyectan en las pantallas. La crítica de cine Pauline Kael dice de él: "Montalbán posee un rostro maravillosamente fotogénico, el físico de un bailarín profesional, talento, excelente voz, cordialidad y un gran encanto." Su imagen de "amante latino," con la que se inició en Hollywood, se hace patente° al escucharlo en inglés, con el inconfundible tono seductor de su voz.

Montalbán nunca ha deseado que su vida familiar trascienda° al público. Lleva muchos años casado con su esposa, quien era asímismo° actriz y es la hermana de la conocida estrella Loretta Young. Sin embargo, ni ella ni los hijos de la pareja han sido expuestos a la publicidad que comúnmente rodea a las familias de tantas otras celebridades (en la actualidad sus hijos ya están crecidos° y han contraído matrimonio).

"Mi mujer renunció a su carrera para fundar conmigo una familia. Nunca le he dado motivos para que lamentara el haber desperdiciado° las oportunidades que tuvo de triunfar en esta profesión." Y explica que han sido felices, más aún ahora, cuando la vida de ambos es realmente plena y apacible.° Y en tono sincero afirma, "Afortunadamente los dos preferimos ahora vivir una vida hogareña, y voluntariamente nos hemos alejado del ajetreo social. Éste es el mejor momento de nuestras vidas, en el que realmente he podido acercarme° a mis hijos y demás familiares." Cuando su exigente horario° de trabajo le permite regresar al hogar para descansar, de allí ya no sale.

Ricardo atribuye la estabilidad de su matrimonio, dentro del ambiente de Hollywood, a que ellos se casaron por amor y a que desde el principio fueron disciplinados y estaban dispuestos y resueltos° a compartir° sus vidas y formar una familia.

Al preguntársele sobre el machismo, responde: "Es un concepto equivocado de hombría. El hombre debe respetar a su compañera y colocarla° en un lugar muy alto. Incluso el hombre debe aprender a demostrarle su amor con uno y mil detalles; aunque a nosotros los hombres nos sea más difícil expresar nuestros sentimientos."

Y añade, "Para mí el más grande "amante latino" fue mi padre, que se casó con mi madre y le fue fiel° hasta el día en que él murió, 53 años después. Eso es un gran amante: un hombre lo bastante inteligente y romántico para mantener el interés de una sola mujer durante toda la vida."

Su filosofía de la vida la expresa con estas palabras: "Mi mayor deseo es que exista armonía entre todos los hombres. No entiendo cómo es que puede haber un sentimiento tan negativo como la envidia."

Sobre sus planes futuros, responde: "Seguiré trabajando hasta

evident

it be made known

likewise

grown

el... having missed

quiet

to get close
schedule

resolved, *i.e.*, ready / to share

to place her

faithful

mi último día. Quizás no pueda continuar actuando y cambie de actividad; pero el retiro y el 'vegetar sin hacer nada' no se han hecho para mí."

Así piensa este conocidísimo° actor, que ha sabido imponerse en Norteamérica por su simpatía, sencillez, y su sentido del deber.

very well-known

Adaptado de *Buenhogar*

Ejercicios

A. *Uso de palabras o frases claves.*

Escoja la palabra o frase apropiada para completar la oración y haga todos los cambios gramaticales que sean necesarios.

bailarín	infierno
fundar	seductor
comportarse	hogareño
personaje	bien parecido

1. Ricardo Montalbán tiene una voz _____.
2. Los _____ de la película eran todos personas seductoras.
3. Los estudiantes no _____ bien en la escuela y la maestra los castigó.
4. Montalbán y su esposa viven una vida _____.
5. Muchas mujeres piensan que Montalbán es atractivo; para ellas él es _____.
6. Montalbán _____ una familia con su esposa.
7. El _____ es un lugar muy caliente.
8. Los _____ tienen que practicar mucho antes de hacer presentaciones.

Escriba una oración completa en español con cada una de las siguientes palabras o frases y haga todos los cambios gramaticales que sean necesarios.

ajetreo social	tener en cuenta
inconfundible	estar dispuesto
pantalla	rostro
simpatía	sencillez

B. *Preguntas sobre la lectura.*

1. ¿Cuándo se le daba gran importancia a las comedias musicales y románticas?
2. ¿Cómo eran los personajes de estas películas?
3. ¿Por qué no le gusta a Montalbán verse en la pantalla?
4. ¿Cómo es la realidad para Ricardo?
5. ¿Qué le satisface a este actor?
6. ¿Dónde y en qué obra triunfó Montalbán en el teatro?

7. ¿Qué posee Ricardo de acuerdo con la crítica de cine Pauline Kael?
8. ¿Con quién está casado Montalbán?
9. ¿Por qué cree Ricardo que su matrimonio ha triunfado?
10. ¿Qué opina Montalbán del "machismo"?
11. ¿Qué piensa Montalbán de su padre?
12. ¿Cuál es su filosofía de la vida?

C. *Discusión sobre la lectura.*

1. ¿Cree Ud. que la época gloriosa de Hollywood ha pasado? ¿Por qué?
2. ¿Es fácil o difícil triunfar en el cine o la televisión? Explique su respuesta.
3. ¿Piensa Ud. que la esposa de Montalbán hizo bien en renunciar a su propia carrera para dedicarse a su familia? Explique por qué.
4. ¿Qué opinión o imagen tiene Ud. de un "amante latino"?
5. ¿Qué es "machismo" para Ud.? Dé ejemplos.

Óscar Arias: Premio Nóbel de la Paz

VOCABULARIO PRÁCTICO

SUSTANTIVOS

el abogado lawyer
la caída fall
el convenio agreement
el fracaso failure
la franqueza frankness
la guerra war
la meta goal
la propuesta proposal
el título degree
la ventaja advantage

ADJETIVOS

apoyado supported
dañado hurt; broken
derrocado overthrown

engañado deceived
izquierdista leftist
traicionado betrayed

VERBOS

confiar to trust
derrotar to defeat
despedirse to say good-by
lanzar to engage or embark in
reprender to lecture

EXPRESIONES

cese de fuego cease fire
nivel de vida standard of living
sin parar without stopping

Lo que Óscar Arias Sánchez piensa —y lo que él representa— es muy importante para los Estados Unidos de América. Arias es el presidente de Costa Rica, una apacible° república de Centro América de 2.7 millones de habitantes. Costa Rica es importante porque es el país más próspero y democrático de la América Latina. Desde que Arias recibió el Premio Nóbel de la Paz en 1987 por su plan de agosto de 1987 para terminar la guerra fratricida que estaba destruyendo la América Central, este abogado costarricense de 47 años se ha convertido en una de las voces más respetadas de la diplomacia internacional.

°peaceful

Arias es el único mediador aceptable a todos los países del conflicto en Centro América. En marzo de 1988 sorprendió a Washington y a los comentaristas políticos cuando logró el primer cese de fuego entre el régimen marxista-sandinista de Nicaragua y los rebeldes apoyados por los Estados Unidos, los contras, y después dirigió las negociaciones de paz entre los dos bandos hos-

El Presidente de Costa Rica, Óscar Arias Sánchez, y la Primera Dama, Margarita Penón de Arias.

tiles — evento que nadie hubiera pensado pudiera ocurrir unos meses antes.

Como resultado del Plan de Arias, los campos de batalla de Nicaragua, excepto por encuentros insignificantes, continúan en calma después de siete años de guerra, pero la guerra civil en El Salvador entre el gobierno apoyado por los EE.UU. y las guerillas marxistas continúa sin parar.

El futuro de Nicaragua es extremadamente importante para el resto de los países de Centro América así como para los EE.UU. El presidente Arias no cree que los sandinistas van a ser derrocados por los contras. "Si esa guerra continúa, será una guerra prolongada en la que no habrá vencedor. Los líderes de Nicaragua usan la presión militar que reciben como excusa para no negociar, y usan la guerra como excusa para justificar los fracasos económicos del experimento marxista en Nicaragua. Así es que nosotros debemos remover todas estas excusas para forzarlos a democratizarse."

Arias insiste que su plan de paz fue firmado por los otros cuatro presidentes de Centro América —de Nicaragua, Honduras, Guatemala y El Salvador— sólo cuando ellos entendieron que era una "propuesta balanceada" diseñada "para avanzar los intereses de todos los países del área — y no sólo para complacer° a Wash-   to please
ington, D.C."

La franqueza de Arias le ha ganado respeto en Washington. En octubre de 1987 el Senado y la Cámara de Representantes pasaron una resolución felicitándolo por recibir el Premio Nóbel de la Paz.

Aunque Arias critica ciertas acciones de los EE.UU., él no pierde la oportunidad de reprender a Daniel Ortega, el presidente izquierdista de Nicaragua, sobre lo que una "verdadera democracia" es, y el jefe sandinista escucha con atención. Arias habló detalladamente° sobre su relación con Ortega, a quien el gobierno de los Estados Unidos considera peligroso por sus lazos° ideológicos y militares con el presidente cubano Fidel Castro. El régimen de Nicaragua obtuvo el poder en la revolución de 1979, y Ortega fue elegido presidente en 1984 en una elección en la que virtualmente había un solo candidato.

"Primero," dice Arias, "Costa Rica se sintió traicionada por la revolución sandinista —traicionada y engañada— porque hace 10 años nadie ayudó más a los sandinistas en su lucha° contra la dictadura de Somoza que Costa Rica. Nuestro territorio nacional fue usado como aeropuerto —como un portaviones°— para derrotar a Somoza. Pero nosotros queríamos una Nicaragua nueva, no una segunda Cuba.

"Drácula, el vampiro, sólo puede ser muerto con la cruz. En Nicaragua, la democracia es la cruz," dice Arias. "Yo le vengo diciendo a Ortega que él necesita democracia en su revolución. Una vez le dije: 'Tú le puedes llamar al régimen que tienes cualquier cosa — excepto una democracia, porque no hay democracia sin pluralismo político, sin elecciones libres, sin libertad de prensa, sin respeto para las libertades individuales.' "

Para lograr una paz permanente, Nicaragua tendrá que evolucionar hacia una democracia —y alejarse° del modelo totalitario marxista-leninista— porque el plan de paz, que Ortega firmó, establece la democratización como crucial para el convenio de paz. Arias me dijo que Ortega decidió firmar el plan cuando se dio cuenta que todos los otros presidentes de Centro América lo harían, y los sandinistas no se podían permitir el lujo de ser los únicos, para el resto del mundo, que se oponían a una solución pacífica de la guerra civil. Los sandinistas saben que el fracaso del plan de paz, que prohibe la ayuda militar a las fuerzas antigubernamentales como los contras y las guerrillas izquierdistas en El Salvador, podría renovar la ayuda económica de los EE.UU. a los contras y traer más guerra para su devastado país.

El éxito de Arias en lanzar su plan de paz se basa en su credibilidad como líder democrático independiente y en la imagen de Costa Rica de nación pacífica y neutral que, habiendo abolido sus fuerzas armadas después de tener una guerra civil en 1948, ha podido usar todos sus recursos° para su desarrollo social y eco-

in detail

ties

struggle

aircraft carrier

to draw away

resources

nómico. Hoy día Costa Rica tiene el nivel de vida más alto de la América Latina. La meta principal de Arias durante su período presidencial es construir suficientes viviendas baratas para que "no haya ningún costarricense sin su propia casa."

Los Estados Unidos aprecia a Costa Rica como ejemplo de democracia y está preparado para ayudarlo en todo lo que pueda. Con la economía nacional dañada seriamente por la caída de los precios del café y el banano, sus exportaciones principales, los EE.UU. proveyó a Costa Rica con $338 millones en 1986 y 1987, haciendo nuestro programa de asistencia allí el segundo sólo con respecto a Israel en ayuda per capita y en préstamos a bajos intereses.

En su trato con los Estados Unidos Arias tiene la ventaja que entiende a los "gringos" mejor que la mayoría de los líderes latinoamericanos. Habla inglés perfectamente ya que después de recibir su título de abogado de la Universidad de Costa Rica recibió su maestría y doctorado en ciencias políticas de la Universidad de Essex, en Inglaterra. A los 31 años fue nombrado ministro de economía y planificación y desde entonces empezó a cultivar contactos y amistades en los Estados Unidos, donde Arias se siente como en su casa.

Precisamente por ese sentimiento de compenetración° con los EE.UU., a Arias le preocupa la manera que Washington actúa con sus vecinos del sur. Además de la crisis que afecta a Nicaragua y a El Salvador, los dos países en estado de guerra, Arias ve a Panamá como el último e innecesario punto de fricción de la política de los EE.UU.

mutual understanding

"En Panamá," dice Arias, "los EE.UU. se dio cuenta de que la política de fuerza no funcionaba. Esto me preocupa, porque yo pienso que los Estados Unidos no puede perder su credibilidad. Y Costa Rica, como país indefenso, necesita de amigo un país —los Estados Unidos— que sea respetado y en el que los otros países confíen. Si ustedes dicen, 'Te doy 48 horas para que te vayas,' y un hombre como Noriega no se va, y entonces ustedes le imponen sanciones a un pequeño país por desobedecerlos a ustedes, entonces ustedes están perdiendo credibilidad. Los Estados Unidos perdió una gran oportunidad cuando no apoyó mis esfuerzos de mediación para persuadir a Noriega que abandonara el país sin causar problemas."

Cuando me despedía de Arias, me puso la mano en el brazo y me dijo, "Déjeme repetir, si yo pudiera aconsejarle a Washington sobre su política en la América Latina, le diría, 'Por favor, sea bueno, no continúe siendo el americano feo.' "

Entrevista de Tad Szulc a Óscar Arias. Traducida y condensada de *Parade Magazine*.

Ejercicios

A. *Uso de palabras o frases claves.*

Escoja la palabra o frase apropiada para completar la oración y haga todos los cambios gramaticales que sean necesarios.

propuesta	**traicionado**
caída	**cese de fuego**
izquierdista	**abogado**
nivel de vida	**reprender**

1. Después de la _____ del dictador Somoza los sandinistas tomaron el poder.
2. Óscar Arias es _____ de profesión.
3. Costa Rica tiene el _____ más alto de la América Latina.
4. Los participantes en la guerra lograron un _____.
5. En más de una ocasión Arias ha _____ a Ortega.
6. El plan de paz es una _____ balanceada.
7. Daniel Ortega es el líder _____ de Nicaragua.
8. Costa Rica se sintió _____ por la revolución sandinista.

Escriba una oración completa en español con cada una de las siguientes palabras o frases y haga todos los cambios gramaticales que sean necesarios.

viviendas baratas	**propuesta**
ventaja	**derrocado**
título	**confiar**
compenetración	**sin parar**

B. *Preguntas sobre la lectura.*

1. ¿Por qué es importante Costa Rica para los Estados Unidos?
2. ¿Por qué recibió Arias el Premio Nóbel?
3. ¿Qué logró Arias en mayo de 1988?
4. ¿Cuál ha sido el resultado del Plan Arias?
5. ¿Qué excusas usan los líderes de Nicaragua?
6. Según Arias, ¿por qué firmaron el plan de paz los cuatro presidentes de Centro América?
7. ¿Por qué el gobierno de los EE.UU. considera peligroso a Ortega?
8. De acuerdo con Arias, ¿por qué se sintió Costa Rica traicionada y engañada?
9. ¿Por qué no considera Arias que hay democracia en Nicaragua?
10. ¿Qué establece el plan de paz de Arias?
11. ¿En qué se basa el éxito de Arias?
12. ¿Cuál es la meta de Arias durante su presidencia?

13. ¿Qué tipo de ayuda recibe Costa Rica de los EE.UU.?
14. ¿Qué títulos recibió Arias en Inglaterra?
15. ¿Cuándo perdió los EE.UU. una gran oportunidad?
16. ¿Qué aconseja Arias a los EE.UU.?

C. *Discusión sobre la lectura.*

1. ¿Está Ud. de acuerdo con la definición de democracia que da el presidente Arias?
2. ¿Por qué piensa Ud. que Centro América es importante para los EE.UU.?
3. Dígale a la clase qué cambios han ocurrido en Centro América desde que se escribió esta selección? ¿Son cambios positivos o negativos?
4. ¿Cómo era Nicaragua antes de los sandinistas? Explique qué tipo de gobierno existía, si era bueno o malo y por qué.
5. ¿Por qué podemos decir que tenemos suerte por haber nacido en los EE.UU.?

El aguinaldo

— SELECCIÓN LITERARIA —

VOCABULARIO PRÁCTICO

SUSTANTIVOS

la acera   sidewalk
el aguinaldo   Christmas gift or bonus
el ánimo   mood; spirit
la capilla   chapel
la cuñada   sister-in-law
el cutis   complexion
el don   ability
la monja   nun
el olor   smell
la solterona   old maid
el sudor   sweat
el suegro   father-in-law
el yerno   son-in-law
el volante   steering wheel

ADJETIVOS

adinerado   wealthy
añorado   longed-for
aplastado   flattened, crushed
atareado   busy
aturdido   confused
burlón   mocking
chistoso   funny, amusing
descarado   barefaced; shameless
esbelto   slender
juguetón   playful
sordo   deaf
travieso   mischievous

VERBOS

aficionarse   to become fond of
asombrar   to amaze

atizar   to poke (a fire)
atravesar   to walk across
avisar   to inform
decepcionar   to disappoint
empujar   to push
entregar   to hand over
esforzarse   to force oneself
reñir   to fight
repartir   to distribute
rezar   to pray
rodear   to go around
saborear   to taste with pleasure
soportar   to tolerate, endure
tragar   to swallow

EXPRESIONES

asiento delantero   front seat
darle lo mismo   to make no
   difference
de costumbre   as usual
de cuando en cuando   once in a while
echar de menos   to miss
echar una ojeada   to take a look at
en cambio   on the other hand
estar de punta   to be on bad terms
fruncir el ceño   to frown
ponerse colorado   to turn red
tener que tragárselo   to have to put
   up with

Carmen Laforet

Carmen Laforet nació en Barcelona en 1921. En 1944 publica Nada, *novela contemporánea que recibe el Premio Nadal y le da fama inmediata. En 1952 sigue otra novela,* La isla y sus demonios, *y después vienen* La mujer nueva, *1955,* La violación, *1963, y* Paralelo 35, *1967. También se ha distinguido en la narrativa corta y ha publicado dos libros de cuentos:* La llamada, *1954, y* La niña y otros relatos, *1970. Muchos de sus cuentos aparecen en periódicos y antologías.*

En el cuento que hemos seleccionado, "El aguinaldo", podemos apreciar la fina sensibilidad de la autora para describir el ambiente y los sentimientos de Isabel, la protagonista de la historia, personaje perfectamente trazado,° representante de la mujer moderna que actúa con convicción e independencia.

outlined

————————— ◆ —————————

El día de Navidad casi no amaneció° sobre aquella ciudad pequeñita, fría, completamente aplastada por un cielo gris. A las diez de la mañana, en casa del doctor López-Gay se veía brillar la luz eléctrica de los cristales de algunas ventanas.

casi... (the sun) almost didn't come up

La casa del doctor era un chalé° muy bonito, con un gran jardín, donde solían jugar dos o tres niños rubios. Aquellos días de Navidad la casa se llenaba de huéspedes. Venían de un pueblo cercano el padre y las hermanas del doctor, y desde Madrid la madre y el hermano de la señora del doctor. Un hermano muy jovial que hacía chistes con las solteronas López-Gay, y una madre demasiado joven y elegante para ser ya la abuela de aquellos niños juguetones, y que causaba cierta sensación en la ciudad.

chalet

Este año no había venido el joven chistoso, y las señoritas López-Gay lo echaron mucho de menos durante la cena celebrada después de la misa del gallo[1] y que había sido espléndida, como siempre. Había venido sola Isabel: la madre, esbelta y elegante, que aún lo parecía más en contraste con su hija Margarita, próxima a° traer al mundo un nuevo retoño°... Y que —todo hay que decirlo— era un poco despectiva con sus parientes políticos.°

próxima... about to / bud, *i.e.,* child
sus... her husband's blood relatives

A las diez y media, el chófer del doctor llegó con el automóvil frente a la verja.° Era uno de los pocos chóferes uniformados que existían en la ciudad, y que contribuía en mucho al prestigio de hombre adinerado de que gozaba López-Gay.

iron gate

El chófer atravesó el jardín, húmedo y triste aquel día, y rodeó la casa para entrar por la cocina. Le dio un vaho cálido en la cara cuando empujó[2] la puerta de la cocina desde el pequeño vestíbulo,° y se encontró el espectáculo que esperaba: una cocinera° atareada° ya, con la cara encendida por el calor de la lumbre,° y una ayudanta,° llegada para la ocasión, completamente aturdida por las órdenes de la otra.

lobby
cook / busy
fire / female assistant

—¿Ya estás aquí?... Mariquilla, di que avisen a la señora de Madrid que ya está el chófer para ir al hospital.

—¿A la señora de Madrid? ¿No va doña Margarita a repartir los aguinaldos?

————————

[1]**misa del gallo** Traditional midnight mass celebrated on Christmas Eve.
[2]**Le... empujó** A rush of warm air hit his face when he pushed

—No, hijo. Con eso del estado interesante,[3] dice que no puede soportar ir a esa sala del doctor... Lo estuvieron discutiendo ayer mismo, y doña Isabel se ofreció... Yo creo que a don Julio no le hizo gracia,° porque ya se sabe lo mucho que se criticó en esta casa el año pasado a la mujer del doctor Pinto, que mandó una criada con los dulces a la sala de su marido... Pero, mira, ha tenido que tragárselo el pobre don Julio, que se traga tantas cosas... La señora de Madrid ha dicho que era un crimen obligar a su hija a ver esos espectáculos estando como está, y además ha dicho que eso de las costumbres provincianas de hacer todos lo mismo siempre, y en el mismo día, era una verdadera bobada,° que los dulces se podían mandar con un criado a la sala de las tontas, porque a las tontas lo mismo les daba y, en cambio, su hija Margarita se sentía enferma sólo de pensar en verlas a ellas... Y después de decir todo esto, como don Julio se puso colorado como un tomate y dijo que estaba en juego su prestigio, doña Isabel dijo que si el prestigio de su yerno dependía de una tontería tan grande, iría ella misma... Y va. De modo que es ella a quien llevas... Y, por más señas°... ya te puedes ir hacia el auto, porque esa señora todo lo hace de prisa, y a lo mejor llega antes que tú y te tiene que abrir ella la portezuela°...

    —No estaría malo, mujer... Vaya, adiós...

    El chófer todavía se reía al recordar las expresiones y la charla de la cocinera cuando abrió la portezuela del auto para que Isabel subiese.

    La cocinera había subrayado mucho los acentos de la conversación y los gestos de los labios para explicar cómo la "señora de Madrid" y el yerno "estaban de punta".

    Juana, la doncella,° entregó un gran paquete al chófer y él lo colocó en el asiento delantero, junto al volante. "Los dulces", pensó... Y echó una ojeada a la señora. A él también le asombraba que aquella mujer fuese una abuela... Era muy guapa, y casi joven. Tenía los ojos claros y la boca bonita... Pero, sobre todo, sus piernas esbeltas eran las de una muchacha, y su estatura, y su manera de caminar... Había algo en ella más joven que en su misma hija cuando uno no se fijaba demasiado en su cutis.

    El chófer apenas° pudo verla ahora, enfundada en un abrigo de piel,[4] con un sombrerito muy sencillo, mirando hacia la ventanilla.° Aquella luz del día no le favorecía; su cara parecía más dura y triste que de costumbre.

    —¿Ya sabe adónde vamos?

    —Sí, señora.

no... it did not please him

era... it was a real stupid thing

Y... And, furthermore

car door

maid

hardly

car window

---

[3] **con... interesante** with her being pregnant

[4] **enfundada... piel** wrapped up in a fur coat

Isabel estaba pasando un ataque de melancolía. De un tiempo a aquella parte encontraba la vida sin sentido,° y estos ataques se repetían con cierta frecuencia.

"Tiene que ser algo físico —pensaba—. No es posible que un estado de ánimo la coja a una por la garganta como una mano, y la doble así° hacia el suelo°... Tengo que ir a un médico... Pero ¿qué voy a explicarle?... ¿A un psicoanalista quizá?..."

La boca de Isabel se curvó en una sonrisa burlona. Suspiró.°

"Tengo años y nada más que años... La vida me ha dado todo lo que tenía que darme ya, y cuando miro hacia atrás la encuentro un poco vacía°... Nada de lo que he hecho me ha llenado del todo.° Los enamoramientos se pasan. Los hijos crecen y la decepcionan a una..."

Hizo un gesto. Abrió su bolso. Iba a encender un pitillo, pero recordó el ruego° de Margarita de que se abstuviese de hacerlo en la calle, mientras estuviese allí.

—Llama mucho la atención, y vas a estar tan pocos días, que bien puedes...

Podía. Cerró el bolso. Frunció el ceño al recordar lo aterrada que vivía Margarita entre el qué dirán de la ciudad. Margarita, a quien ella había educado para ser libre e independiente como el aire. Margarita, con su carrera universitaria, sus viajes sola al extranjero, su talento indudable° de poeta... ¿Indudable? Margarita no había vuelto a escribir en todos aquellos años.

Sin embargo, Isabel se preciaba de° buena crítica, y sabía que su hija tenía aquel don... No era apasionada. El hijo, en cambio, un zoquete.° Pero ganaba dinero, y se había casado bien. Ahora estaría celebrando las fiestas en casa de los padres de su mujer..., contento de liberarse de aquella costumbre de venir cada año a esta ciudad, a esta casa, y encontrarse frente a la aburrida familia política de Margarita...

El coche se había detenido. El chófer estaba esperando. Isabel sintió como un sobresalto° al darse cuenta de lo enorme y vetusto° del edificio frente al que estaban. Se dio cuenta también, con cierto asombro,° que ésta era la primera vez en su vida que iba a entrar en un hospital.

Comenzó a nevar justo en el momento en que ella atravesaba la acera desde el coche. Un par de copos° muy leves° le cayeron sobre el sombrero. "El hospital de esta ciudad es como todo en esta ciudad —pensó—: horrible." No había allí silencio ni blancura. Paredes sucias, gentes extrañas, pobres, que bajaban y subían por las escaleras. Unos enfermeros poco amables al dar indicaciones°... No es que fueran poco amables con ella, pero sí con aquellas gentes que tenían permiso para ver a sus familiares el día de Navidad.

Isabel se encontró, sin saber cómo, acogida° por una monjita.

---

sin... meaningless

la... pushes one / **hacia...** towards the floor

She sighed

empty / **del...** fully

request

unquestionable

se... she fancied herself a

blockhead

shock / old

amazement

snowflakes / light

al... while giving directions

welcome

—¿La mamá de la señora Gay?... ¡Quién lo diría!... Parece usted su hermana. Venga por aquí; hay que atravesar el patio para llegar a la sala de las mujeres... Pasaremos delante de la capilla. ¿No quiere entrar a ver el Nacimiento?°   *Nativity scene*

—Tengo un poco de prisa, hermana...

—¡Qué tristes deben ser estas fiestas en un hospital! ¿Verdad? Isabel hablaba como para sí misma. La hermana le sonrió.

—En todas partes está el Señor°... En todas partes nace Él y   *Lord* eso es lo importante... ¿No le parece?

—Sí... Es claro...

Isabel balbucía,° muy poco convencida. Realmente, se había   *was stammering* olvidado por completo del sentido religioso de las fiestas al hacer el comentario. Pensaba solamente en las reuniones familiares, un poco pesadas° a veces, pero, sin embargo, alegres e insustituibles,   *heavy, i.e., boring* de estos días... Y estaba atravesando unas salas grandes, tristísimas, llenas de camas en fila,° en su peregrinaje° detrás de la   **en...** *in rows / pilgrimage,* hermana. Un mundo de dolor descarado, abierto, aparecía en las   *i.e., long walk* sonrisas de los enfermos que tenían visita, en la seriedad exhausta de los que estaban solos... Y aquella pobreza terrible que exhibían en su ropa de dormir... Isabel había creído siempre que el "Estado" era más rico, y que todo aquello, "hospitales y cosas así", estaban muy bien, y que no hacía falta esa manía° de las   *fad* visitas de caridad a los acogidos.°   **a...** *to those who had been given shelter*

El olor a desinfectantes mareaba.° Isabel se sentía mareada.   *it made you dizzy* Había tomado de manos del chófer el gran paquetón de dulces.

—También me han dado estos libros, señora.

—Ah, sí... —Isabel se dirigió a la monja—. Deben de ser para una enferma de otra sala... Una tal° Manuela Ruiz... Me ha encar-   **Una...** *Someone called* gado mucho mi yerno este aguinaldo... Son obras de San Juan de   **Me...** *My son-in-law has asked* la Cruz...   *me to take special care of*

—¡Vamos!... ¡Qué delicadeza° tiene el doctor con nuestra   *sensitivity* Manuela!... Verdad que es una verdadera santa y que como está en esta sala —porque está en la sala de las tontas—, nadie se para a hablar con ella. Pero el doctor dice que es una mujer de talento, y ha hecho que se interese por ella nuestro capellán,° y una señorita   *chaplain, priest* de las que visitan a nuestros pobres también viene ahora de cuando en cuando y le lee cosas... La pobrecilla disfruta mucho. Y, mire usted, lo que más le gusta es San Juan, tan difícil que es... Yo misma le confieso que no puedo leerlo... Por eso el doctor le ha mandado estos libros... Entrégueselos usted misma. Siempre se acuerda de los que la visitan y reza por ellos.

Isabel estaba interesada por aquella enferma tan intelectual. "La soledad sonora", "La música callada"..., recordó. ¿Cómo se podrán saborear esas cosas entre estos muros,° Dios mío?   *walls*

De pronto, Isabel se encontró en un mundo aparte. En un lugar de pesadilla° donde, ayudada por una hermana, tuvo que   *nightmare* repartir dulces a los imbéciles. Comprendía que su hija no tuviese fuerzas para estar allí ni un minuto. Las tontas reían, lloraban, se disputaban los caramelos. Casi todos tenían alguna deformidad. No había ninguna en la cama.

—¿Quién es Manuela Ruiz?

—Venga conmigo.

Junto a una ventana, en un sillón,° estaba una especie de guiñapo° que era Manuela Ruiz. La cabeza sujeta a un madero para que no se le cayese hacia delante.[5] Completamente paralítica, deformada. Una horrible cicatriz° de la boca a la barbilla° era el canal por donde años y años se le deslizaba la baba,° sin que ella pudiese limpiarla... Un espanto° tan grande, que las manos de Isabel temblaban al enseñarle los libros que le traía.

large chair
rag

scar / chin
drivel
fright, terror

—Vengo de parte del doctor López-Gay —dijo gritando, porque estaba segura que aquella criatura era sorda también.

No se esfuerce; oye perfectamente —aclaró la hermana—. La dejo con ella unos minutos mientras voy a poner paz a aquel grupo que riñe por los caramelos.

Isabel no se atrevió a huir,° y se encontró sentada en una silla junto a aquella pobre humanidad. Le parecía que estaba soñando un mal sueño.

to flee

—Váyase, señora. Usted no está acostumbrada...

Era Manuela la que hablaba. Muy despacio, pero clara y distintamente. Decía las cosas con fatiga y suavidad. Y, de pronto, Isabel vio una cosa asombrosa. Vio unos enormes ojos negros, limpios y brillantes, que la miraban con compasión... Isabel no había sentido jamás sobre ella una mirada compasiva... Y la verdad era que pensaba que tampoco podría soportarla si algún día llegaba. Hoy era ese día. Aquel pobre ser sufriente le tenía pena,° porque le notaba el espanto y la repugnancia en la cara. Isabel se enrojeció. Se rehízo.°

le... *she felt sorry for her*
Se... *She recovered her strength*

—No, por Dios... Tengo mucho gusto en hablar con usted unos minutos... ¿De modo que° le gusta la poesía de San Juan de la Cruz?... ¿Se dedicaba usted a algo intelectual antes de venir aquí?

De... *So*

Los ojos inteligentes miraban como tratando de entender.

—Antes de venir aquí... Hace tantos años eso... Llevo aquí cuarenta años... Antes de venir aquí yo era una muchacha de pueblo... Llevaba camino de casarme...

"Cuarenta años —pensaba Isabel—. ¡Cuarenta años!" Tuvo ganas de gritar aquello... ¡Cuarenta años muriéndose y sin morirse!... Cuarenta Navidades allí...

---

[5] **La... delante.** Her head fastened to a wooden beam so that it would not fall forward.

—¿Ya no queda ningún pariente que la venga a ver en Navidad?

De nuevo una sonrisa en los ojos.

—No, señora.

"Cuarenta años —pensaba Isabel— es casi toda mi vida. Esa vida en la que yo he estudiado, he ido a los bailes, me he enamorado, he hecho viajes deliciosos, me he casado, he tenido dos hijos fuertes, guapos, me he quedado viuda,° he llegado a tener un círculo de amistades encantadoras y he distraído mi soledad° con mil cosas agradables que proporcionan la cultura y el dinero... Todos los años hago un viaje a París, unas veces a comprarme libros, otras, las más,° a comprarme sombreros, siempre acabo comprando las dos cosas... Tengo nietos°...

Era un recuento febril,° un recuento rápido y desordenado el que hacía Isabel de su vida junto al sillón de la paralítica. Y se le antojaba° ahora una vida asombrosa, aunque hacía un rato aún la había considerado vacía, sin objeto... Y, sin embargo, a pesar de ser una vida maravillosa, algo sin objeto° sí que era. Algo faltaba en ella aún. No sabía qué.

—¿Y ha sido durante esta enfermedad tan larga cuando usted ha empezado a aficionarse a leer?

No, señora... Yo no sé leer... Ni podría, aunque quisiera, así como estoy...

—¿Entonces?

—A veces me leen... Estos dos últimos años algunas personas muy buenas vienen y me leen. El doctor lo ha visto y por eso me manda este libro. ¡Todo lo que dicen esos libros es tan verdadero!... Durante estos años Dios se ha acercado a mí tanto, que puedo entenderlo... Sin ningún trabajo de mi parte, el Señor me ha ido dejando vacía y sola del todo para que fuese para Él... Durante mucho tiempo yo no entendía... Sufría, le pedía a Dios mi curación... luego empecé a comprender cómo podía yo aceptar este sufrimiento,° esta soledad, y entonces todo fue tan hermoso... Dios acepta mi sufrimiento ofrecido; yo puedo rogarle° así por los pecadores,° por los enfermos° que aún no comprenden, por todos... ¡Es tan hermoso!... Todos los días le doy gracias a Dios que me ha elegido para Él... Cuando me leen esos libros de San Juan tengo ganas de llorar muchas veces, porque dicen cosas que poco a poco yo he ido pensando...

La hermanita encontró a Isabel inclinada° hacia Manuela, escuchando con atención que casi le hacía abrir la boca las palabras de la enferma; aquellas palabras que salían tan despacio, tan roncas° y, sin embargo, claras.

Isabel se estaba olvidando del aspecto de aquella cabeza sufriente, del olor nauseabundo de sudor y desinfectante que le

me...   I have become a widow

loneliness

las...   most of the time
grandchildren
feverish

se...   she imagined

sin...   without purpose

suffering
beg him
sinners / the sickly

leaning forward

hoarse

hacía ponerse enferma. Oía lo único que no esperaba haber oído nunca en el hospital: un canto a la vida. No a la vida hermosa, lejana, añorada, sino a la vida vivida con toda su angustia, dolor y abandono, minuto a minuto, durante cuarenta años.

—¡Ha sido tan hermoso!

La mujer explicaba su milagro. Su diálogo con Dios en el terrible abandono de aquella sala. Aquella vida divina, que había sensibilizado a la muchacha analfabeta° y campesina, hasta hacerla gustar en "su verdad" al difícil, maravilloso, místico castellano.°

illiterate

Castilian; from the region of Castile, in central Spain

Isabel creía un rato antes que la vida no tenía nada que enseñarle ya; y ahora estaba aprendiendo… Siempre había tenido un gran interés por aprender, por captar cosas… Por eso estaba inclinada hacia la paralítica como bebiendo sus palabras.

—No hables más, Manuela, hija —dijo la monja.

—Tiene sufrimientos horribles —explicó luego a Isabel—, pero es una santita… Edifica° estar un poco junto a ella, ¿no cree?… Su yerno se sienta muchas veces a su lado. Dice que se siente mucho más bueno… Dice que es una verdadera santa y que los santos siempre hacen pequeños milagros a los que se acercan a ellos. Es un hombre extraordinario el doctor López-Gay. Estará muy orgullosa de que sea su yerno, ¿verdad?

It edifies one

Isabel estaba conmovida.° Ya no veía la miseria del hospital, atenta a sus propias sensaciones. La idea de su yerno —a quien siempre había creído un hombre vulgar— sentándose junto a aquella mujer, escuchándola, preocupándose de su aguinaldo de Navidad no por tonterías del qué dirán provinciano, sino por un impulso de su espíritu. Esa idea la reconciliaba con Julio, le hacía ver en él algo muy distinto, quizá aquella persona que pudo enamorar a Margarita hasta el punto de casarse y enterrarse° en aquel pequeño y aburrido lugar del mundo.

moved

to bury herself

Estaba nevando. El automóvil iba despacio por las calles entre la nieve. Era un verdadero día de Navidad. El chalé de López-Gay parecía encantado bajo aquella capa de blancura.°

capa... layer of whiteness

Isabel encontró a la familia reunida en la sala grande, junto al Nacimiento. Estaban los pequeños, Margarita, las cuñadas y el suegro, todos.

—¿Ha vuelto ya del hospital, Isabel?

Lo preguntaba Julio, que, subido en° una silla, tenía aires de chico travieso arreglando las figuras de unos pastores° en el risco° más alto.

subido... on top of shepherds / ridge

—Sí, querido Julio… Me ha gustado mucho.

—¡No me digas,° mamá!

Margarita la ayudaba a quitarse el abrigo y sonreía absorta° mirando la cara de su madre.

No... You don't say
amazed

—Aunque, realmente, tienes un aspecto radiante… ¡Eres extraordinaria! Vas a llevar un aguinaldo y vuelves con cara de haber encontrado la piedra filosofal.[6]… ¿No es verdad, Julio?

con... looking like

—Así es —dijo Julio seriamente, mirando a su suegra— ¿De modo que le ha gustado?

¡Qué cordial la voz de Julio! De nuevo se conmovió Isabel.

—Sí, creo que, en verdad, he encontrado la piedra filosofal… Tengo que pensar ahora en ella para que no se me pierda… No creáis que es broma…

Isabel habló jovialmente, ligeramente, mientras se acercaba al fuego encendido y se calentaba las manos. Ni su hija ni los demás le prestaban mucha atención, pero ella sabía que su yerno sí; su yerno la estaba escuchando. Su yerno, que en aquel momento se acercaba y atizaba° la lumbre.

he was poking

—Me gustaría hablar algún día contigo, Julio.

—Para eso nos reunimos en estas fiestas, madre, para hablar de todo, para entendernos —hizo una pausa—. Estoy seguro que ha hablado con Manuela, ¿no es verdad?

Isabel asintió en silencio. Como unas horas antes la melancolía, ahora una cálida dicha° la llenó en aquella sala confortable, entre aquellas personas dignas de ser queridas… Porque, por primera vez, quería ella a esos parientes políticos. Era realmente un pequeño milagro el que experimentaba en su espíritu. Hubiera querido recordar las palabras de Manuela para saber si podían tener tanto alcance° como para bendecir su propia vida. Pero no eran las palabras, sino quién y cómo las decía. No sabía lo que le pasaba… Sí, tendría que hablar con Julio, con Margarita, con todos. Quizá con Manuela otra vez… Quizá sólo un poco con Dios, como la pobre Manuela había hecho tantos años para aprender a vivir su vida.

cálida... warm happiness

reach

—¡Qué fantástica nevada navideña!

Eso fue lo que dijo en alta voz° al levantar los ojos del fuego. Y todos miraron hacia la ventana por donde se veían las blancas maravillas de la nieve.

en... out loud

---

[6]**piedra filosofal.** Mythical stone which could turn any metal into gold; figuratively here, something impossible to find.

Ejercicios

A. *Uso de palabras o frases claves.*

Escoja la palabra o frase apropiada para completar la oración y haga todos los cambios gramaticales que sean necesarios.

atareado	**juguetón**
atravesar	**repartir**
darle lo mismo	**atizar**
saborear	**solterona**
cuñada	**capilla**

1. Ayer Isabel _____ aguinaldos en la sala de las tontas.
2. Las _____ son mujeres que no se han casado.
3. El doctor López-Gay estaba _____ la lumbre mientras hablaba con Margarita.
4. Pedrito es un chico muy _____.
5. A Marcelo _____ si vas con él o no.
6. Vamos a rezar a la _____.
7. Todas las criadas estaban muy _____ en la cocina.
8. Nosotros siempre _____ nuestras comidas favoritas.
9. Para llegar al hospital, tienes que _____ la calle.
10. Las hermanas de su esposa son sus _____.

Escriba una oración completa en español con cada una de las siguientes palabras o frases y haga todos los cambios gramaticales que sean necesarios.

aterrado	**echar de menos**
reñir	**avisar**
estar de punta	**sudor**
travieso	**burlón**
yerno	**sordo**

B. *Preguntas sobre la lectura.*

1. ¿Por qué había luces en las ventanas de la casa por la mañana?
2. ¿Quiénes eran los huéspedes que iban a la casa?
3. ¿Por qué echaron de menos al hermano de la señora del doctor?
4. ¿Por qué tenía prestigio el Dr. López-Gay?
5. ¿A quién iba a llevar el chófer al hospital y por qué?
6. ¿Por qué deseaba el Dr. López-Gay que fuera su esposa al hospital?
7. ¿Quiénes estaban de punta y por qué?
8. ¿Cómo era Isabel?
9. ¿Qué problema tenía Isabel?

10. ¿De acuerdo con Isabel, ¿de qué se preocupaba demasiado Margarita?
11. ¿De qué dos cosas se dio cuenta Isabel cuando el coche paró frente al hospital?
12. ¿Cómo eran las salas del hospital?
13. ¿Quién era Manuela Ruiz?
14. ¿Por qué impresionaron a Isabel los 40 años que Manuela había pasado en el hospital?
15. ¿Por qué le gusta a Manuela leer a San Juan de la Cruz?
16. ¿Qué le dijo la monja a Isabel sobre el Dr. López-Gay?
17. ¿Por qué Isabel comienza a apreciar a su yerno?
18. ¿Cómo se sentía al final del cuento Isabel?

C. *Discusión sobre la lectura.*

1. ¿Por qué piensa Ud. que Isabel no quería a sus parientes políticos?
2. ¿Por qué cree Ud. que se casó Margarita con Julio?
3. ¿Cómo era la vida de Isabel y por qué ella la encontraba vacía?
4. ¿Por qué piensa Ud. que Julio quiere hablar con Isabel?
5. ¿Ha visitado Ud. algún lugar similar al de esta historia? Descríbalo.
6. ¿Cuál es el mensaje principal de este cuento?

D. *Composición* **Mi hispano favorito.**

Seleccione un personaje hispano famoso hoy día en los Estados Unidos y haga una investigación de sus datos biográficos en la biblioteca de su escuela o universidad. Luego escriba una breve composición describiendo al personaje. Además de proporcionar datos biográficos, explique por qué seleccionó a este personaje.

E. *Actividad comunicativa* **Discusión.**

En grupos de cuatro a cinco estudiantes discutan cuáles son los hispanos más famosos en los siguientes campos:

la política   **los deportes**   **el cine**   **el arte**

Para cada categoría el grupo deberá ofrecer cinco personajes conocidos.

CAPÍTULO 12

La amistad

La amistad es un valor que a través de los siglos hemos conservado para indicar un tipo especial de relación que une a los seres humanos. Ella nos permite compartir los momentos de alegría[1] y felicidad, y también nos conforta en los de pesadumbre[2] e infortunio.[3] Requiere compenetración,[4] entendimiento,[5] paciencia y, sobre todo, tolerancia. Para mantenerla debemos estar conscientes de que así como otros tienen defectos, nosotros también los tenemos, por lo que debemos aceptarnos tal y como[6] somos y no pretender cambiar a quienes son diferentes. Conservarla no es fácil y a veces demanda sacrificios por nuestra parte, pero la riqueza espiritual que nos proporciona es imposible de medir.

Las selecciones que siguen te permitirán a ti, lector[7] apreciar ese fenómeno tan humano.

---

[1]**alegría** joy [2]**pesadumbre** sorrow
[3]**infortunio** misfortune
[4]**compenetración** mutual esteem
[5]**entendimiento** understanding
[6]**tal...** just as [7]**lector** reader

¿Sabe Ud. escuchar?

VOCABULARIO PRÁCTICO

SUSTANTIVOS

el ademán gesture
el aislamiento isolation
el ama de casa housewife
el asistente social social worker
la excursión outing
el interlocutor speaker
el juicio judgment
el oyente listener
el puesto job
la receta recipe
el relato story

VERBOS

animar to encourage

asentir to concede; to assent
captar to pick up; to grasp
desesperarse to be desperate

ADJETIVOS

deseoso eager; desirous
desinteresado uninterested
hambriento hungry
roto broken

EXPRESIONES

a menudo often
dejar de atender a to stop paying
  attention to

Un ama de casa decidió en cierta ocasión comprobar con cuánta atención escuchaba la gente. Mientras servía unos canapés,° aconsejaba a sus invitados:° "Prueba uno. Los he preparado con estricnina."° Ni uno solo de sus amigos vaciló.° "Exquisitos", decían uno tras otro.° "Me tienes que dar la receta."

    A todos nos gusta pensar que somos buenos oyentes pero el hecho° es que pronunciamos de 120 a 180 palabras por minuto y pensamos a una velocidad cuatro o cinco veces mayor. Como consecuencia, nuestra atención va de un centro a otro y, a menudo, sólo captamos° parte del mensaje de nuestro interlocutor. Sin embargo, en la capacidad de escuchar y responder está basada toda relación humana.

    Años atrás,° la autora de este artículo tuvo esta experiencia. Recién graduada de la universidad, la entrevistaron para un puesto en el periódico de una pequeña ciudad. Todo se desarrolló perfectamente hasta que el director empezó a hablar, campechanamente,° de su vacaciones de invierno, que pasó esquiando. Dese-

appetizers
guests
strychnine / hesitated
uno... *one after the other*

fact

we pick up

Años... *Years ago*

frankly

Dos hombres en un café de la Plaza Mayor de Madrid.

osa de causarle buena impresión con un relato de sus propias excursiones en las mismas montañas donde había estado esquiando, dejó de atender a lo que decía el director y comenzó a planear su relato.

—Bueno —preguntó de repente el director—¿qué le parece?

Sin haberse enterado de nada de lo que le había contado, balbució°:

—Deben haber sido unas vacaciones realmente maravillosas, ¡muy divertidas!°

—¿Divertidas? —preguntó con aire de total extrañeza.° ¿Cómo pudieron haber sido divertidas si le acabo de decir que pasé la mayor parte del tiempo en un hospital, con una pierna rota?

Muchos psiquiatras, consejeros familiares,° y asistentes sociales recomiendan, entre otras, las siguientes reglas para mejorar nuestra capacidad de escuchar.

balbució° — she stammered

muy... — very entertaining

extrañeza° — surprise

consejeros... — family counselors

ESCUCHE CON TODO SU SER[1]

Demuestre que escucha realmente mirando a su interlocutor, asintiendo en señal de aliento° o haciendo un ademán con la mano. Así animará a la otra persona a continuar.

en... — as a sign of encouragement

---

[1]**Escuche... ser**   Listen with all your attention

TODOS LOS QUE HABLAN NECESITAN UN OYENTE

La esposa de un diplomático cuenta los malos ratos° que pasaba en las recepciones, durante los primeros años de carrera de su marido, cuando ella, una muchacha provinciana, se encontraba entre gente distinguida, y en lugar de escuchar lo que hablaban, se desesperaba por decir algo. Por fin, confesó su problema a un veterano diplomático: "Hace mucho", le contó éste, "descubrí que todos los que hablan necesitan un oyente. Créame,° una persona que sepa escuchar es agradable en una recepción, y muy poco común."

malos...   bad times

Hace...   long time ago
Believe me

ESCUCHE SIN JUZGAR°

Siempre deseamos establecer normas tajantes° del bien y del mal, dictar juicios. Pero así, en lugar de oír, cortamos las líneas de comunicación.

Todos estamos hambrientos de que nos escuchen. Los consultorios de los psiquiatras están llenos de gente que necesitan un oyente. En la mayoría de los casos, la comunicación se bloquea porque no hay nadie que desee escuchar... sólo hay gente que habla. Escuchar es un acto de amor, una desinteresada acción que nos permite escapar del aislamiento que nos ha alejado° de los demás y entrar en el círculo de las relaciones humanas y de la amistad.

sin...   without judging

definitive, categorical

nos...   has moved us away

Adaptado de *Selecciones*

Ejercicios

A. *Uso de palabras o frases claves.*

Escoja la palabra o frase apropiada para completar la oración y haga todos los cambios gramaticales que sean necesarios.

dejar de atender	**escuchar**
puesto	**oyente**
relato	**interlocutor**
veterano	**asistentes sociales**

1. Un ama de casa quiso comprobar si la gente _____ con atención.
2. El director del periódico habló de sus vacaciones, pero la muchacha _____ a lo que él decía.
3. Para mejorar nuestra capacidad de escuchar muchos _____ recomiendan seguir varias estrategias.
4. En el periódico de una pequeña ciudad entrevistaron a la recién salida de la universidad para un _____.

5. Deseosa de causarle una buena impresión al director del periódico le contó un _____ de sus propias excursiones.
6. Mirando a su _____ usted demuestra que escucha realmente.
7. Las personas que hablan necesitan tener un _____.
8. Un _____ es una persona que lleva muchos años practicando su profesión.

Escriba una oración completa en español usando cada una de las siguientes palabras o frases y haga todos los cambios gramaticales que sean necesarios.

ademán	**roto**
a menudo	**relato**
excursión	**asentir**
hambriento	**desinteresado**

B. *Preguntas sobre la lectura.*

1. ¿Qué decidió el ama de casa?
2. ¿Qué le decía a sus invitados?
3. ¿Qué nos gusta a todos?
4. ¿Por qué nuestra atención va de un centro a otro?
5. ¿En qué está basada toda relación humana?
6. ¿Qué le sucedió a la autora durante la entrevista con el director del periódico?
7. ¿Cómo puede Ud. demostrar que escucha realmente?
8. ¿Qué necesitan todos los que hablan?
9. ¿Por qué pasaba malos ratos en las recepciones la esposa del diplomático?
10. ¿De qué manera cortamos las líneas de comunicación?
11. ¿De qué están llenos los consultorios de los psiquiatras?
12. ¿Qué clase de acto es escuchar?

C. *Discusión sobre la lectura.*

1. ¿Cree Ud. que el método usado por la narradora para comprobar la atención de sus invitados era correcto? ¿Por qué?
2. ¿Por qué piensa Ud. que muchas personas no escuchan a su interlocutor?
3. En su opinión, ¿por qué a veces captamos solamente parte del mensaje de nuestro interlocutor?
4. En una entrevista para un empleo, ¿qué haría Ud. para impresionar a su nuevo jefe?
5. Cuando Ud. habla con una persona, ¿le gusta que le miren a la cara? ¿Por qué?

6. En su opinión, ¿es difícil para una persona de origen provinciano adaptarse a la vida social de los círculos diplomáticos? Explique.
7. ¿Cree Ud. que la comunicación entre las personas es importante? ¿Por qué?
8. ¿Está Ud. de acuerdo con que "escuchar" es un acto de amor? Explique.

Conservar esa amistad...
¡Vale la pena!

VOCABULARIO PRÁCTICO

SUSTANTIVOS

la amenaza threat
la fidelidad loyalty
la murmuración gossip
el odio hatred
el rasgo feature
el rostro face
la tacha flaw; defect
el trato manner

VERBOS

ceder to yield
defraudar to disappoint; to defraud
entregarse to give oneself to
nublar to cloud

quejarse to complain of

ADJETIVOS

amistoso friendly
atraído attracted
callado quiet
desgraciado unfortunate
desilusionado disappointed

EXPRESIONES

dejar plantado to disappoint
    someone
tal y como as
valer la pena to be worthwhile

Con frecuencia nos quejamos de nuestras amistades, y desilusionados, llegamos a decir que la amistad no existe, bien sea por algún problema que hemos tenido con ella o porque "nos dejó plantada". A veces es difícil encontrar una amistad verdadera que se entregue sin condiciones a otro ser. Analicemos pues lo que es una amistad y a quién llamamos una persona amistosa.

Cuando conocemos a una persona, casi siempre nuestro juicio está influido por muchos elementos externos, y pocas veces somos plenamente objetivos en nuestra opinión sobre los demás. Nuestra sensibilidad nubla con frecuencia la visión que nos hacemos de otra persona y es "según como nos caiga",° si nos es simpática o antipática,° cortés o ruda, lo que influirá en nuestra actitud hacia ella.

según... depending on how one likes the person disagreeable

Resulta difícil considerar a las gentes tales y como son, porque es más la mirada externa que la interna la que determina la decisión; nos atrae la entonación de su voz, la mirada de sus ojos, los

Tres estudiantes juegan a las cartas.

rasgos de su rostro, su manera de vestir... Si nos limitáramos a esto, nuestro juicio sobre los demás sería casi siempre falso y, sobre todo, superficial. Por eso debemos mirar a las otras personas con la inteligencia, estudiándolas detenidamente, para que cada rostro tenga su historia, su carácter, su interioridad, y no sólo cuente la parte externa o física.

¿Qué encontramos en la verdadera amistad? La individualidad del otro. Es ello lo que separa al amigo del montón° de otras rela-   from the rest
ciones humanas.

Supongamos una "verdadera amistad" en la que nos encon-
tramos con otra persona en nuestra vida, y nos sentimos atraídos°   attracted
mutuamente y nos queremos conocer inmediatamente. ¿Qué nos llamaría la atención de esa persona? Lo más probable, su trato, sus cualidades, su aspecto físico, su carácter, pero sobre todo, su interioridad, su forma de ser, sus sentimientos. Con frecuencia, después de sincerarnos° con un amigo o amiga, y después de   speak sincerely
conocernos, ya descubrimos en él o en ella, sus virtudes y defectos (estos últimos más de lo que esperábamos). No nos parecen ya tan formidables como al principio parecían, y corremos el riesgo del desafecto,° pero como dice un refrán: "La persona que busca un   disaffection; dislike
amigo sin tacha, no encontrará nunca un amigo."

Lo que sucede es que amamos la imagen "idealizada" del amigo, pero no la de la persona real; amamos el sentimiento de amistad, pero no al otro; pero si los amigos se quieren de veras, seguirán unidos. Sea lo que fuere,° esa persona que comparte nuestra amistad es única e irrepetible. No se hallará otra igual, por lo tanto, respétela tal como ella es.

Sea... whatever he / she might be

Una vez pasada esta etapa, ya se aceptarán tal como son y se querrán como son: entonces es cuando será algo formidable la amistad...

Mediante la amistad sincera el hombre adquiere una nueva seguridad en la vida: el egoísmo cede, nos volvemos más pacíficos, serenos y callados. Nos hacemos más atentos y corteses; no tenemos oídos para las murmuraciones ni guardamos recuerdos de° las ofensas.

ni... nor do we remember

La amistad es algo más que el simple estar juntos; el amigo forma ya parte de nuestro ser. ¿No flota, sin embargo, sobre toda amistad la amenaza de la separación? Existe siempre riesgo al contraer una amistad nueva, al permitir a otro ser humano que tome parte en nuestra existencia, y una lección que aprendemos de nuestros amigos es que muchas veces nos defraudan. Se dice que "los amigos son como los taxis: es difícil encontrarlos cuando el tiempo se pone feo".°

cuando... in bad times

Es realmente una bendición el tener una amistad verdadera en este mundo que con frecuencia está tan lleno de odio y, por eso mismo, es tan desgraciado. Si tenemos una amistad, cuidémosla con fidelidad y crecerá para toda la vida. Y piense en lo que dijo Edison: "El único modo de tener un amigo es siendo amigo."

Adaptado de *Buenhogar*

Ejercicios

A. *Uso de palabras y frases claves.*

Escoja la palabra o frase apropiada para completar la oración y haga todos los cambios gramaticales que sean necesarios.

amistoso	**tal y como**
rostro	**quejarse**
entregarse	**tacha**
odio	**juicio**

1. Hay personas que con frecuencia _____ de sus amistades.
2. No podemos juzgar a una persona simplemente por su _____.
3. En nuestro _____, cuando conocemos a una persona, influyen muchos elementos externos.
4. Es difícil en la vida encontrar a un amigo sin _____.

5. El _____ es un sentimiento frecuente en los seres humanos.
6. A veces conocemos a personas que son más _____ que otras.
7. La apariencia externa nos impide, en ocasiones, conocer a las personas _____ son.
8. Los amigos verdaderos _____ sin condiciones a sus amigos.

Escriba una oración completa en español usando cada una de las palabras o frases siguientes y haga todos los cambios gramaticales que sean necesarios.

atraído	**el trato**
callado	**la amenaza**
ceder	**nublar**
el rasgo	

B. *Preguntas sobre la lectura.*

1. ¿Por qué decimos con frecuencia que la amistad no existe?
2. ¿Por qué es difícil encontrar una amistad verdadera?
3. ¿Qué nubla con frecuencia la imagen que nos hacemos de otra persona?
4. ¿Por qué debemos mirar a las otras personas con la inteligencia?
5. ¿Qué es lo que separa al amigo del montón de otras relaciones humanas?
6. En la amistad, ¿qué nos llama la atención de la otra persona?
7. ¿Qué descubrimos después de sincerarnos con un amigo o amiga?
8. ¿Qué tipo de imagen del amigo amamos?
9. ¿Qué adquiere el hombre con una amistad sincera?
10. ¿Qué hay que hacer para que la amistad crezca para toda la vida?

C. *Discusión sobre la lectura.*

1. ¿Cree Ud. que la amistad es un valor humano permanente? ¿Por qué?
2. ¿Por qué no somos a veces objetivos en nuestra opinión sobre los demás?
3. En su opinión, ¿cuáles son los aspectos de una persona que debemos considerar para establecer una buena amistad? Explique.

4. Piensa Ud. que la amistad y el egoísmo son dos valores que se excluyen? ¿Por qué?
5. ¿Qué opina Ud. del amigo difícil de encontrar cuando el tiempo se pone feo?
6. ¿Es necesaria la amistad en el mundo en que vivimos? ¿Por qué?

El niño al que se le murió el amigo

— SELECCIÓN LITERARIA —

VOCABULARIO PRÁCTICO

SUSTANTIVOS

las canicas marbles
el codo elbow
el hambre hunger
la hojalata tin plate
el pozo well
el quicio threshold *(of a door)*
la sed thirst
el tonto fool
el traje suit
la valla fence

VERBOS

andar (algo mecánico) to work; to
  function

estirar to stretch
llenar to cover; to fill
morirse to die
tirar to throw away
venirle (a uno) to fit *(a garment)*

ADJETIVOS

pequeño small
tonto foolish; silly

EXPRESIONES

dictar cursos to lecture
en lugar de instead of

Ana María Matute

*Ana María Matute (Barcelona, 1926–   ) está considerada por la crítica
como una de las mejores escritoras de la España de la postguerra.*[1] *Ha
recibido varios premios literarios, entre ellos, "Café Gijón" por su novela*
Fiesta al noroeste *(1952);* Planeta, *por* Pequeño teatro; *el Nacional de
Literatura en 1959 por* Los hijos muertos, *(1958), y el Nadal por*
Primera memoria *(1960). Como cuentista,° se ha destacado por la
recreación del mundo infantil con una exquisita y penetrante sensibilidad.
Su colección de cuentos* Los niños tontos, *(1956), de donde se toma la
selección que aparece a continuación, y la titulada* Historias de la
Artámila, *(1961), son ejemplos de su arte literario. Ha dictado cursos de
literatura en universidades extranjeras, y en los Estados Unidos ha
enseñado en la Universidad de Indiana y en la Universidad de Boston.*

short-story writer

◆

Una mañana se levantó y fue a buscar al amigo, al otro lado de la
valla. Pero el amigo no estaba, y, cuando volvió, le dijo la madre:
"El amigo se murió. Niño, no pienses más en él y busca otros para
jugar". El niño se sentó en el quicio de la puerta, con la cara entre
las manos y los codos en las rodillas. "El volverá", pensó. Porque
no podía ser que allí estuviesen las canicas, el camión y la pistola
de hojalata, y el reloj aquel que ya no andaba, y el amigo no
viniese a buscarlos. Vino la noche, con una estrella muy grande, y
el niño no quería entrar a cenar. "Entra niño, que llega el frío",

---

[1]**postguerra** Reference to the period that followed the Spanish Civil War of 1936–
1939

dijo la madre. Pero, en lugar de entrar, el niño se levantó del quicio y se fue en busca del amigo, con las canicas, el camión, la pistola de hojalata y el reloj que no andaba. Al llegar a la cerca, la voz del amigo no le llamó, ni le oyó en el árbol, ni en el pozo. Pasó buscándole toda la noche. Y fue una larga noche casi blanca, que le llenó de polvo el traje y los zapatos. Cuando llegó el sol, el niño, que tenía sueño y sed, estiró los brazos, y pensó: "Qué tontos y pequeños son esos juguetes. Y ese reloj que no anda, no sirve para nada." Lo tiró todo al pozo, y volvió a la casa, con mucha hambre. La madre le abrió la puerta, y dijo: "Cuánto ha crecido° este niño, Dios mío, cuánto ha crecido." Y le compró un traje de hombre,° porque el que llevaba le venía muy corto.

Cuánto... How much has he grown
traje... man's suit

Ejercicios

A. *Uso de palabras o frases claves.*

Complete las oraciones siguientes usando cada una de las siguientes palabras o expresiones y haga todos los cambios gramaticales que sean necesarios.

traje	**quicio**
estirar	**valla**
en lugar de	**morirse**

1. El padre de Manuel _____ ayer de un ataque al corazón.
2. El niño fue a buscar al amigo al otro lado de la _____.
3. El niño se sentó en el _____ de la puerta.
4. Para ir a la iglesia José se puso un _____ muy elegante.
5. Al despertarse el niño _____ los brazos antes de salir de la cama.
6. Tuvo que quedarse en casa estudiando _____ ir al cine con los amigos.

Escriba una oración completa en español usando cada una de las palabras o frases siguientes y haga todos los cambios gramaticales que sean necesarios.

canicas	**hojalata**
el pozo	**crecer**
tonto	

B. *Preguntas sobre la lectura.*

1. ¿A quién fue a buscar el niño cuando se levantó?
2. ¿Por qué no estaba el amigo allí?
3. ¿Qué le dijo la madre al niño?
4. ¿Dónde se sentó el niño?
5. ¿Qué cosas estaban al otro lado de la valla?

6. ¿Qué hizo el niño en lugar de entrar a cenar?
7. ¿Qué llevaba el niño cuando fue a buscar de nuevo al amigo?
8. ¿Qué hizo el niño cuando llegó el sol?
9. ¿Qué tenía el niño cuando volvió a la casa?
10. ¿Qué le compró la madre al hijo?

C. *Discusión sobre la lectura.*

1. ¿Por qué cree Ud. que el niño se sentó con la cara entre las manos y los codos en las rodillas?
2. En su opinión, ¿por qué el niño pensaba que su amigo no había muerto?
3. ¿Qué piensa Ud. que quiere decir la narradora cuando expresa que para el niño fue una "larga noche casi blanca"?
4. ¿Tiene para Ud. alguna significación en el cuento, el momento en que el niño estiró los brazos? ¿Cuál?
5. ¿Qué simbolismo hay en el acto de tirar los juguetes al pozo?
6. ¿Cree Ud. que la madre del niño tiene una filosofía fatalista?
7. ¿Cuáles son las etapas que la autora nos presenta para demostrar que el niño ya no es niño?
8. ¿Qué papel juega la muerte con respecto al niño?

D. *Composición* **Su mejor amigo(a).**

Escriba una breve composición en la que describa a su mejor amigo o amiga. Explique en qué forma conoció a esta persona y por qué existe una fuerte amistad entre los dos.

E. *Actividad comunicativa* **Entrevista.**

Entreviste a un(a) compañero(a) de clase y hágale las siguientes preguntas:

1. ¿Qué significa para él / ella la amistad?
2. ¿Qué cualidades busca él / ella en un(a) amigo(a)?
3. ¿Qué dificultades ha tenido con los / las amigos(as)?
4. ¿Qué actividades le gusta hacer con los amigos?
5. ¿Quién es su amigo(a) preferido(a) y por qué?

CAPÍTULO 13
Aspectos del amor

El amor mide[1] toda nuestra existencia. Recibimos amor de nuestros padres, lo compartimos[2] con nuestros seres queridos[3] y lo exteriorizamos con nuestros amigos. A veces lo materializamos tanto que lo dañamos[4] en su belleza; en otras ocasiones él domina[5] nuestro espíritu, y sin él la vida se hace difícil y nos volvemos tristes.[6] Sin embargo, si somos generosos con él, casi siempre lo recibiremos de las personas que nos rodean.[7] Sus maneras de manifestarse son infinitas, y las selecciones que siguen así lo atestiguan.[8]

[1]**mide** measures
[2]**compartimos** we share
[3]**seres...** loved ones
[4]**dañamos** we damage
[5]**él...** it controls
[6]**tristes** sad
[7]**rodean** they surround
[8]**atestiguan** they attest to

¿La ama él de veras?

VOCABULARIO PRÁCTICO

SUSTANTIVOS

la cualidad quality
la esposa wife
el esposo husband
la equivocación mistake
la ficha chip; token
el hecho fact
el marido husband
el matrimonio married couple;
  wedding
la novia sweetheart; fiancée; bride
el novio sweetheart; fiancé;
  bridegroom
la relación relationship
la simpatía affection; charm

ADJETIVOS

afectuoso affectionate
atento attentive, courteous
precipitado hasty
provechoso useful

VERBOS

aburrir to bore
adorar to worship
amar to love
avanzar to advance
casarse to get married
colocar to place
compartir to share
fijar to fix
herir to hurt; to wound
morder to bite
perder to waste; to lose
pescar to fish
retroceder to retreat
tratar to treat; to try

EXPRESIONES

bien pensado well thought out
de veras really
estar loco por to be crazy about
valer la pena to be worthwhile

A veces es difícil saber si el hombre que Ud. "adora" la ama de veras. Y aunque él utilice expresiones maravillosas como: "¡Estoy loco por tí!" o "¡no puedo vivir sin tu presencia!",° no es raro° que Ud. se pregunte, ¿serán sinceras estas dulces° y almibaradas° frases?

    Por supuesto, como° su novio le dice lo que Ud. desea oír, Ud. quiere creerlo. Pero sería una sorpresa muy desagradable si, después de casarse descubriera° que existen otras cosas en la vida de su esposo que son para él mucho más importantes que Ud.

    Para evitar que Ud. cometa una lamentable° equivocación, haga esta prueba y descubra si él la ama lo suficientemente como

sin... *i.e.,* without you /
  strange
sweet / honey-coated

Por... Of course, since

you were to discover

painful

| 1 | 2 | 3 | 4 | 5 | 6 |

para ser un buen marido. Cuando termine la prueba, Ud. sabrá si vale la pena acompañarlo al altar y pasar toda la vida con él.

Ahora, tome un objeto pequeño o una ficha. No coloque la ficha o el objeto en la posición número uno en la serie de cuadros° en esta página hasta que no haya respondido a la primera pregunta. Entonces, avance o retroceda en los cuadros de acuerdo con° las instrucciones que aparecen en cada pregunta.

PREGUNTAS

1. ¿Le ha dicho él a Ud. que la ama? Si la respuesta es sí, ponga la ficha o el objeto en el cuadro número uno.
2. ¿Le ha presentado él° a su familia? Si es sí, avance un cuadro. Si no, permanezca° donde Ud. está.
3. ¿La lleva él° a todas partes y la presenta a todos sus amigos con orgullo? Si es así, avance dos cuadros. Si no, quédese° donde está.
4. ¿Tienen un objetivo los planes futuros que han hecho juntos?° ¿Juega Ud. un papel° importante en esos planes? Si Ud. puede contestar estas dos preguntas con un sí, avance dos cuadros. Si no, retroceda uno.
5. ¿Está segura° que Ud. es más importante para él que sus amigos y familiares?° Si está bien segura, avance tres cuadros. Si no, quédese donde Ud. está.

(continued)

squares

de... according to

Le... Has he introduced you
you remain

La... Does he take you

you stay

together / part

sure
relatives

| ¡CÁSESE! | 18 | 17 | 16 | 15 |

Squares numbered 7, 8, 9, 10, 11, 12, 13, 14 appear vertically along the right side.

6. ¿La quiere ver él a Ud. todos los días? Si es así, avance dos cuadros. Si no, quédese donde está.

7. ¿Escucha él sus problemas con interés y simpatía, y le hace él a Ud. sugerencias° provechosas? Si es así, avance un cuadro. Si no, retroceda uno.

    suggestions

8. ¿Acostumbra él a alabarla° delante de los demás?° Si es así, avance un cuadro. Si no, retroceda uno.

    *to praise you / **los...** the rest*

9. ¿Le menciona él a Ud. con bastante frecuencia° que ha conocido a otras mujeres atractivas? Si es así, no se mueva. Si no, avance un espacio.

    ***con...** rather frequently*

10. ¿La trata° mucho mejor que a cualquier otra persona? Si Ud está convencida que él es más afectuoso y atento con Ud. que con los demás, avance dos cuadros. Si no, quédese donde está.

    ***La...** Does he treat you*

11. ¿Le dice él que Ud. es la única° mujer que existe en su vida? Si la respuesta es sí, avance dos cuadros. Si no, quédese en el mismo sitio.°

    only

    place

12. Cuando Uds. van juntos a una fiesta, ¿da él la impresión de sentirse feliz y disfruta él plenamente de° la reunión? Si es así, avance un cuadro. Si no, retroceda uno.

    ***disfruta...** does he enjoy fully*

13. ¿La aburre él a veces?° Si es así, regrese° dos espacios. Si no, quédese donde está.

    ***a...** at times / you go back*

14. ¿Trata él de destacar° las buenas cualidades que Ud. tiene y se siente Ud. más segura de sí misma° cuando está en su compañía? Si es así, avance tres cuadros. Si no, quédese en el mismo lugar.

    ***Trata...** Does he try to emphasize*

    ***sí...** yourself*

15. ¿Acostumbra él a guardar° en secreto sus pensamientos° y también sus actividades? Si es así, no se mueva. Si no, avance un cuadro.

    to keep / thoughts

RESPUESTAS

Si después de haber respondido° cada una de las 15 preguntas de la prueba Ud. llegó al cuadro que dice "Cásese," todo indica que encontró a su hombre ideal y que ambos° se aman.

    answered

    both of you

    Si Ud. llegó a los cuadros 13 a 16, es probable que haya encontrado al hombre de su vida, pero no debe sentirse segura de ello.° Continúe la relación, pero con calma. Es más fácil y menos doloroso° tomar una determinación bien pensada,° que perder a un hombre que pudiera hacerla feliz en el matrimonio por tomar una decisión precipitada.°

    that

    *painful / **bien...** well thought-out*

    hasty

    Si llegó hasta el espacio 12, es casi seguro que él no la quiere, aunque Ud. piense que él es maravilloso. Será mejor que fije sus ojos en otro.

    Si no llegó a la posición 12... ¡no pierda° su tiempo! Puede que él llegue a ser° un magnífico marido para otra mujer, pero no para

    waste

    ***a...** will be*

Ud. El hecho de que° Ud. continúe una relación con él indica que
Ud. es una mujer caprichosa. Pero reaccione a tiempo. No permita
que la hiera alguien° que no la quiere. Hay tantos hombres en la
tierra como peces° en el mar.° Prepare su anzuelo° y esté lista para
pescar a su hombre ideal en cuanto° él muerda la exquisita
carnada° que es ''usted''.

El...   The fact that

someone
fish / ocean / hook
en...   as soon as
bait

Adaptado de Vanidades

Ejercicios

A. *Uso de palabras o frases claves.*

Escoja la palabra o frase apropiada para completar la oración y
haga todos los cambios gramaticales que sean necesarios.

perder	**morder**
estar loco por	**colocar**
aburrir	**tratar**
retroceder	**casarse**

1. Yo nunca _____ cuando puedo avanzar.
2. Aída y Adolfo _____ en 1962.
3. Cuando el perro _____ a Marta, ella tenía veinte años.
4. Ayer nosotros _____ de estudiar, pero no pudimos.
5. Cuando tengo trabajo que hacer, no me gusta _____
   tiempo conversando.
6. El problema es que tú _____ Patricia y ella no te ama.
7. Alfonso me _____ a veces cuando repite el mismo chiste.
8. Siempre que mi mamá termina la cena, ella _____ los
   platos en la lavadora de platos.°

lavadora...   dish washer

Escriba una oración completa en español con cada una de las
siguientes palabras o frases y haga todos los cambios gramaticales que sean necesarios.

hecho	**adorar**
equivocación	**marido**
fijar	**pescar**
valer la pena	**novia**

B. *Preguntas sobre la lectura.*

1. ¿Qué advertencia se hace sobre los hombres al comienzo
   de la lectura?
2. ¿Por qué es que las mujeres desean creer lo que dice el
   hombre?
3. ¿Qué sorpresa desagradable hay que tratar de evitar?
4. ¿Qué descrubrirá la mujer cuando haga la prueba?

5. ¿Qué quiere decir si Ud. llega al cuadro "Cásese"?
6. ¿Qué debe hacer la novia si no está segura que ha encontrado al hombre de su vida?
7. Si el resultado de la prueba indica que él no la quiere a ella, ¿qué debe hacer la mujer?
8. ¿Qué indicaría que la chica es una mujer caprichosa?
9. ¿Para qué debe preparar la joven el anzuelo?

C. *Discusión sobre la lectura.*

1. ¿Cree Ud. que la prueba de la lectura puede ser usada también por los hombres? ¿Por qué?
2. De las 15 preguntas de la prueba, ¿cuál considera Ud. más importante y por qué?
3. ¿Por qué es importante que su novio(a) le presente a Ud. a su familia?
4. ¿Es bueno que los novios planeen el futuro juntos? ¿Por qué?
5. ¿Es conveniente o no compartir° ciertas cosas con su novio   to share
o novia? Explique.

¿Es Ud. un seductor perfecto?

VOCABULARIO PRÁCTICO

SUSTANTIVOS

la cita date; appointment
la chispa spark
la edad age
el encanto charm
la florería flower shop
la medida measure
el maestro master
la muestra sample
el naipe *(playing)* card
el piropo compliment
el sitio place
el vencedor winner

ADJETIVOS

deseable desirable
fiel faithful
íntimo intimate

VERBOS

abrazar to embrace
besar to kiss
cruzarse con to meet
disculparse to excuse oneself; to apologize
equivocarse to be mistaken
enterarse to find out
marcharse to leave
sonreír to smile

EXPRESIONES

¡enhorabuena! congratulations!
estar de espaldas to be facing the other way
estar de moda to be fashionable
osito de peluche teddy bear
ramillete de flores flower bouquet
sondear el terreno to test the ground

Casanova, Don Juan Tenorio... Reales o ficticios, ellos son sólo una muestra de todos los que, gracias a unas muy peculiares cualidades, han hecho del galanteo° y de la conquista un verdadero arte. ¿Posee Ud., aunque sólo sea una chispa de esa cualidad llamada seducción, que es capaz° de hacer deseable° e irresistible al más insignificante de los hombres? Con esta prueba Ud. podrá descubrir la dosis° de atracción que le ha sido otorgada.°

courting

capable / desirable

dose

granted

Elija° la respuesta que mejor describa lo que Ud. haría: You choose

1. Acaba de conocer a una mujer que le gustaría volver a ver.
   ¿Qué hace?
   a. Le escribe a ella su número de teléfono en una tarjeta diver-   amusing, funny / pocket /
      tida° que Ud. pone en el bolsillo° de la chaqueta° de ella sin   jacket
      que ella se entere.°   **sin...** without her finding out
   b. Se lo dice a ella abiertamente.°   openly
   c. Le pide a su mejor amigo que "sondee el terreno".
2. En un viaje en tren Ud. está sentado junto a una mujer interesante pero mayor° que Ud. ¿Cómo se comporta?   older
   a. Lee Ud. el periódico sin prestarle atención a la mujer.
   b. Se alegra Ud. de notar que el encanto no tiene edad.
   c. Trata Ud. de conquistarla,° ¡total, Ud. no tiene nada que   to win her
      perder!
3. Va Ud. a llevar al cine a una chica que le interesa. ¿Qué tipo de
   película° elige?   film, movie
   a. De amor prohibido
   b. Cómica
   c. Un drama romántico
4. Caminando por la calle,° Ud. se cruza con una chica que le   **por...** down the street
   sonríe. ¿Cómo reacciona?
   a. Le devuelve° la sonrisa a la chica.   you return
   b. Le dice un piropo más bien fuerte.°   **más...** somewhat forward
   c. Ud. vira° la cabeza hacia otro lado.°   **Ud....** You turn / **hacia...** the
                                                                       other way
5. En la estación de autobuses Ud. va corriendo para abrazar a
   una mujer que está de espaldas, luego se da cuenta que ella no
   es la mujer que Ud. esperaba. ¿Qué le dice a la mujer?
   a. Le pide excusas° a la mujer y se marcha rápidamente.   **Le...** You apologize
   b. Le dice, "Discúlpeme, me he equivocado de persona,° pero   **me...** I have the wrong person
      ha sido un error muy agradable."
   c. No le dice nada a la mujer y la besa.
6. ¿Cuál es el sitio ideal para la primera cita con su chica?
   a. Un hotel elegantísimo.
   b. Una discoteca.
   c. Delante de una florería. Naturalmente, la recibirá con un
      ramillete de flores en las manos.
7. Debe preparar una cena íntima. ¿Qué plato prefiere Ud.?
   a. Una paella
   b. Dos hamburguesas
   c. Cuatro huevos fritos
8. ¿Con cuál de este tipo de mujer le gustaría salir una noche?
   a. Una mujer habladora
   b. Una mujer simpática y bonita
   c. Una mujer muy seductora

9. Tiene que decirle a su novia que anoche Ud. fue al cine con otra chica, pero que no tiene importancia. ¿Cómo se lo dice?
   a. Al salir de su casa con ella le dice, "¡Qué bonita está la noche!"
   b. Pone el disco de *Don Juan* de Mozart, en la parte que canta, "Todo es amor. Quien es fiel a una sola,° hacia las demás es cruel."

   Quien... He who is faithful to only one

   c. Le explica a su novia que el hombre es cazador° y que ayer comenzó la temporada de caza.°

   hunter
   temporada... hunting season

10. Desea hacerle un pequeño regalo a su novia, ¿qué le compra?
    a. Un minibikini
    b. Un diccionario de español
    c. Un osito de peluche

SOLUCIÓN

A cada respuesta de la prueba le hemos dado uno de los siguientes números: I, II, o III. La siguiente tabla° indica el número que le debe asignar a cada respuesta suya. El número que prevalezca° le dirá a Ud. qué tipo de hombre es:

chart

it prevails

	I	II	III
1.	c	a	b
2.	a	b	c
3.	b	c	a
4.	c	a	b
5.	a	b	c
6.	b	c	a
7.	c	a	b
8.	a	b	c
9.	a	b	c
10.	b	c	a

PREDOMINA I

Ud. es demasiado tímido y poco original. Deje que su imaginación vuele o se le van a escapar° todas las mujeres.

se... they are going to flee from you

PREDOMINA II

¡Enhorabuena! Si Casanova viviera, estaría muy orgulloso de Ud. Sentido de la medida,° clase y una virilidad sin ostentación son los naipes que juegan en el arte del amor y que hacen de Ud. un vencedor, un auténtico maestro.

Sentido... A sense of what is correct

PREDOMINA III

Ud. es demasiado directo, demasiado explícito, demasiado macho.
Los hombres como Ud. no están muy de moda entre las mujeres
de hoy día. Debe tratar de ser más sutil en su relación con las
mujeres.

Ejercicios

A. *Uso de palabras o frases claves.*

Escoja la palabra o frase apropiada para completar la oración y
haga todos los cambios gramaticales que sean necesarios.

besar	maestro
oso	equivocarse
fiel	sitio
ramillete	cita

1. Le regalé un _____ de peluche a mi novia.
2. Ellos siempre _____ cuando decían la respuesta.
3. Rolando le llevó a su amiga un _____ de flores.
4. ¿En qué _____ estamos?
5. A Pedro no le gusta _____ a su novia en público.
6. Amelia y Lucrecia son amigas muy _____.
7. Dulce tiene una _____ con Carlos está noche.
8. Don Pepe es un _____ jugando al ajedrez.

Escriba una oración completa en español con cada una de las
siguientes palabras o frases y haga todos los cambios gramaticales que sean necesarios.

edad	chispa
estar de moda	muestra
florería	piropo
disculparse	sondear el terreno

B. *Preguntas sobre la lectura.*

1. ¿De qué son una muestra personajes como Casanova y
   Don Juan?
2. ¿Qué hace posible la cualidad de seducción en un hombre?
3. ¿Qué problemas tiene el hombre cuyas respuestas son
   predominantemente el número I?
4. ¿Cómo es el hombre cuyas respuestas son predominantemente el número II?
5. ¿Qué cualidades tiene el hombre cuyas respuestas son
   predominantemente el número III?

C. *Discusión sobre la lectura.*

1. De las diez preguntas de esta prueba, ¿cuál cree Ud. que es la más importante? ¿Por qué?
2. En su opinión, ¿cuál es la menos importante y por qué?
3. ¿Piensa Ud. que esta prueba es útil? ¿Por qué?
4. ¿Qué es para Ud. un Don Juan? Descríbalo.
5. ¿Las mujeres tienen una figura equivalente al Don Juan? Descríbala.

Las mujeres

—SELECCIÓN LITERARIA—

VOCABULARIO PRÁCTICO

SUSTANTIVOS

el alba dawn
el amante lover
la arena sand
la dueña owner; mistress
la estrella star
la factura bill
la limpieza cleanliness
la luna moon
el obispo bishop
el Papa Pope
la vaca cow
la viña vineyard
la yerba grass

ADJETIVOS

querido dear
riente cheerful; laughing

VERBOS

brillar to shine
chillar to shriek
guisar to cook
parir to give birth
pulir to polish

EXPRESIONES

andar en algo to be up to something
irse de juerga to go on a binge
no más que nothing more than
recibir su merecido to get what one deserves
ser un sábelotodo to be a know-it-all

Hilda Perera

Nacida en La Habana, Cuba, Hilda Perera comenzó su carrera literaria a los 17 años con la publicación de Cuentos de Apolo.

    En su labor literaria hay dos vertientes,° la novela y la literatura infantil. Ha publicado las siguientes novelas: Mañana es 26, *1960;* El sitio de nadie, *1972;* Felices Pascuas, *1975;* Plantado, *1981; y* Los Robledal, *1987, que fue seleccionada en el Concurso° Internacional de Novela Novedades-Diana.*

    En el campo de la literatura infantil ha publicado Cuentos de Adli y Luas, La pata Pita, La pata Pita vuelve, Cuentos para chicos y grandes, *y* Podría ser que una vez. *Ha sido la única mujer hispano-americana honrada° dos veces en España con el premio Lazarillo, uno de los más prestigiosos premios concedidos° a obras de literatura infantil.*

    "Las mujeres" es un divertido y satírico cuento sobre las relaciones entre los hombres y las mujeres.

◆

Se reunieron los hombres un día, en aquellos tiempos en que aún estaban discutiendo° con las mujeres la soberanía del universo.

    —¡Hay que hacer algo! ¡Hay que hacer algo para acabar con° esto!— dijeron todos a una voz. Y concluyó él de más prestigio:

    —¡ Y hay que hacerlo rápidamente!

    —Bien —dijo el primero— me aburre mi mujer. Siempre habla que te habla:° que si la vecina viene, que si va, que si tiene un amante, que si estuvieron hasta el día,° allá, debajo del manzano°…

Margin notes:

directions, *i.e.,* genres

Contest

honored
given

discussing
acabar... to finish

Siempre... Always talking
daylight / **debajo...** under the apple tree

—Y me aburre la mía que todo lo pule, que todo lo limpia, que siempre anda en algo. "¡Que no te sientes en la yerba, que la mustias!"° "¡Que no bebas del agua, que la enturbias!"° ¡Si por ella fuera, hasta las estrellas, para que brillen,° habría que limpiarlas al crepúsculo!°

—Me aburre la mía porque para todo me dice; "Está bien." Si llego tarde, "está bien". Si me voy de juerga, "está bien". Si llego al alba y dejo a la luna cansada,[1] "está bien, amor, está bien".

—Me aburre mi hermana porque es lacia° y flaca,° y le traje un día al mismo sol y no lo quiso.°

—¡Hay que hacer algo, hay que hacer algo para acabar con esto! —dijeron todos a una voz. Y concluyó el de más prestigio:

—¡Y hay que hacerlo rápidamente!

—¡Bien! —dijo el primero— ¿qué hago con la mía? Habló la Noche que es sabia° y le gusta dar consejos:

—La tuya, habla que habla... "que si la vecina viene, que si va, que si tiene un amante, que si estuvieron hasta el día allá, debajo del manzano", ¡que se haga cotorra!°

—¡Que viva, que viva, qué bien —dijeron todos y la convirtieron.

—Y yo, ¿qué hago con la mía?

—La tuya, que todo lo pule, que todo lo limpia, que siempre anda en algo... ¡Que se haga hormiga!°

—Y la tuya, que todo lo sabe y lo dice: los granos de arena que hay en el mar y el número de estrellas fugaces,° y que el mundo es redondo,° y lo que pasará en el siglo veinte... ¡Si ni yo con ser° la Noche sé lo que pasará en el siglo veinte! ¡Que se haga lechuza° y se quede con los ojos abiertos y la boca cerrada!

—¡Que se haga, que se haga! —asintieron todos.

—¿La tuya es mansa?° ¡Que se haga una vaca! Y a las demás , a las que son lacias y flacas y no tienen atractivo como tu hermana, a ésas...—quedó pensando la Noche—: ¡Ya sé! —Y apareció una bandada de guineas lacias, chillando.

—Los hombres, mirando el prodigio, se hicieron Papas, obispos, embajadores y dueños del sufragio.° Y anduvieron por todas las viñas del mundo:

—¡Que viva, que viva, que ya se acabó!°

Pero vino el tiempo. Nadie que zurciera,° nadie que guisara, nadie que pariera. Y al terminar el día, no más que sueño° y sueño.

Por fin, ahítos° de la paz, volvieron los hombres a pedirle a la Noche:

—Señora, ¡tanta soledad!°

la... you will wither it / you will muddy
para... in order for them to shine
twilight

gaunt / thin
al... the sun itself and she refused it

wise

que... let her become a parrot

ant

shooting
round / **Si...** Not even I being
owl

tame

dueños... masters of the world

ya... it's finally over
to mend
i.e., sleep

satiated, *i.e.,* fed up

tanta... so much loneliness

---

[1]**Si... cansada** If I arrive at dawn after I leave the moon tired [from love making]

—La falta de compañía...

—¡La abstinencia! —la Noche se rio y, con un gesto,° pobló   gesture
otra vez el mundo de mujeres jóvenes, rientes exuberantes,
sabias... Las recibieron los hombres arrobados:°   ecstatically

—Amor...

—¡Dueña!°   My love

—¡Mi prenda!°   jewel

Y ése fue el instante que aprovecharon ellas para convertirlo
en ese animal doméstico que paga las facturas, que sirve de
marido, que dice: "Sí querida"°, "sí querida", "sí querida".   dear

Ejercicios

A. *Uso de palabras o frases claves.*

Escoja la palabra o frase apropiada para completar la oración y
haga todos los cambios gramaticales que sean necesarios.

arena	**pulir**
factura	**vaca**
estrella	**irse de juerga**
obispo	**guisar**

1. Las _____ de la hacienda de mi padre dan mucha leche.
2. Cuando voy a la playa, me gusta jugar en la _____.
3. A mi mamá le gusta _____ la plata antes de una fiesta.
4. Los hombres _____ durante el carnaval.
5. La _____ de la compra del televisor fue más de lo que yo
   pensaba.
6. El cielo está lleno de _____.
7. ¿Te gustó como yo _____ la carne?
8. La iglesia católica tiene muchos _____.

Escriba una oración completa en español con cada una de las
siguientes palabras o frases y haga todos los cambios gramaticales que sean necesarios.

yerba	**amante**
alba	**limpieza**
andar en algo	**brillar**
luna	**querido**

B. *Preguntas sobre la lectura.*

1. ¿Por qué están reunidos los hombres al comienzo del
   cuento?
2. ¿Por qué le aburre al primer hombre su mujer?
3. ¿Cuál es el problema con la mujer que todo lo pule?

4. ¿Por qué se aburre el hombre de la mujer que dice que todo está bien?
5. ¿Por qué le aburre su hermana a uno de los hombres?
6. ¿Qué les ocurrió a las mujeres después que los hombres hablaron con la Noche?
7. Con el tiempo, ¿qué cosas no podían hacer los hombres?
8. ¿Qué se cansaron de tener los hombres?
9. ¿Qué hizo la Noche?
10. ¿En qué convirtieron entonces las mujeres al hombre?

C. *Discusión sobre la lectura.*

1. ¿Piensa Ud. que los hombres o las mujeres podrían vivir sin el otro sexo? ¿Por qué?
2. ¿Qué clichés hay en esta lectura sobre las mujeres y los hombres?
3. ¿Cree Ud. que hoy día las mujeres tienen los mismos derechos que los hombres? Explique su respuesta.
4. ¿En qué sentido no es realista este cuento?
5. ¿Piensa Ud. que al final del cuento los hombres reciben su merecido?

D. *Composición* **La pareja ideal.**

Escriba una composición en la que describe al hombre o a la mujer ideal para Ud. Mencione los rasgos físicos que Ud. desea en su pareja, los aspectos de la personalidad que debe tener y el tipo de actividades a las que él o ella debiera dedicarse.

E. *Actividad comunicativa* **Discusión.**

En grupos de tres o cuatro, los estudiantes deberán discutir los problemas más comunes que tienen los novios en sus relaciones. Al final de la discusión, el grupo expondrá sus conclusiones a la clase en forma de presentación oral.

Painting on facing page: Dali, Salvador. *The Persistence of Memory.* 1931.
Oil on canvas. 9$\frac{1}{2}$ x 13".
Collection, The Museum of Modern Art, New York.
Given anonymously.

CAPÍTULO 14
El arte

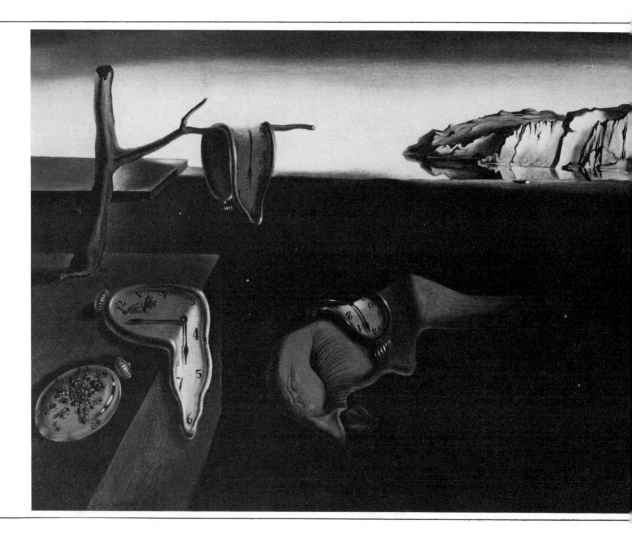

A través de las distintas etapas de su evolución histórica, el hombre de todas las latitudes y épocas ha revelado el mundo de sus sentimientos y su medio,[1] mediante diferentes manifestaciones artísticas, entre ellas la orfebrería,[2] la pintura y la literatura. Y a la vez ha legado a la posteridad, mediante leyendas, el origen de sus cosmogonías.[3]

Las selecciones que incluimos, reflejan esa actitud del hombre.

[1]**medio** surrounding

[2]**orfebrería** gold or silver work

[3]**cosmogonías** Cosmogonies are the theories that refer to the creation and origins of the universe.

El oro del Perú

VOCABULARIO PRÁCTICO

SUSTANTIVOS

la **antigüedad** antiquity
el **diseño** design
la **hierba** grass
el **lagarto** lizard
el **mango** handle
la **mariposa** butterfly
el **medio** surrounding
el **nudo** knot
la **orfebrería** gold or silver work
la **pieza** piece
el **préstamo** loan
el **puñal** dagger
la **realeza** royalty
el **sitio** site
el **tamaño** size
el **tesoro** treasure

ADJETIVOS

flamante brand-new
labrado worked; decorated
preciado precious

VERBOS

abarcar to include
almacenar to store
fundir to melt
martillar to hammer
palparse to be felt
poseer to possess
remontarse to go back (in time)
soldar to solder

Hace pocos años el flamante Museo Metropolitano y Centro de Arte de la ciudad de Miami, en la Florida, Estados Unidos, fue inaugurado con la exposición titulada *El oro del Perú*, originalmente organizada por el Museo de Historia Natural de Nueva York y presentada bajo los auspicios° del gobierno peruano. Los objetos exhibidos constituían un préstamo del *Museo del Oro*, de Lima, y representaban un tesoro artístico y material incomparable.

Su antigüedad se remonta a dos milenios y abarca no solamente la civilización precolombina de los incas, sino también las civilizaciones pre-incaicas chimú, moche, nazca y vicús. La opulencia y el refinamiento de estas civilizaciones pueden palparse° de manera especialísima en los objetos a los que se daba un uso ceremonial, como los guanteletes,° exquisitamente labrados,° o los "tumí", puñales de sacrificio, de oro y plata, con mangos o

auspices

pueden... can be felt
gauntlets / worked, *i.e.*,
    decorated; wrought

Jaguar de oro peruano.

empuñaduras° de oro de los más altos quilates° bellamente incrus-   hilts / carats
tados° con piedras preciosas. "El oro", pensaban estas civiliza-   inlaid
ciones, "es el sudor° del sol". Y los artesanos del antiguo Perú   sweat
poseyeron, como pocas civilizaciones, la habilidad de obtener,
fundir, soldar, martillar, moldear° y laminar° el preciado metal.   to mold / to laminate

    Si el oro simbolizaba el sol y los atributos masculinos, la plata
era la imagen del principio femenino, la luna. Y, desde los tiempos
más remotos, solamente personas de la realeza podían poseer
legalmente objetos trabajados en estos metales divinos, que
infundían° respeto porque reflejaban, en el plano terrestre, la vida   inspired
y las mutaciones que tenían lugar en la esfera celestial.

    Los trabajos más antiguos que se poseen, los de los primitivos
vicús, muestran formas elegantes y simples. Los motivos decora-
tivos, carentes de° complejidades, siguen un diseño geométrico,   **carentes...** lacking in
lineal. La civilización nazca, en época posterior, trabajó piezas más
elaboradas y añadió la representación de animales y serpientes. La
fusión de los nazcas y los moches produjo formas tridimensionales. Los chimús fabricaron objetos de valor práctico y ceremonial y
engarzaron° piedras preciosas a las delicadas estructuras, abriendo   they strung together
así las puertas a una rica orfebrería.

    Los incas fueron los herederos y depositarios° de esas tradi-   repositories
ciones que supieron conservar y enriquecer cuando lograron

la unidad de aquellos vastos territorios y de aquellas diversas culturas bajo un imperio único.

La unidad idiomática se obtuvo mediante la imposición del quechua.° El Inca, el hijo del sol, era un monarca absoluto. Cuzco, la capital del imperio, fue llamada, "el ombligo° del mundo", y la historia de sus hazañas° quedó registrada en los *quipus*. Estos eran unos cordeles que tenían nudos de colores, tamaño y formas diferentes para computar estadísticas. Bajo el imperio de los incas, el uso del oro y la plata se generalizó a situaciones corrientes de la vida diaria. Y en el templo del sol, llamado Coricancha, en el Cuzco, se almacenaba el tesoro real del Inca en forma de centenares de miles de preciosos objetos de oro. Existió inclusive en el templo un jardín enteramente realizado° en oro y plata, con plantas, hierbas, flores, frutos, culebras,° lagartos, mariposas, aves° y conejos° trabajados en forma exquisita. Parte de este tesoro desapareció con la conquista europea y con el robo de tumbas y sitios arqueológicos que no se ha detenido desde entonces.

Lo que resta,° sin embargo, y aun la muestra expuesta en el Museo Metropolitano de Miami, es prueba suficiente de la suntuosidad y del grado de refinamiento que lograron alcanzar los antiguos peruanos.

> Adaptado de *Vanidades*

Glosses (right margin):
- language of the Incas
- navel, *i.e.*, center
- deeds
- enteramente... made entirely of / snakes / birds / rabbits
- Lo... What is left

Ejercicios

A. *Uso de palabras y frases claves.*

Escoja la palabra o frase apropiada para completar la oración y haga todos los cambios gramaticales que sean necesarios.

hierba	orfebrería
flamante	pieza
fundir	puñal

1. En la ciudad de Miami, en la Florida, se inauguró el _____ Museo Metropolitano.
2. Entre los objetos ceremoniales usados para sacrificar a las víctimas había _____ de oro y plata.
3. Los artesanos del antiguo Perú eran expertos en _____ el oro para hacer obras de arte.
4. La civilización nazca trabajó _____ muy elaboradas.
5. Los estudiantes estaban sentados sobre la _____.
6. Con la fabricación de objetos de valor práctico, los chimús abrieron las puertas a una rica _____.

Escriba una oración completa en español con cada una de las palabras o frases siguientes, y haga todos los cambios gramaticales que sean necesarios.

antigüedad   **tesoro**
incrustado   **almacenar**
tamaño   **soldar**

B. *Preguntas sobre la lectura.*

1. ¿Dónde tuvo lugar la exposición de arte precolombino?
2. ¿De qué se componía el préstamo del gobierno peruano?
3. ¿Qué civilizaciones preincaicas estuvieron representadas en la exposición?
4. ¿A qué objetos se les daba un uso ceremonial?
5. ¿Con qué atributos y metales se representaban el sol y la luna?
6. ¿Qué fusión de culturas produjo formas tridimensionales?
7. ¿De quién era hijo el Inca?
8. ¿Cómo se comenzó a registrar la historia de los incas?
9. ¿Cuál era la capital del imperio inca?
10. ¿Qué era Coricancha y qué se almacenaba allí?

C. *Discusión sobre la lectura.*

1. ¿Por qué cree. Ud. que las civilizaciones pre-incaicas consideraban el oro y la plata metales divinos?
2. ¿Cuál es la importancia, en su opinión, de la combinación del oro, la plata y el cobre lograda por los chimús?
3. ¿Por qué piensa Ud. que los incas adoraban el sol?
4. ¿Cuál cree Ud. que es la importancia de los *quipus*?
5. ¿Cuál ha sido la consecuencia de la conquista europea con respecto al tesoro artístico de los incas?
6. ¿Cuáles son las pruebas que tenemos de la suntuosidad y el refinamiento de los antiguos peruanos?

Rufino Tamayo: 70 años de creación

VOCABULARIO PRÁCTICO

SUSTANTIVOS

el asombro astonishment
la contienda conflict
la corriente stream
la investigación research
el miedo fear
la pesadilla nightmare
la supervivencia survival
la tristeza sadness

VERBOS

asombrarse to be astonished
atreverse to dare

contraponer to oppose
erigirse to set oneself up as
recrearse to amuse oneself
surgir to appear; to surge
volcar to turn over

ADJETIVOS

airado angry
ajeno strange; foreign
aterrado frightened; terrified
cálido warm
cotidiano daily

Conocido junto a Diego Rivera, José Clemente Orozco y David Alfaro Siqueiros como uno de los cuatro grandes del muralismo[1] mexicano, Rufino Tamayo, el más joven de los cuatro, surge como una figura solitaria, independiente, siempre remontando° la corriente° en sentido contrario.

going up
stream

Con la misma energía vital, con que los otros tres defendieron su posición, Tamayo se opuso a ella, aun reconociendo el valor de sus primeras creaciones. A la famosa frase de que "no hay más ruta que la nuestra", esgrimida° por los tres grandes, Tamayo opuso la diversidad y el universalismo; al arte descriptivo, contrapuso la poesía y las calidades intrínsecamente plásticas de la pintura. Ante el arte tradicional, Tamayo se erigió como un defensor del arte moderno, un arte que para él tiene que ser capaz de recrearse continuamente, en completa libertad, de acuerdo con la

held

---

[1]**Muralismo** was an artistic movement initiated by Diego Rivera in the 1920s. It resulted in the painting of giant murals, mostly on public buildings, which expressed themes related to Mexican identity and history.

Litografía de Rufino Tamayo.

época en que surge. ''La pintura no es literatura, ni periodismo ni demagogia. La pintura es, hay que repetirlo, la maravillosa unión de la poesía que trae consigo° el mensaje y las calidades plásticas que son el vehículo para trasmitirlo'', expresó el artista más de una vez.   °with itself

Es a este personaje, simple y maravillosamente pintor, a quien México rindió homenaje con una magnífica exposición para celebrar sus 70 años de creación, preparada por la Secretaría de Educación Pública y su Instituto Nacional de Bellas Artes. Bajo la coordinación de la crítica de arte Raquel Tibol y el asesoramiento de Olga Tamayo, esposa del pintor, la exposición logró reunir más de 600 piezas, preparándose para la ocasión excelentes publicaciones, incluyendo catálogos y obra crítica sobre el pintor.

Los murales, la obra gráfica y los dibujos fueron presentados en el Palacio de Bellas Artes, mientras que los óleos y las esculturas se expusieron en el Museo de Arte Contemporáneo Internacional Rufino Tamayo, inaugurado en 1981 para cobijar° la   to shelter
colección de arte internacional y nacional que el artista donó al pueblo mexicano a fines de la década de 1970.

Nacido en Oaxaca en 1899 de padres zapotecas,[2] Tamayo no es un hombre de una sola cultura sino de varias, como lo es México, como lo es América Latina. Si la herencia predominante es la española y, de manera general, la europea, no se puede negar que las culturas precolombinas siguen viviendo, aunque no sea más que en forma de mitos, sólo que estos mitos tienen realidad. Y es esta supervivencia la que ilumina con una luz y un color muy particular al habitante de estas tierras. Tamayo no es la excepción, sino que además de hombre es un artista que ha volcado todo su ser en la pintura, a la que por eso mismo considera vida, un laboratorio y una investigación.

Sin duda ésta es la razón por la que él mismo se autodenomina pintor figurativo y realista. Lo primero, porque nunca ha dejado de representar una figura perfectamente identificable. Lo segundo, porque "el arte ha de reflejar las características de la vida en el momento en que se producen" y como la vida — realidad — sufre transformaciones en el tiempo, por fuerza el hombre es sometido también a transformaciones.

Su temática es así muy sencilla aunque compleja: el hombre frente a su realidad. Desde las primeras obras de los años 1920 expuestas en este homenaje, hasta las últimas de 1987, han pasado más de 60 años, casi un siglo de cambios enormes y veloces y aunque el hombre intrínsecamente sea el mismo, en él se han operado muchos cambios y ha cambiado su dinámica.

En aquellas obras primeras, aún de búsqueda de un camino propio, hasta bien entrada la década de 1930, el hombre es el centro de su pequeño universo al que contempla con quietud y sosiego. Su espacio es aquél donde realiza su vida cotidiana.

La guerra, en la década de 1940, arranca del artista animales airados y perros de mito, pesadillas que, como la contienda mundial, anuncian muerte, consumen vida. Aviones y bombas llenan un espacio antes ignorado y el hombre en la tierra, aterrado, pega° El Grito, 1947, bajo una ráfaga° de luz potente que   lets out / flash
parte el firmamento en dos. Ese espacio entre el cielo y la tierra ya

---

[2] **zapotecas**   Indians from the Monte Albán region in the state of Oaxaca, Mexico.

no es ajeno y Tamayo también lo hace suyo. Durante mucho tiempo siempre habrá algo volando alrededor del hombre, y con gran vitalidad y extraordinaria poesía cuadros como *Encantador de pájaros*, 1945, pero también *Mujeres alcanzando la luna*, 1946, dando nacimiento al "hombre cósmico".

Luego aparecerá el hombre deshumanizado por las máquinas, el hombre enfrentándose a sí mismo, como *Mujer y su sombra* y *Mujer y su fantasma*, ambos de 1976, *Camino al infinito*, 1977, que representa sencillamente una ruta larga que se pierde en el horizonte, pero también *Grito*, 1979, emitido esta vez por un hombre desnudo flotando en el espacio, con horror igualmente electrizante que el del hombre de 1947.

Coincidentemente, en 1974 Tamayo declaraba estar pensando en el hombre, ya no frente a su mundo sino ante el infinito. "Sólo que nuestra idea del infinito ha cambiado. En las pinturas religiosas del renacimiento el infinito era Dios. En nuestros días el infinito, para muchos artistas, parece estar dentro de ellos mismos... Sin embargo, debe haber un punto donde el arte y el espectador convergen y se entienden, y este punto no se puede encontrar en la propia y profunda psique del artista. Esta convergencia constituye para mí el *humanismo*." Y éste no conoce de parroquialismos.

Si bien es cierto que Tamayo tomó de México su color con el que parcamente° logra una magnífica riqueza, si con él dio forma   sparingly
también a un hombre mexicano, el precolombino, a éste lo fue sintetizando hasta lograr su esencia. Y es este hombre atemporal, sin color ni origen determinados, el que vive sus miedos, sus pasiones, sus iras, sus tristezas, los misterios de su existencia, pero también el que, con ese poder de renovar su asombro sin asombrarse, observa y padece, se alegra o se sume° en reverente   sinks himself
silencio ante los descubrimientos y acontecimientos mundiales. De ahí la universalidad de un pintor tan identificado con su suelo natal, pero que se comunica con las difíciles expresiones de un lenguaje sin fronteras.

Adaptado de *Américas*

Ejercicios

A. *Uso de palabras o frases claves.*

Complete las oraciones usando cada una de las palabras o frases siguientes y haga los cambios gramaticales que sean necesarios.

erigirse	miedo
sosiego	contraponer
corriente	volcar
airado	contienda

1. El hombre no entró en la habitación porque sentía _____ de lo que iba a encontrar allí.
2. Tamayo se _____ como proponente del arte moderno.
3. El artista _____ al arte descriptivo, la poesía y las calidades plásticas de la pintura.
4. Tamayo ha _____ todo su ser en la pintura.
5. Lo miró _____ porque su compañera le había hecho una mala broma.
6. Sus cuadros de la década de 1940, como la _____ mundial, anuncian muerte.
7. La _____ del río era tan fuerte que tuvieron que nadar a la orilla.
8. En su pequeño universo, el pintor contempla con _____ al hombre, que es su centro.

Escriba una oración completa en español con cada una de las palabras o frases siguientes y haga todos los cambios gramaticales que sean necesarios.

ajeno	la investigación
atreverse	la quietud
cálido	recrearse
el asombro	surgir

B. *Preguntas sobre la lectura.*

1. ¿Cuáles son las cuatro grandes figuras del muralismo mexicano?
2. ¿Por qué se dice que Tamayo es una figura solitaria e independiente?
3. ¿Qué opuso Tamayo a la frase de los otros artistas del grupo?
4. ¿De qué movimiento fue defensor Tamayo?
5. ¿Qué es la pintura para Tamayo?
6. ¿Qué celebraba la exposición de la obra de Tamayo?

7. ¿Qué tipos de obras fueron presentadas en el Palacio de Bellas Artes?
8. ¿Dónde nació Tamayo y qué origen tenían sus padres?
9. ¿Qué tipos de culturas siguen viviendo en México y en la América Latina?
10. ¿Por qué se dice que Tamayo es pintor figurativo y realista?
11. ¿Cómo es la temática de su pintura?
12. ¿Quién es el centro del universo artístico de Tamayo?
13. ¿Cómo logra Tamayo la esencia del hombre precolombino?

C. *Discusión sobre la lectura.*

1. En su opinión, ¿cómo reveló Tamayo su independencia artística dentro del muralismo?
2. ¿Por qué cree Ud. que Tamayo se convirtió en defensor del arte moderno?
3. ¿Está Ud. de acuerdo con la opinión de Tamayo de que la pintura es poesía? ¿Por qué?
4. ¿Piensa Ud. que los mitos de las culturas precolombinas tienen bases reales? ¿Por qué?
5. ¿Está Ud. de acuerdo con Tamayo en que el hombre, como la vida, es sometido constantemente a transformaciones? ¿Cómo?
6. En su opinión, ¿las máquinas deshumanizan al hombre? ¿Por qué?
7. ¿Cómo explicaría Ud. la universalidad de la obra de Tamayo?
8. ¿Cree Ud. que la pintura es un lenguaje sin fronteras? ¿Por qué?

El mundo descubre a la América Latina

— SELECCIÓN LITERARIA —

VOCABULARIO PRÁCTICO

SUSTANTIVOS

el aprendiz apprentice
el asombro astonishment
el barroco baroque
la concha shell
la cosecha crop
el desasosiego anxiety
la descendencia descent
el empeño insistence
el ganado cattle
el mestizaje ethnic mixture (white and Indian)
el mestizo mixed; having both Indian and European blood

VERBOS

desbordar to overwhelm; to overflow
destacar to emphasize
escamotear to swipe; to swindle
hallar to find
tender to tend to

ADJETIVOS

balbuceante stammering
desdeñado disdained
insólito unusual
pertinaz persistent

EXPRESIÓN

empeñarse en to insist

Arturo Uslar Pietri

Arturo Uslar Pietri, nacido en 1905 en Caracas, Venezuela, es un escritor que ha cultivado distintos géneros literarios. Su novela Las lanzas coloradas *(1931) le ha dado gran renombre. Ha publicado varios volúmenes de cuentos y es además un destacado ensayista, preocupado con el destino político de Hispanoamérica y, en particular, con el de su patria, Venezuela.*

El ensayo que aquí presentamos es un ejemplo de esta preocupación.

◆

América, lo sabemos, ha sido y en cierta forma sigue siendo una creación intelectual de Europa. Lo que pensaban las grandes civilizaciones indígenas de ellas mismas y su visión del mundo apenas° lo conocemos de un modo incompleto y fragmentario. Lo que vieron los primeros europeos lo conocemos bien. Salieron de Europa geográficamente pero no mentalmente. Llevaban sobre ellos, como la concha de un molusco,° una concepción pertinaz° del hombre y de su condición. Vieron ante todo, o se empeñaron en ver, lo que de europeo podía hallarse en aquel nuevo espacio humano. Creían haber hallado, al fin, la realidad de sus más viejos mitos. Habían encontrado o iban a encontrar el Paraíso Terrenal, la Edad de Oro de los griegos, el legendario reino de las Amazonas[1]

hardly

mollusk / persistent

---

[1] **Amazonas** were considered mythical warrior women during the conquest of the New World.

o el emporio de toda la riqueza del mundo en la alucinación de El Dorado. [2]

El nacimiento del pensamiento utópico es una buena muestra de esa incomprensión. Lo que se veía en las nuevas tierras no era la posibilidad de una nueva humanidad y una situación histórica nueva, sino el remedio para los males de Europa. Tomás Moro[3] y su larga descendencia, con una falsa visión del mundo americano, sembraron el fermento de todas las transformaciones y revoluciones políticas que han agitado y transformado el Viejo Mundo desde el siglo XVII hasta nuestros días.

Ha sido un largo y dramático proceso acercarse a conocer la realidad de ese mundo, nacido del mestizaje entre tres culturas inasimilables:° la española, la indígena y la africana, que produjeron una nueva mentalidad y una nueva situación humana que no ha sido fácil reconocer. Se tendió a° ver al hispanoamericano como un inmaduro aprendiz y un imperfecto copista de lo europeo. De parte de los europeos había empeño en destacar lo salvaje e inasimilable y de parte de los criollos a sentirse españoles desdeñados.

A pesar de la admirable obra que realizaron los misioneros para conocer y describir las culturas americanas, entre las que destaca el testimonio incomparable de Sahagún,[4] lo que se siguió viendo y conociendo del otro lado del océano siempre fue incompleto y deformado.

Podrían señalarse muchas comprobaciones de este hecho. Lo americano que aparece en el teatro de Lope de Vega[5] carece de autenticidad y es superficial. Lo que llega a la literatura francesa es aún más inexacto. Las referencias que hace Voltaire[6] a las Indias son superficiales. Esta actitud no cambia ni siquiera en las obras pretendidamente dedicadas al estudio serio del Nuevo Mundo. La más famosa, la del abate Raynal,[7] carece de toda veracidad y

unassimilable, i.e., not capable of being assimilated

Se... There was a tendency

---

[2] **El Dorado** A reference to the legend of a famous Chibcha chieftain known as **El Dorado**, in what is today Colombia. According to the legend, every year he bathed himself with gold and went to Guatavita Lake to perform a ritual.

[3] **Tomás Moro** Sir Thomas More, (1478–1535), British historian, statesman, and theologian; author of *Utopia*.

[4] **Sahagún, Fray Bernardino de**, Spanish missionary, responsible for having transcribed Spanish into Aztec books: *Veinte himnos sacros* and *Los cantares mexicanos*.

[5] **Lope de Vega** (1562–1635) is considered one of the greatest dramatists of the Spanish Golden Age.

[6] **Voltaire** (1594–1778) Pseudonym used by the famous French writer and satirist, François Marie Arouet.

[7] **Raynal, Guillermo Tomás Francisco** (1713–1796) French historian, philosopher and ecclesiastic. He wrote a book describing the establishment of European colonies in the New World.

presenta un cuadro tan desfigurado y falso que no permite comprender nada.

Un mestizo de genio, como el Inca Garcilaso,[8] revela con conmovedora elocuencia esta situación. Cuando escribe los *Comentarios reales* en los que se esfuerza en salvar y reivindicar el pasado incaico, no deja de hacerlo° desde una actitud española. No pasa por su mente la menor duda de que la razón y la verdad finales están del lado de los europeos.

no... he only does it

El caso no fue distinto con las creaciones artísticas; los grandes monumentos indígenas se vieron con asombro por sus dimensiones pero casi no aparece en las descripciones de Tenochtitlán[9] o del Cuzco alguna apreciación de su belleza. De la arquitectura colonial, tan rica y original, se celebra la grandeza de la catedral de México y de otros monumentos, pero casi nunca hay referencia alguna a su originalidad estilística. Esa creación estética indudable, que fue lo que más tarde se llamó el barroco de Indias, merece poca atención. Esos maravillosos templos que produce el mestizaje cultural y que son algunas de las más delicadas creaciones del arte universal no merecen ninguna consideración seria.

En las artes plásticas el caso no es diferente. En los tres siglos del régimen español se produjeron pintores y escultores del más alto mérito y originalidad. Desde Europa se les veía poco más que como balbuceantes° aprendices de un arte que allá había llegado a madurez y esplendor insuperables. Apenas en algunos retratistas° europeos de los siglos XVII y XVIII aparece de vez en cuando una decorativa guacamaya.°

stammering
portrait painters

macaw

Es imposible hallar en los tratados sobre la pintura de la época ninguna referencia al arte que se hacía del otro lado del mar.

Será necesario aguardar el final del siglo XIX para que se comience a reconocer la originalidad latinoamericana. Son Rubén Darío[10] y sus seguidores quienes provocan la percepción de su innegable° autenticidad. Por primera vez en cuatro siglos, la poesía hecha por hispanoamericanos influye poderosamente en las letras españolas. Rubén Darío causa un deslumbramiento° en los círculos literarios de España e influye directamente en un cambio significativo de expresión y estilo. Es lo que se ha llamado el Modernismo, que es el primer movimiento originado en tierra americana que desborda sobre la literature española. Todos los grandes poetas peninsulares de la época reconocieron su inmensa

undeniable

dazzling

---

[8]**Inca Garcilaso de la Vega** (1539–1616)   A historian from Perú who was of Indian descent.

[9]**Tenochtitlán**   Capital of the Aztec empire.

[10]**Rubén Darío** (1867–1916)   Pseudonym of Félix Rubén García Sarmiento, Modernist poet from Nicaragua.

deuda con Darío. Sin embargo, la situación de desconocimiento y desdén perduró por mucho tiempo.

El gran hecho de la Revolución Mexicana, que llamó la atención del mundo exterior, trajo un despertar° del interés por aquel remoto y olvidado°· continente y sus gentes. De ella surgió la primera afirmación universal de una presencia artística. Un aprendiz de cubista, Diego Rivera, que buscaba su camino en Francia, descubrió de pronto la realidad de su pueblo y de su situación cultural y la expresó poderosa y originalmente en una de las formas más antiguas y directas de las artes plásticas, en la pintura mural.

awakening

forgotten

El arte de Rivera y de los grandes muralistas° mexicanos rechaza toda modernidad europea y parece ir a buscar modelos y ejemplos en los muralistas de principios del Renacimiento.

mural painters

Por la misma época que los muralistas hacen su revelación pictórica, va a hacerse conocer en el mundo una literature latinoamericana que no sigue las modas europeas. Comienza con los relatos, casi épicos, de Rómulo Gallegos, José Eustasio Rivera y Ricardo Güiraldes.[11] Eran novelas que seguían, externamente, una estructura conocida, pero que no eran asimilables a ninguno de los modelos en la novela europea.

Esto no fue sino el comienzo. Poco después surgen los narradores que van a crear el realismo mágico, que representa un hecho literario puramente latinoamericano. Hay quienes, superficialmente, han creído ver en este gran momento una influencia del surrealismo. No es cierto. El surrealismo era un juego de prestidigitación intelectual por el cual se escamoteaba la realidad familiar y se presentaba una conjunción de aspectos incongruentes irreconciliables. Lo que el realismo mágico hispanoamericano logra no es crear alguna forma de sobrerrealidad desconocida y gratuita, sino reflejar una realidad verdadera pero insólita para el resto del mundo. Era simplemente redescubrir cómo eran y habían sido los criollos,[12] cómo era la realidad del mestizaje cultural con sus sorprendentes mezclas y, dejando de lado modelos y tendencias extraños, decir con lenguaje y sensibilidad propios una realidad peculiar e insólita.

Hay un momento revelador cuando Paul Valéry,[13] lleno de asombro y desasosiego, escribe un breve prólogo para el primer libro de Miguel Ángel Asturias:[14] Valéry se encuentra ante lo insólito y vital y lo dice.

---

[11]**Rómulo Gallegos** (1884–1959), Venezuela; **José Eustasio Rivera** (1889–1928), Colombia; y **Ricardo Güiraldes** (1886–1927), Argentina.

[12]**criollos** Natives of the New World whose ancestors were Spaniards.

[13]**Paul Valéry** (1871–1945) French poet and writer.

[14]**Miguel Ángel Asturias** (1899–1974) Guatemalan novelist who was awarded the Nobel Prize in literature in 1967.

Así comienza el reconocimiento de la existencia de una literatura que tiene una personalidad y caracteres propios. No es que antes no hubiera existido. Es a partir de los años 30 cuando esa presencia se hace innegable y adquiere una resonancia universal. Esta nueva situación se confirma con la presencia de los grandes narradores que surgen en esa época y en la inmediata siguiente para encontrar su mayor expansión mundial en las obras de Gabriel García Márquez,[15] de Jorge Luis Borges,[16] de Alejo Carpentier[17] y de muchos otros.

Si hoy se contempla a la América Latina con otros ojos, si hoy se le considera como una fuente de creación cultural, si se le da un rango y un tratamiento, que ya no es el de la simpatía benevolente o el del estímulo generoso, no se debe solamente al peso de su petróleo o su hierro, de sus ganados y sus cosechas, de sus tres o cuatro centenares de millones de habitantes o de sus industrias, sino también, y sobre todo, a la presencia creadora que le han dado sus grandes escritores y artistas en el escenario universal. Cuando se llega a respetar una literatura es imposible no respetar al pueblo que la produce.

Adaptado de *Américas*

Ejercicios

A. *Uso de palabras o frases claves.*

Complete las oraciones usando las siguientes palabras o frases y haga todos los cambios gramaticales que sean necesarios.

aprendiz	desasosiego
barroco	desbordar
concha	descendencia
asombro	empeñarse en

1. _____ Ver lo que de europeo podía hallarse en aquel nuevo espacio humano.
2. Los europeos, como los moluscos encerrados en su _____, tenían una concepción pertinaz del hombre y de su condición.
3. El fermento de las revoluciones políticas que han transformado el Viejo Mundo, lo sembraron Tomás Moro y su larga _____.

---

[15] **Gabriel García Márquez** (1928–   ) Colombian novelist who was awarded the Nobel Prize in literature in 1983.

[16] **Jorge Luis Borges** (1899–1987) Argentine poet and writer.

[17] **Alejo Carpentier** (1949–1985) Cuban writer and novelist.

4. En Europa se tendió a ver al hispanoamericano como un _____ y copista de lo europeo.

5. En las Indias esta creación estética fue llamada el _____.

6. El Modernismo es el movimiento literario hispanoamericano que _____ sobre la literatura española.

7. Los conquistadores que llegaron a América miraron con _____ las magníficas ciudades de los mayas y los aztecas.

8. Paul Valéry, lleno de asombro y _____ escribió un breve prólogo para el libro de Asturias.

Escriba una oración completa en español con cada una de las palabras siguientes y haga los cambios gramaticales que sean necesarios.

tender   hallarse
balbuceante   desbordar
insólito   mestizo
destacar   cosecha

B. *Preguntas sobre la lectura.*

1. ¿De qué ha sido creación intelectual América?
2. ¿Cómo salieron los europeos de Europa?
3. ¿En qué se empeñaron los europeos?
4. ¿Qué creían haber hallado los europeos en América?
5. ¿Para qué sirve el pensamiento utópico?
6. ¿Qué se veía en las nuevas tierras?
7. ¿Cuál es la consecuencia del mestizaje americano?
8. ¿De dónde nace la realidad del mundo americano y cuál es su consecuencia?
9. ¿Cómo veían los europeos a los hispanoamericanos?
10. ¿Qué aspectos "americanos" hay en el teatro de Lope de Vega?
11. ¿De qué carece la obra del abate Raynal?
12. ¿Qué sucedió con las grandes creaciones artísticas?
13. ¿A qué se llamó barroco de Indias y qué refleja?
14. ¿Cuándo y con quién se empieza a reconocer la originalidad latinoamericana?
15. ¿Cuál es la importancia de la aportación artística de Diego Rivera?
16. ¿Qué es el realismo mágico?
17. ¿Cuándo adquiere resonancia universal la literatura de Hispanoamérica?

C. *Discusión sobre la lectura.*

1. ¿En su opinión, el concepto que tenían de América los europeos era correcto? ¿Por qué?

2. ¿Por qué se dice que la concepción del europeo, con respecto al hombre americano, era pertinaz?

3. ¿Cómo relaciona el autor el pensamiento utópico y la incomprensión europea?

4. ¿Por qué cree Ud. que Tomás Moro influyó en el proceso político del Viejo Mundo?

5. ¿En su opinión tuvo algún efecto en Europa la labor de los misioneros? ¿Por qué?

6. ¿Por qué cree Ud. que el Inca Garcilaso a pesar de ser un defensor del pasado incaico, adoptó una actitud española?

7. ¿Por qué piensa Ud. que en Europa se consideraba a los pintores y escultores americanos como aprendices de esas artes?

8. En su opinión, ¿por qué es importante la influencia de Rubén Darío y sus seguidores en España?

9. ¿Cuál cree Ud. que fue el mensaje de la pintura de Diego Rivera?

10. ¿Por qué el llamado realismo mágico, según el autor, es un hecho literario puramente americano?

D. *Composición* **Investigación.**

Seleccione uno de los pintores muralistas mencionados en el artículo sobre Rufino Tamayo (Diego Rivera, Clemente Orozco o Alfredo Siqueiros). Investigue en la biblioteca de su escuela algunos datos biográficos y aspectos relacionados con su obra artística. Luego escriba una breve composición resumiendo la información que Ud. ha encontrado.

E. *Actividad comunicativa* **Discusión.**

La clase debe dividirse en grupos de tres o cuatro estudiantes. Cada grupo debe seleccionar una pintura de uno de los grandes maestros del muralismo que se mencionan en el texto y discutir las posibles interpretaciones de la obra.

Vocabulario

The following Spanish-English vocabulary contains all words and expressions included in the **Vocabulario práctico** sections. Nouns are identified by gender (*m.*) or (*f.*) and adjectives ending in **e** or in a consonant by (*adj.*). All other adjectives, which end in **o** are followed by the feminine ending **a** in parens.

A

a base de   on the basis of
a corto plazo   in the short term
a diaro   daily
a la larga   in the long run
a la vez   at the same time
a largo plazo   in the long term
a las claras   clearly
a lo mejor   perhaps, maybe
a los ojos de   close to
a menos que   unless
a menudo   often
a partir de ahora   from now on
a pie   walking; on foot
a través de   through
abatatarse   to be frightened
abarcar   to include; to encompass
abogado (*m.*)   lawyer
abono (*m.*)   fertilizer
abrazar   to embrace; to hug
abrir   to open
abrumado(a)   weary
absoluto(a)   absolute
aburrido(a)   boring
aburrimiento (*m.*)   boredom
aburrir   to bore
acabar con   to end; to finish with
acaudalado(a)   rich
aceite (*m.*)   oil
aceite de oliva (*m.*)   olive oil

acentuarse   to increase; to intensify
acera (*f.*)   sidewalk
acercar   to bring near
acercarse   to approach
acogido(a)   received
aconsejable(a)   advisable
acontecimiento (*m.*)   event
acostar   to lay down
acudir a   to attend (*an event*)
adecuado(a)   suitable; adequate
adelanto (*m.*)   advancement
ademán (*m.*)   gesture
adhesión (*f.*)   adherence
adinerado(a)   wealthy
adobar   to marinate
adorar   to worship
adornar   to garnish
adueñarse   to take possession of
advertir   to warn; to notice
afán (*m.*)   eagerness
afecto (*m.*)   affection
afectuoso(a)   affectionate
afianzar(se)   to become comfortable with someone or something
aficionarse   to become fond of
aflojar el paso   to slow down
afortunado(a)   lucky
ágape (*m.*)   banquet
agarrar   to grab

agencia de viajes (*f.*)   travel agency
agenda (*f.*)   agenda
agitado(a)   turbulent
agitarse   to become agitated or excited
agobiante (*adj.*)   overwhelming
agobiar   to overwhelm
agolpar   to flock
agregar   to add
agresivo(a)   aggressive
agrícola (*adj.*)   agricultural
agua potable (*f.*)   drinkable water
aguas negras (*f.*)   sewer water
aguinaldo (*m.*)   Christmas gift or bonus
ahogar   to drown
ahondarse   to get deeper
airado(a)   angry
aislamiento (*m.*)   isolation
ajeno(a)   strange, foreign
ajetreo social (*m.*)   social bustle
ají (*m.*)   pepper
ajo (*m.*)   garlic
al aire libre   in the open air; outdoors
al azar   at random
al día   up-to-date
al compás de   to the rhythm of
al fuego lento   at slow heat

al fuego mediano   at medium heat
al menos   at least
ala (*f.*)   wing
alarde (*m.*)   ostentation; display
alargar   to prolong
alba (*f.*)   dawn
alcalde (*m.*)   mayor
alcanzar   to attain; to reach; to be sufficient
alegría (*f.*)   joy; happiness
alejarse   to move away
alfombra (*f.*)   carpet
aliado (*m., f.*)   ally
aliento (*m.*)   courage
alimentar   to feed
alimento (*m.*)   food
almacenar   to store
almohada (*f.*)   pillow
almorzar   to have lunch
alquiler (*m.*)   rent
alternativa (*f.*)   alternative
alterno(a)   alternate
alto(a)   high; tall
ama de casa   housewife
amanecer (*m.*)   dawn
amante (*m., f.*)   lover
amar   to love
ambiente (*m.*)   environment
amoralidad (*f.*)   amorality
anacronismo (*m.*)   anachronism
analfabetismo (*m.*)   illiteracy
analfabeto(a) (*m., f.*)   illiterate
analizar   to analyze
andaluz (*m.*)   Andalusian; person from the Andalucía region, Spain
andar   to walk
andar (*algo mecánico*)   to work; to function
andar en algo   to be up to something
andarse con más ojo   to be more careful
anfitrión (*m.*)   host
angustiar   to cause distress
animar   to encourage
ánimo (*m.*)   mind, spirit
ante otros   in front of others
antepasado (*m.*)   ancestor
ante sí   before oneself
anticuado(a)   old-fashioned
antigüedad (*f.*)   antiquity
antillano(a)   West Indian (*native to the Antilles*)
anunciar   to announce
anuncio (*m.*)   ad
añadir   to add
añorado(a)   longed-for
años atrás   years ago
aparatos eléctricos   electrical appliances

apasionamiento (*m.*)   intense emotion; passion
aplastado(a)   flattened, crushed
aplaudido(a)   applauded
aplicar   to apply
apoltronado(a)   sprawled
aportar   to contribute
apoyado(a)   supported
aprender   to learn
aprendiz (*m.*)   apprentice
aprendizaje (*m.*)   apprenticeship
apresurarse   to hurry
aprovechar   to use; to take advantage
aragonés(a)   person from the Aragón region of Spain
árbol (*m.*)   tree
arena (*f.*)   sand
arrimarse   to get close
arrojar   to throw away
arrojar por la borda   to throw overboard
arruinar   to ruin
artesano (*m., f.*)   artisan
artilugio (*m.*)   jigger; contraption
artístico(a)   artistic
asado (*m.*)   roast
asado(a)   roasted
asar   to roast
ascenso (*m.*)   promotion
asegurar   to assure
asentir   to assent; to concede
aserrar   to saw
asesinato (*m.*)   murder
asesinar   to murder
asesoramiento (*m.*)   consultation; advice
asiento delantero (*m.*)   front seat
asignación económica (*f.*)   allowance
asimilar   to assimilate
asomarse   to stick one's head out
asombrar   to amaze
asombrarse   to be astonished
asombro (*m.*)   astonishment
aspersión (*f.*)   sprinkling
astrónomo (*m.*)   astronomer
asunto (*m.*)   affair; subject; matter; business
asustarse   to become frightened
ataque al corazón (*m.*)   heart attack
ataque cardíaco (*m.*)   heart attack
atar   to tie
atareado(a)   busy
atento(a)   attentive, courteous
aterrado(a)   frightened; terrified
atractivo (*adj.*)   attractive
atrapar   to trap
atraso (*m.*)   backwardness
atravesar   to walk across

atrayente (*adj.*)   attractive
atreverse   to dare oneself
atribulado(a)   afflicted
aturdido(a)   confused
aula (*f.*)   classroom
aumentar   to increase
ausentarse   to absent oneself
ausente (*adj.*)   absent
auspicio (*m.*)   auspice
autocondenarse   to condemn oneself
avanzar   to advance
ave (*f.*)   bird
aves de corral (*f.*)   barnyard fowl
avestruz (*m.*)   ostrich
avisar   to inform
ayudar   to help
ayuntamiento (*m.*)   city council; city hall
azafrán (*m.*)   saffron
azúcar (*m.*)   sugar

B

bailarín (*m.*)   dancer
baile (*m.*)   dance
bajar   to descend
balance (*m.*)   balance
balbuceante (*adj.*)   stammering
balbucear   to stammer
banquero (*m.*)   banker
bañarse   to take a bath
barbería (*f.*)   barbershop
barco (*m.*)   ship
barra (*f.*)   bar
barroco (*m.*)   baroque
bastar   to be enough
batear   to hit
besar   to kiss
bien   good
bien parecido   good-looking
bien pensado   well thought-out
bigote (*m.*)   mustache
bilbaíno(a)   person from the city of Bilbao, Spain
blancura (*f.*)   whiteness
blando(a)   soft
bloquear   to block
bobada (*f.*)   foolishness
bolígrafo (*m.*)   ball point pen
bordado (*m.*)   embroidery
borracho(a)   drunk
botellón (*m.*)   demijohn
breve (*adj.*)   brief; short
brillar   to shine
brindis (*m.*)   toast
buen gusto (*m.*)   good taste
buen paladar (*m.*)   good-tasting
¡buen provecho!   enjoy your meal!
burlón(a)   mocking
burro (*m.*)   donkey

buscar to look for

C

cada vez every time; each time
caer to fall
caída (*f.*) fall
cal (*f.*) limestone
calamar (*m.*) squid
calcular to calculate
caldo (*m.*) broth
calentar to warm up; to heat
cálido(a) warm
calle (*f.*) street
cambiar de manera de pensar to change one's mind
camino (*m.*) course; road
camino propio (*m.*) (his)/(her) own way
camiseta (*f.*) undershirt; t-shirt
campaña (*f.*) campaign
canapé (*m.*) appetizer
canción de moda (*f.*) hit song
canica (*f.*) marble (*game*)
cansado(a) tired
cansancio (*m.*) fatigue
cansar to tire
cantidad (*f.*) quantity; amount
capa (*f.*) cape
capaz (*adj.*) capable, able, competent
capilla (*f.*) chapel
captar to pick up; to grasp; to capture
cara de pocos amigos (*f.*) sullen look
carbohidrato (*m.*) carbohydrate
carecer to lack
carente (*adj.*) lacking
cargado(a) loaded
cargar to load
cargo (*m.*) position; job
carísimo(a) very expensive
carne asada (*f.*) roast beef
carne de ternera (*f.*) veal
carrera (*f.*) career
carrera docente (*f.*) teaching career
cartel (*m.*) billboard; poster
casarse to get married
cátedra (*f.*) professorship
catedrático (*m.*) professor (*at a university*)
caudal (*m.*) river flow
causar to cause
cazuela (*f.*) earthen pan; saucepan
cebolla (*f.*) onion
ceder to give in; to yield
cenar to have supper
cepillo (*m.*) brush

cerca (*f.*) fence
cercano(a) nearby
cerrar to close
cerrar el paso to block the way
cesar to stop; to cease
cese de fuego (*m.*) cease-fire
ciclo secundario (*m.*) high school
cielo (*m.*) heaven; sky
cinta (*f.*) film
cita (*f.*) appointment; date
citar to quote
clavar to nail; to stick (*in*)
clave (*f.*) device; key
clavelina (*f.*) small carnation
cocinar to cook
codo (*m.*) elbow
cognoscitivo(a) cognitive
coherencia (*f.*) coherence
cohete (*m.*) firecracker, rocket
cola (*f.*) tail
cólera (*f.*) anger
colina (*f.*) hill
collar de perlas (*m.*) pearl necklace
colocar to place
colombiano(a) Colombian
comedor (*m.*) dining room
cometido (*m.*) duty
comisionado (*m.*) commissioner
comitiva (*f.*) retinue
comodidad (*f.*) comfort
comparsa (*f.*) dancing group in a carnival or parade
compartir to share
compenetración (*f.*) mutual understanding
complejidad (*f.*) complexity
complejo (*m.*) complex
comportamiento (*m.*) behavior
comportarse to behave; to act like
comprensión (*f.*) comprehension
comprobar to prove; to check
comprometedor(a) compromising
común (*adj.*) common
con arreglo a according to
concebir to conceive
concha (*f.*) shell
condicionado(a) conditioned
conducir to drive
conducta (*f.*) behavior
conectar to plug in; to connect
conejo (*m., f.*) rabbit
confianza (*f.*) confidence
confiar to entrust; to trust; to confide
confundirse to become confused
conocido(a) known
conocimiento (*m.*) knowledge
conquista (*f.*) conquest
consejo (*m.*) advice

consejero familiar (*m.*) family counselor
consejero matrimonial (*m.*) marriage counselor
conservar to keep; to preserve
constituir to constitute
contemplativo(a) contemplative
contento(a) contented; happy
contienda (*f.*) conflict
contraponer to oppose
contraproducente self-defeating
contratiempo (*m.*) misfortune; mishap
convencimiento (*m.*) persuasion
convenio (*m.*) agreement
cónyuge (*m., f.*) spouse
coralino(a) coralline
corazón (*m.*) heart
cordel (*m.*) cord
corderillo (*m.*) small lamb
cordero (*m.*) lamb
corrida (*f.*) bullfight
corriente (*f.*) stream
cortada (*f.*) cut
cortar to cut
cosecha (*f.*) crop
cosmogonía (*f.*) cosmogony
costa (*f.*) coast; shoreline
cotidiano(a) daily
crecer to grow
creer to believe
creencia (*f.*) belief
crema de afeitar (*f.*) shaving cream
criar to raise
cristal (*m.*) glass
crucero (*m.*) cruise
cruzarse con to meet
cuadrilla (*f.*) bullfighter's team
cuadro (*m.*) painting
cualidad (*f.*) quality
cubano(a) Cuban
cubierta (*f.*) deck
cubrir to cover
cuello (*m.*) neck
cuenca (*f.*) basin
cuento (*m.*) short story
cuesta (*f.*) slope
cuidado (*m.*) care
culebra (*f.*) snake
cuna (*f.*) cradle
cuñada (*f.*) sister-in-law
curativo(a) curative
curita (*f.*) bandaid
cutis (*m.*) complexion

CH

charlar to chat; to talk
cheque de viajero (*m.*) traveler's check

chilindrón (*m.*) stew
chillar to shriek
chispa (*f.*) spark
chiste (*m.*) joke
chistoso(a) funny, amusing
chuleta (*f.*) chop, cutlet

D

dañado(a) hurt; damaged
dañino(a) harmful
daño (*m.*) damage
dar to give
dar muerte to kill
dar vueltas to pace up and down
darle lo mismo to make no difference
darse cuenta to realize
dato; los datos (*m.*) datum; data
de acuerdo con according to
de allí a poco in a short while
de antemano beforehand
de aquel modo in such a manner
de buenas a primera all of a sudden
de costumbre as usual
de cuando en cuando once in a while
de fabricación casera home-made
de lo contrario otherwise
de modo que so that
de pie on one's feet; standing up
de prisa in a hurry
de sí mismo of oneself
de sorpresa by surprise
de todos los tiempos of all time
de un centro a otro from one point to another
de veras truly; really
de vez en cuando once in a while
deber to owe
deber (*m.*) duty
debido(a) due
débil (*adj.*) weak
debilidad (*f.*) weakness
década (*f.*) decade
decepcionar to disappoint
declamadora (*f.*) declaimer; reciter
dedicarse a to devote oneself to
deficiente (*adj.*) deficient
degradación (*f.*) degradation
dejar to leave (*behind*); to let, permit
dejar sentado to let everybody know
dejar de atender to stop paying attention
delgado(a) thin
demasiado(a) too much, excessive
demorarse to be tardy, late
demostrar to prove

depositario (*m.*) depository
derecho(a) right
derrocado(a) overthrown
derrotar to defeat
desacuerdo (*m.*) disagreement
desafío (*m.*) challenge
desaparecido (*m., f.*) missing person
desarrollo (*m.*) development
desasosiego (*m.*) anxiety
desatarse to untie oneself
desayunar to have breakfast
desbordar to overflow
descanso (*m.*) break
descarado(a) barefaced; shameless
descargar to discharge; to unload
descendencia (*f.*) descent
descolgar to pick up (*telephone*)
desconocido(a) unknown
desconocimiento (*m.*) lack of knowledge
descubrir to discover
descuento (*m.*) discount
desdeñable (*adj.*) despicable
desdeñado(a) disdained
desdoblar to unfold
deseable (*adj.*) desirable
desechar to throw away; to discard; to reject
desembarco (*m.*) landing
desencadenar to unleash
deseoso(a) eager; desirous
desesperarse to be desperate
desgraciado(a) unfortunate
desinteresado(a) uninterested; disinterested
deslumbramiento (*m.*) dazzle
despachar to send away
despedirse to say good-by
despertar (*m.*) awakening
desplegar to display
despojo (*m.*) mortal remains
despreciar to despise
después de todo after all
destacado(a) outstanding; distinguished
destacar to emphasize
destinado(a) reserved; dedicated
diagrama (*m.*) diagram
diario (*m.*) daily newspaper
dibujar to draw
dicha (*f.*) happiness; luck
dichoso(a) happy; lucky
dictar cursos to give classes; to lecture
diente de ajo (*m.*) garlic clove
diplomático(a) (*m., f.*) diplomat; diplomatic
disciplinado(a) trained; disciplined
disculpa (*f.*) apology

disculparse to excuse oneself; to apologize
discurso (*m.*) speech
diseño (*m.*) design
disminuir to diminish
dispuesto(a) prepared; ready
disputar to dispute
distinto(a) different
distracción (*f.*) distraction
distraerse to entertain oneself
disyuntiva (*f.*) dilemma
divagar to wander; to digress
diversión (*f.*) entertainment; amusement
divertido(a) amusing, funny
divertir to amuse
divertirse to have fun; to enjoy oneself
dominante dominant; domineering
dominar to master; to dominate
dominicano(a) Dominican, (*from the Dominican Republic*)
don (*m.*) natural gift; ability
donar to donate
dorar to brown
dormido(a) asleep
dueña (*f.*) owner; mistress
dulce (*m.*) sweet; candy
dulcedumbre (*f.*) sweetness
duplicar to duplicate
durar to last
duro(a) hard

E

ebanistería (*f.*) cabinetwork
echar a perder to spoil; to ruin
echar de menos to miss
echar un vistazo to have a look at; to glance
echar una ojeada to take a look at
echarse a caminar to begin walking
echarse atrás to change one's mind
echarse encima to put on (*clothes, etc.*)
ecuánime (*adj.*) composed; even-tempered
edad (*f.*) age
eficaz (*adj.*) efficacious
ejecutivo(a) (*m., f.*) executive
ejercer to exercise; to practice
electrizante (*adj.*) electrifying
embriagarse to get drunk
empacar to pack
empedrado(a) paved in stone
empedrar to pave with stone (*i.e., a street, a road*)
empeño (*m.*) insistence

empezar to start; to begin
emplear to use
emporio (*m.*) emporium
empresa (*f.*) company
empujar to push
empuñadura (*f.*) hilt
enamorarse to fall in love
en cambio on the contrary; on the other hand
en contra against
en el acto immediately
en gran escala on a large scale
en la punta de la lengua on the tip of the tongue
en orden in an orderly manner
en serio seriously
en sí mismas in themselves
en torno a around
en voz alta aloud; in a loud voice
encantador(a) charming
encanto (*m.*) charm
encaramarse to climb
encargado (*m., f.*) in charge
encargar to order
encerrado(a) locked up; enclosed
encerrarse to lock oneself up
encontrar to find
encontrarse to find oneself
enfermedad (*f.*) sickness
enfermera (*f.*) nurse
enfocar to focus
enfrentamiento (*m.*) confrontation
enfrentarse a to face
engañado(a) deceived
engarzar to set (*jewels*)
¡enhorabuena! congratulations!
enseñar to teach; to show
entablar to start, to begin (*a conversation*)
entenderse con to reach an understanding with
enterarse to know; to find out
enterrado(a) buried
entrar to get in; to enter
entregar to hand over
entregarse to abandon oneself to
entremés (*m.*) hors d'oeuvre
entrenarse to train oneself
entrevistar to interview
envase (*m.*) container
envenenar to poison
epicentro (*m.*) epicenter
equipo (*m.*) team; equipment
equivocación mistake
equivocado(a) mistaken
equivocarse to be mistaken
erigir to set oneself up as
ermitaño (*m.*) hermit
es de esperar it is expected
es de suponer it is assumed
esbelto(a) slender

escalar to escalate; to reach; to climb
escalera (*f.*) staircase
escabroso(a) harsh; rough; indecent
escamotear to snitch
escenario (*m.*) stage
escenario natural (*m.*) location (*for a film*)
escepticismo (*m.*) skepticism
escoger to choose
escrita a mano hand-written
escritorio (*m.*) desk
escuchar to listen to
esforzarse to strive; to excel or force oneself
esfuerzo (*m.*) effort
esgrimido(a) wielded
especie humana (*f.*) human species
espectador (*m., f.*) spectator
espejo (*m.*) mirror
esperanza (*f.*) hope
espolvorear to sprinkle
esposa (*f.*) wife
esposo (*m.*) husband
esquiar to ski
establecer to establish
estadounidense American (*from the U.S.*)
estar a cargo to be in charge
estar blanco en canas to have all white hair
estar de acuerdo to agree
estar de espaldas to be facing the other way
estar de moda to be fashionable
estar de punta to be on bad terms
estar dispuesto to be willing
estar empapado (*de un asunto*) to be aware (*of what's going on*)
estar en la línea to have a good figure; to be thin
estar loco por to be crazy about
estar llegando to be approaching
estar ocupado to be busy
estar produciendo to be productive
estímulo (*m.*) stimulus
estoque (*m.*) matador's sword
estrado (*m.*) dais; lecture platform
estrella (*f.*) star
estribar to be based
estricnina (*f.*) strychnine
etapa (*f.*) stage
evadir to evade
evitar to avoid
evitarse to be avoided
excursión (*f.*) outing; trip
exigir to demand

éxito (*m.*) success
explicación (*f.*) explanation
exposición (*f.*) show
extrañeza (*f.*) surprise; strangeness
extraordinario(a) extraordinary
exudar to exude

F

fábrica (*f.*) factory
factura (*f.*) bill
falda (*f.*) skirt
faltar el respeto (*a alguien*) to be disrespectful (*to someone*)
familiar (*m.*) relative
familiarizarse to become familiar with
fascinante (*adj.*) fascinating
fatiga (*f.*) fatigue
favorecer to favor
faz (*f.*) face
fe (*f.*) faith
felicidad (*f.*) happiness
festejar to celebrate
ficha (*f.*) chip; token
fiel (*adj.*) faithful
figurante (*m.*) figurant
fijar to fix
fijo(a) fixed
fila (*f.*) row
filatelia (*f.*) stamp collecting, philately
fino(a) thin
firmeza (*f.*) firmness
flamante brand-new; shining
florería (*f.*) flower shop
folleto (*m.*) brochure
forma de actuar way of performing
forraje (*m.*) fodder
fortaleza (*f.*) strength
forzar to force
fracasar to fail
fracaso (*m.*) failure
franja (*f.*) stripe
franqueza (*f.*) frankness
frasco (*m.*) bottle with a narrow neck; glass container
fresquito(a) fresh, (*i.e., inexperienced*)
frito(a) fried
fruncir el ceño to frown
fuego (*m.*) fire; heat
fuente (*f.*) fountain; platter; tray
fuera de away from
fuerte (*adj.*) strong
fuerza de voluntad will power
fumar to smoke
fundar to establish
fundir to melt

G

gafas (*f.*)   eyeglasses
gallego(a)   Galician
ganado (*m.*)   cattle
ganado vacuno (*m.*)   cattle
ganar un sitio   to earn a place
gallina (*f.*)   hen
garra (*f.*)   claw
gasto (*m.*)   expense
gigantesco(a)   gigantic
girar   to revolve; to gyrate
goce (*m.*)   enjoyment
goma de mascar (*f.*)   chewing gum
gordura (*f.*)   fatness
gorro de baño (*m.*)   shower cap
grabadora (*f.*)   recorder
grandioso(a)   grandiose
grandote (*adj.*)   a big fellow (*or woman*)
grano (*m.*)   grain
grasa (*f.*)   fat
grosero(a)   impolite; gross
guacamaya (*f.*)   macaw
guapo(a)   handsome
guante (*m.*)   glove
guantelete (*m.*)   gauntlet
guerra (*f.*)   war
guión cinematográfico (*m.*)   movie script
guisante (*m.*)   pea
guisar   to cook; to stew
gula (*f.*)   gluttony
gusto (*m.*)   taste

H

hablar consigo mismo   to talk to oneself
hacer   to do; to make
hacer cola   to stand in line
hacer dieta   to go on a diet
hacer falta   to be needed
hacer gala   to make a show of
hacer notar   to make a point
hacerse   to become
hacia adelante   forward
hacienda (*f.*)   large farm; fortune
hallar   to find
hallazgo (*m.*)   discovery; new idea
hamaca (*f.*)   hammock
hambre (*f.*)   hunger
hambriento(a)   hungry
harina de soja (*f.*)   soybean flour
hazaña (*f.*)   feat; heroic deed
hecho (*m.*)   fact
helado(a)   cold; icy
heredar   to inherit
herida (*f.*)   wound
herido(a)   hurt; wounded
herir   to hurt; to wound
hermoso(a)   beautiful
hervir   to boil

hierba (*f.*)   grass
hilera (*f.*)   row; line
hispano(a)   Hispanic
hocico (*m.*)   snout
hogar (*m.*)   home; family house
hogareño(a)   domestic
hoja (*f.*)   leaf
hoja de laurel (*f.*)   bay leaf
hojalata (*f.*)   tin plate
holgazán (*adj.*)   lazy
hombría (*f.*)   manliness
honrado(a)   honest
hora de salida (*f.*)   departure time
hortaliza (*f.*)   vegetable garden
hospedarse   to stay (*in a hotel*)
hoy día   nowadays
huella (*f.*)   trace
huerta (*f.*)   orchard
hueso (*m.*)   bone
huésped (*m., f.*)   guest (*in a hotel*)
humanidad (*f.*)   mankind
humilde (*adj.*)   humble; poor

I

idioma (*m.*)   language
iluminarse   to light up
impaciente (*adj.*)   impatient
imprescindible (*adj.*)   indispensable; essential
impreso(a)   printed
imprevisto(a)   unexpected
inaugurar   to inaugurate
incaico(a)   Incan
incitar   to incite
inclinarse   to lean; to slope
inconfundible (*adj.*)   unmistakable
incrementar   to increase
incrustado(a)   inlayed
indeciso(a)   indecisive
independizarse   to become independent
inesperado(a)   unexpected
infante de marina (*m.*)   marine guard
infierno (*m.*)   hell
informe (*m.*)   report
infundir   to instil
ingenuo(a)   ingenuous
inhibir   to inhibit
iniciarse   to be initiated
inmenso(a)   immense
inquietante (*adj.*)   disquieting
insólito(a)   unusual; unheard of
insospechado(a)   unsuspected
insubstancial (*adj.*)   unsubstantial
integrante (*adj.*)   integral
intentar   to try; to attempt
interlocutor (*m.*)   speaker
intervalo (*m.*)   interval
íntimo(a)   intimate

introducir   to introduce
inventario (*m.*)   inventory
invernadero (*m.*)   greenhouse
investigación (*f.*)   research; investigation
invitado(a)   guest
ir   to go
ir viento en popa   everything is well; to prosper
ira (*f.*)   anger
irascible (*adj.*)   irascible
irrespetuoso(a)   disrespectful
irse de juerga   to party
izquierdista (*m., f.*)   leftist

J

jabonera (*f.*)   soap dish
jardín (*m.*)   flower garden; yard
jardín derecho (*m.*)   right field
jefe (*m.*)   boss, chief, head, leader
jerarquía (*f.*)   hierarchy
jornada (*f.*)   journey
juego de pelota (*m.*)   baseball game
jugo (*m.*)   juice
jugoso(a)   juicy
juguete (*m.*)   toy
jugetón(a)   playful
juicio (*m.*)   judgment
juntar fuerzas   to find strength; to pull together
juzgar   to judge

K

kermesse (*f.*)   carnival
kilo (*m.*)   kilogram

L

labor (*f.*)   embroidery; needlework
labrado(a)   worked; decorated
labrador (*m.*)   farmer; peasant
labrarse   to build oneself
lácteo(a)   lacteal; milky
lagar (*m.*)   wine press
lagarto (*m.*)   lizard
lágrima (*f.*)   tear
lanzador (*m.*)   pitcher
lanzar   to throw; to pitch
largo(a)   long
lata (*f.*)   can
latinoamericano(a)   Latin American
lector (*m.*)   reader
lectura (*f.*)   reading
leer   to read
lejano(a)   far away
lento(a)   slow
lesión (*f.*)   injury; wound

letrero (*m.*) sign
levantarse to stand up; to get up
leve (*adj.*) slight; minor
leyenda (*f.*) legend
librarse to free oneself
libreta de direcciones (*f.*) address book
licencia de conducir (*f.*) driver's license
licenciatura (*f.*) degree equivalent to a master's degree
ligas menores (*f.*) minor league baseball
ligas mayores (*f.*) major league baseball
limpiar to clean
limpieza (*f.*) cleanliness
listar to list
listo(a) ready
liviano(a) light
locura (*f.*) frenzy, madness
lograr to achieve; to obtain; to attain
logro (*m.*) achievement
losa (*f.*) stone slab; flagstone
lucir to look; to appear
lucrativo(a) lucrative
lumbre (*f.*) fire
luna (*f.*) moon

LL

llamado (*m.*) call
llave (*f.*) key
llegar to arrive
llenar to become covered (*with*); to fill
llevar to take; to wear
llevar a cabo to accomplish; to carry out

M

madero (*m.*) a piece of timber
madrugada (*f.*) dawn
madurar to mature
maestro (*m.*) teacher
magistral (*adj.*) superb
magnánimo(a) generous
maguey (*m.*) American agave plant
maldad (*f.*) evil
malgastar to waste; to misuse
manar to pour forth; to flow
mandar to order; to command; to send
manera (*f.*) way
mango (*m.*) handle
manifestación (*f.*) demonstration
mano cerrada en puño (*f.*) hand closed in a fist

manta (*f.*) drapery; blanket
mantazo (*m.*) matador's pass with the cape
mantener to maintain; to keep; to support; to defend
maravilla (*f.*) wonder, marvel
marcharse to leave
margarita (*f.*) daisy
marido (*m.*) husband
mariposa (*f.*) butterfly
marisco (*m.*) shellfish
martillar to hammer
matar to kill
materia (*f.*) subject
materia prima (*f.*) raw material
materializarse to become reality; to materialize
matrimonio (*m.*) marriage; wedding; married couple
mayor (*m.*) grown-up
mayor (*adj.*) greater
mayordomo (*m.*) butler
Meca (*f.*) Muslim holy city
mediano(a) medium
medida (*f.*) measure
medio (*m.*) environment; medium; surroundings
medir to measure
mejor (*adj.*) better
mejorar to improve
memorizar to memorize
menoscabado(a) lessened
mente (*f.*) mind
mentir to lie
merengue (*m.*) musical rhythm from the Dominican Republic
mestizaje (*m.*) racial mixture (*white and Indian*)
mestizo (*m.*) person of mixed racial background (*white and Indian*)
meta (*f.*) goal
metodología (*f.*) methodology
mexicano(a) Mexican
mezclarse to mingle oneself
mezquino(a) small-minded; stingy; mean
microonda (*m.*) microwave oven
miedo (*m.*) fear
mientras tanto meanwhile
mirar de reojo to look out of the corner of one's eye
misterioso(a) mysterious
mnemotecnia (*f.*) mnemonics
mnemotécnico(a) mnemonic
mojarse to get wet
molestar to bother; to disturb
molestia (*f.*) discomfort
molesto(a) bothersome
molusco (*m.*) mollusk
monja (*f.*) nun

montar to mount; to ride
moraleja (*f.*) moral (*of a story*)
morder to bite
moreno(a) dark
morirse to die
morrillo (*m.*) hump on the neck of a bull
muestra (*f.*) sample
mujer (*f.*) woman; wife
muleta (*f.*) bullfighter's small killing cape
mundo (*m.*) world
muro (*m.*) wall; fence
música de viento (*f.*) wind instrument music

N

nacer to be born
nacido(a) born
nacional national
nada (*f.*) nothingness; nothing
naipe (*m.*) (playing) card
nalga (*f.*) buttock
naturaleza (*f.*) nature
navaja (*f.*) razor blade
nave (*f.*) ship
necesitar to need
ni siquiera not even
nicaragüense (*adj.*) Nicaraguan
nicho (*m.*) niche
nivel de vida (*m.*) standard of living
no más que nothing more than
no molestar do not disturb
nobleza (*f.*) nobility
nogal (*m.*) walnut
noticia (*f.*) news
noticiario (*m.*) newsreel
novena (*f.*) baseball team
novia (*f.*) girlfriend; fiancée; bride
novio (*m.*) boyfriend; fiancé; groom
nudo (*m.*) knot
nutritivo(a) nutritious

O

obispo (*m.*) bishop
obligar to oblige
obra (*f.*) work
ocio (*m.*) idleness
ocioso(a) idle
ocupación (*f.*) employment
ocuparse (de) to be occupied with; (*i.e., to talk about*)
ocuparse de to take care of
odiar to hate
odioso(a) hateful
oficial (*m.*) officer

oficina de la bolsa (*f.*)   purser's office
oficio (*m.*)   craft, trade
oler   to smell
olor (*m.*)   smell
ombligo (*m.*)   navel
oprimir   to oppress; to press
orfebrería (*f.*)   gold or silver work
organizar   to organize
orgullo (*m.*)   pride
orgulloso(a)   proud
orilla (*f.*)   river bank; seashore
oro (*m.*)   gold
osito de peluche (*m.*)   teddy bear
oyente (*m., f.*)   listener

P

padecer   to suffer
pájaro (*m.*)   bird
palparse   to be felt
palpitación (*f.*)   palpitation
panameño(a)   Panamanian
pantalla (*f.*)   screen
pantalla parabólica (*f.*)   parabolic screen
pañuelo (*m.*)   handkerchief
Papa (*m.*)   Pope
papel (*m.*)   role
par (*m.*)   pair
para todo el mundo   all over the world
paralizado(a)   paralyzed
parecer   to seem
parir   to give birth
parque de recreo (*m.*)   amusement park
parroquialismo (*m.*)   parochialism
partir   to break; to leave
pasaje (*m.*)   passage; ticket (i.e., *airline, train,* etc.)
pasajero (*m., f.*)   passenger
pasajero(a)   temporary
pasar   to happen
pasar la noche   to spend the night
pasatiempo (*m.*)   hobby
pasillo (*m.*)   corridor; hallway
pasta de dientes (*f.*)   tooth paste
patata (*f.*)   potato
patria (*f.*)   country
pavo (*m.*)   turkey
pecado capital (*m.*)   deadly sin
pedante (*adj.*)   pretentious
pedazo (*m.*)   piece
pedir   to ask for
pedir cuentas   to make someone accountable
pedrusco (*m.*)   rough piece of stone
pegado(a)   stuck together
peine (*m.*)   comb

peligroso(a)   dangerous
pensamiento (*m.*)   thought
peón (*m.*)   bullfighter's assistant
pequeño(a)   small
percibido(a)   perceived
perder   to lose; to waste
perderse   to miss (*an event*); to get lost
perfumar   to perfume
periodismo (*m.*)   journalism
perjudicial (*adj.*)   harmful
personaje (*f.*)   character
personal (*m.*)   personnel; personal (*adj.*)
pertinaz (*adj.*)   persistent
pesadilla (*f.*)   nightmare
pescado (*m.*)   fish
pescar   to fish
peso (*m.*)   weight
picado(a)   minced
pie de fotografía (*m.*)   photo caption
piel (*f.*)   skin
pierna (*f.*)   leg
pieza (*f.*)   piece
pilón (*m.*)   drinking trough for cattle
pimienta (*f.*)   pepper
pintor (*m., f.*)   painter
pintura (*f.*)   painting
piropo (*m.*)   compliment
piscina (*f.*)   swimming pool
pitillo (*m.*)   cigarette
pizarrón (*m.*)   blackboard
pizca (*f.*)   dash; pinch (*of seasoning*)
placer (*m.*)   pleasure
plantear   to present; to pose
plaza (*f.*)   bullring
pleno(a)   full, complete
pleno invierno   in the middle of winter
plurifónico(a)   polyphonic
población (*f.*)   town
poder   to be able
poder (*m.*)   power; authority
polémica (*f.*)   polemic
polvareda (*f.*)   cloud of dust
polvo (*m.*)   powder; dust
poner   to put; to place
poner a un lado   to set aside
poner en guardia   to alert
poner nervioso   to make someone nervous
ponerse a la par de   to catch up with
ponerse colorado   to turn red
ponerse en contacto   to get in touch
por anticipado   in advance
por aquí   this way

por fin   finally
por los alrededores   in the vicinity
por otro lado   on the other hand
por su cuenta   on your own
portátil (*adj.*)   portable
poseer   to possess
posición (*f.*)   job; position
posponer   to postpone; to delay
pozo (*m.*)   well (*of water*)
preciado(a)   precious
precipitado(a)   rash, hasty
precipitarse   to rush (*oneself*)
precisado(a)   forced
preciso(a)   precise
prefijado(a)   prearranged; predestined
prejuicio (*m.*)   prejudice
prenda de vestir (*f.*)   garment
preocupar   to concern; to bother
preocuparse   to worry
presenciar   to witness
presidente municipal (*m.*)   president of the municipal council
preso (*m., f.*)   prisoner; imprisoned (*adj.*)
préstamo (*m.*)   loan
presupuesto (*m.*)   budget
presupuesto de viaje (*m.*)   travel budget
primicia (*f.*)   first showing; preview
principio (*m.*)   beginning
prisa (*f.*)   hurry; haste
probado(a)   proven
probar   to prove
proceso (*m.*)   process
procrear   to procreate
programador (*m.*)   programmer
progresar   to advance; to progress
promedio (*m.*)   average
pronunciar   to pronounce
propenso(a)   prone; inclined to
propina (*f.*)   tip
propio(a)   one's own
propuesta (*f.*)   proposal
protegerse   to protect oneself
provechoso(a)   useful; advantageous
próxima vez (*f.*)   next time
proyectar   to project
prueba (*f.*)   test; prove
psique (*f.*)   psyche
puertorriqueño(a)   Puerto Rican
puesto (*m.*)   position, job, post, place
pulir   to polish
pulpo (*m.*)   octopus
pulque (*m.*)   liquor made from the agave plant
pulquería (*f.*)   tavern where **pulque** is sold

puñado (*m.*) handful
puñal (*m.*) dagger

Q

quechua (*m.*) language of the Incas
quedar to remain; to stay; to be left
quedarse to stay; to remain
quedarse con to keep
querer to want; to desire
querido(a) dear
quicio (*m.*) door jamb
quietud (*f.*) quietness
quilate (*m.*) carat
quimera (*f.*) chimera; fantasy; dream
quitar to take away

R

ráfaga (*f.*) flash
ramillete de flores (*m.*) flower bouquet
rápido(a) fast
rato (*m.*) short time
realeza (*f.*) royalty
realizar to make
receptor (*m.*) receiver
receta (*f.*) recipe; prescription
recibir su merecido to get what one deserves
recitar to recite
recoger to pick up
recompensa (*f.*) reward
recóndito(a) hidden; concealed
reconocimiento (*m.*) recognition
recordar to remember
recorrer to run through
recorrido (*m.*) route; distance traveled
recrearse to entertain oneself
recurso (*m.*) resource
redactor en jefe (*m.*) editor-in-chief
redondo(a) round
refinado(a) refined; distinguished
regar to water (*plants, grass,* etc.)
regatear to dicker or haggle over
regidor (*m.*) councilman
regular to control; to regulate
relación (*f.*) relationship
relajante (*adj.*) relaxing
relajarse to relax
relato (*m.*) story
releer to reread
remontar to soar (*as birds*)
remontarse to go back (*in time*)
rendir cuentas to give an account of

reñir to fight
repartido(a) distributed
repartir to distribute; to hand out
repasar to review
repetir to repeat
reprender to reprimand; to scold
representar (*un papel*) to play a role; to act
reprimir to repress
repujado de cuero (*m.*) leather embossing
respetable (*m.*) (*público*) spectators; public
respetar to respect
respirar to breathe
responder to respond
resultar to turn out
resumen (*m.*) summary
retener to retain
retiro (*m.*) retirement
reto (*m.*) challenge
retraso (*m.*) delay
retratista (*m., f.*) portrait painter
retroceder to retreat
reunir to gather together
reverente (*adj.*) reverent
revolver to stir
rezar to pray
riente (*adj.*) cheerful; laughing
riego (*m.*) irrigation
riesgo (*m.*) risk
rodaje (*m.*) shooting; filming (*cinema*)
rodear to surround; to encircle
rodilla (*f.*) knee
ronda (*de niños*) (*f.*) children's game
rostro (*m.*) face
roto(a) broken
ruego (*m.*) request

S

sabor (*m.*) taste; flavor
saborear to taste with pleasure
saboteador (*m.*) saboteur
sabroso(a) tasty; delicious
sacar otra vez to retrieve
sala (*f.*) ward (*in a hospital*)
sala de telecine (*f.*) theater for TV projection screen
salchicha (*f.*) sausage
salón de baile (*m.*) dance hall
salsa (*música*) (*f.*) salsa; Caribbean music that mixes big band wind instruments with African rythms
salsa (*f.*) sauce
salsa de tomate (*f.*) tomato sauce
saltar por encima to jump over
salto (*m.*) jump
salud (*f.*) health

saludable (*adj.*) healthy
saludarse to greet one another
sangre (*f.*) blood
sanguínea (*circulación*) (*f.*) blood circulation
sea el que sea whatever it may be
seco(a) dried
sed (*f.*) thirst
seductor(a) fascinating; seductive
seguir to follow
seguir adelante to go ahead
seguridad (*f.*) safety
seguro(a) safe
sembrar dudas to spread doubts
sencillez (*f.*) simplicity
sencillo(a) simple
sentarse to sit down
sentido (*m.*) sense
seña (*f.*) sign
señal (*f.*) sign, signal
ser (*m.*) (*human*) being
ser natural de to be from
ser querido (*m.*) loved one
serie mundial (*f.*) world series (*baseball*)
significado (*m.*) meaning
simbolizado(a) symbolized
simpatía (*f.*) congeniality; sympathy; charm
sin parar without stopping
sin razón without reason
sitio (*m.*) site; place
sobrepeso (*m.*) overweight
sobrino (*m.*) nephew
socavar to undermine
sol poniente (*m.*) setting sun
soldar to solder
soleado(a) sunny
solicitar to request
soltería (*f.*) bacherlorhood; singleness
solterona (*f.*) old maid
sondear el terreno to test the ground
soneto (*m.*) sonnet
sonreír to smile
soñado(a) dreamed
soñar to dream
soportar to endure, to tolerate
sordo(a) deaf
sosiego (*m.*) tranquility; calmness
sospechado(a) noticed; suspected
sostener to hold; to sustain
suavidad (*f.*) softness
suavizado(a) softened
suavizar to soften
subdesarrollado(a) underdeveloped
subir to climb, to get in; to enter—(*car,* etc.); to mount
subtítulo (*m.*) subtitle

subrayar to stress; to underline
sudor (*m.*) sweat
suero (*m.*) whey
suerte (*f.*) luck
sufrir to suffer
suicidarse to commit suicide
sumergir to immerse
sumergirse to sink oneself
superado(a) surpassed
superar to surpass; to overcome
supervisar to supervise
supervivencia (*f.*) survival
suplente (*m.*) substitute
surgir to appear; to emerge
sustituir to substitute; to replace

T

tacaño(a) stingy
tales como such as
tamaño (*m.*) size
tan común so common
tapar to cover
taza (*f.*) cup
telesala (*f.*) television room
televidente (*m., f.*) television viewer
temblar to tremble
temer to fear
temor (*m.*) fear
tender to tend
tener en cuenta to take into account
tener ganas de to feel like
tener los nervios de punta to be extremely nervous
tener que tragárselo to have to put up with it
tener sentido to make sense
tener sed to be hungry
tener sudores fríos to be in a cold sweat
tener sueño to be sleepy
tener un nudo en la garganta to feel a lump in the throat
tenso(a) tight; tense
terapia ocupacional (*f.*) occupational therapy
ternera (*f.*) veal; calf
ternura (*f.*) tenderness
tesoro (*m.*) treasure
tibor (*m.*) large clay container
tifoidea (*f.*) typhus fever
tirar to throw away
tirarse de to jump off
título (*m.*) degree
tiza (*f.*) chalk
tobillo (*m.*) ankle
todo el mundo everybody
todo lo contrario on the contrary

tomar en serio to take someone seriously
tomar notas to take notes
tomar un descanso to take a break
tomar una decisión to make a decision
tonto(a) fool; foolish; silly
toque (*m.*) touch
torcido(a) twisted
toro (*m.*) bull
toronja (*f.*) grapefruit
tos (*f.*) cough
tradicional traditional
tragar to swallow
trago (*m.*) gulp; drink
traicionado(a) betrayed
traje de luces (*m.*) matador's sequined costume
traje (*m.*) suit
trampa (*f.*) trap
tranquilizarse to calm down
tranquilo(a) calm; relaxed
transcendente (*adj.*) transcendent
transcurso (*m.*) course (*of time*)
transmitirse to broadcast
transporte colectivo (*m.*) public transportation
traspasar to transfer, to turn over
trastos (*m.*) bullfighter's equipment (i.e., *muleta and sword*)
tratar to deal; to try; to treat
travesía (*f.*) voyage
travieso(a) mischievous
trepar to climb
tribuna (*f.*) platform
triplicar to triplicate
tríptico (*m.*) triptych
tristeza (*f.*) sadness
tropezar con to run into; to meet; to come across
trotar to jog; to trot
trozo (*m.*) piece
tuteo (*m.*) familiarity; to address as **tú**

U

última moda (*f.*) latest fashion
último(a) last
una sola vez only once
una vez que once
uno tras otro one after the other
uña (*f.*) nail
urbe (*f.*) city
utilizar to use; to utilize
uva (*f.*) grape

V

vaca (*f.*) cow
vacilar to hesitate
vacío(a) empty
vacío (*m.*) emptiness
valer to cost; to be worth
valer la pena to be worthwhile
valija (*f.*) suitcase
valor (*m.*) value
valla (*f.*) fence
valla publicitaria (*f.*) advertising billboard
variedad (*f.*) variety
vasco(a) Basque; person from the Basque region of Spain
vecino (*m., f.*) neighbor
vejez (*f.*) old age
vencedor (*m.*) winner
vender to sell
veneno (*m.*) poison
venezolano(a) Venezuelan
venganza (*f.*) vengeance
venirle (a uno) to fit (*related to clothing*)
ventaja (*f.*) advantage
ver to see
verdura (*f.*) vegetable
versatilidad (*f.*) versatility
vestirse to get dressed; to dress up
veterano(a) (*m., f.*) veteran
vianda (*f.*) food
vicioso(a) addict
viejito(a) old man, woman
vinculación (*f.*) bond; link; connection
vino (*m.*) wine
vino blanco seco (*f.*) dry white wine
viña (*f.*) vineyard
vislumbrar to glimpse
visual (*adj.*) visual
visualizar to visualize
viviendas baratas (*f.*) low-cost housing
vivo(a) alive
vocación (*f.*) vocation
vocalizar to vocalize
volante (*m.*) steering wheel
volcar to turn over
volverse to become

Y

ya se sabe it is known
yanqui (*m.*) yankee
yerba (*f.*) grass

Z

zarpar to depart